*Jürgen Hargens (Hrsg.)*

**„... und mir hat geholfen ..."**

Psychotherapeutische Arbeit – was wirkt?
Perspektiven und Geschichten der Beteiligten

JÜRGEN HARGENS (HRSG.)

# „... und mir hat geholfen ..."

## Psychotherapeutische Arbeit – was wirkt?
## Perspektiven und Geschichten der Beteiligten

*borgmann*

© 2005    BORGMANN    borgmann publishing KG
              MEDIA       Hohe Straße 39 • D-44139 Dortmund

Gesamtherstellung: Löer Druck GmbH, Dortmund

Bestell-Nr. 8338                                    ISBN 3-86145-275-8

# Inhalt

# Zu diesem Buch

*Therapie* – ich bevorzuge den Begriff „*Arbeit*", denn sich ändern, bedeutet harte Arbeit, auch wenn es in therapeutischen Gesprächen initiiert und angeregt wird – ist und bleibt ein *gemeinschaftliches Unternehmen*. Nicht umsonst wird in Fachkreisen darüber diskutiert, wie sich die *Motivation der KlientInnen* stärken lässt, denn die Arbeit mit unmotivierten KlientInnen gilt üblicherweise als schwer. Doch was sind unmotivierte KlientInnen? Was wissen wir (Fachleute) von den KlientInnen, die zu uns kommen? Und, diese Frage sei auch erlaubt, was wissen wir über die Motivation der Fachleute, also über unsere eigene Motivation?

*Fragen über Fragen*, von denen einige (die über die KlientInnen) zumeist in Fachkreisen diskutiert werden. Die eine Gruppe der Beteiligten, die KlientInnen, kommen dabei selten zu Wort. Nachuntersuchungen, wie wirksam die durchgeführten therapeutischen Maßnahmen sind, werden weder gefordert, noch gehören sie zur Arbeit, noch werden sie von irgendeiner Stelle finanziert. Berufsverbände und Gesundheitsbehörden verlangen lediglich eine „anerkannte" Ausbildung und ein regelgerechtes Vorgehen. Dies allein soll ausreichen, die Wirksamkeit von Psychotherapie zu gewährleisten.

Was also liegt näher, als immer wieder einmal KlientInnen selber zu befragen, einzubeziehen, ihre Stimme hörbar zu machen. Dazu möchte dieses Buch einen Beitrag leisten.

Ich habe KollegInnen um Beiträge gebeten und einige haben spontan zugesagt, andere brauchten mehr Bedenkzeit. Ich hatte folgende Vorgabe gemacht:

> Ihr entscheidet, über welche Situation Ihr gerne schreiben wollt und erläutert dann u.a. die Entscheidung für gerade diese Auswahl, berichtet über die Arbeit aus Eurer Sicht etc.

> Zeitgleich bittet Ihr den oder die KlientIn(nen) um (a) Zustimmung, über sie zu schreiben und (b) um Mitarbeit. Es wäre gut, wenn die Zustimmung der KlientInnen schriftlich vorliegt – mit den entsprechenden Hinweisen auf eine Anonymisierung.

> Eure KlientInnen, das ist die Idee, schreiben aus ihrer Sicht, was geschehen ist – dies sollte mehr als nur eine kurze „Belobigung" sein: interessant ist vielmehr eine Art Beschreibung aus der Sicht des oder der Betroffenen, die vielleicht auch Hinweise auf längerfristige Wirkungen enthalten.

Meine große Bitte: Beide – Ihr wie die KlientInnen – solltet Eure Beiträge unabhängig und ohne Kenntnis verfassen.

Diese beiden Beiträge sind gleichsam der erste Teil.

Dann, wenn beide vorliegen, erhalten beide – Ihr wie die KlientInnen – Gelegenheit, die Beschreibung des jeweils anderen zu kommentieren; d.h. Ihr schickt Euren KlientInnen Eure Beschreibung und diese können, wenn sie mögen, diese kommentieren. Ihr habt die Beschreibung Eurer KlientInnen und kommentiert diese.

Dann ist der Beitrag fertig.

Ja – und das, was Sie jetzt in Händen halten, ist das Ergebnis.

Ich habe mit Freude an diesem Buch gearbeitet – gab mir dies doch die Möglichkeit, über meine Arbeit zu reflektieren und neue Ideen zu entwickeln, die Arbeit wirksam(er) zu gestalten. Es tauchten einige Ideen auf:

Wieso sollte es nicht regel- und fachgerecht sein, einmal im Jahr KlientInnen einzuladen, um mit ihnen zu sprechen, was sich als hilfreich erwiesen hat?

Wie nützlich könnte es sein, KlientInnen zu bitten, zum Abschluss der Therapie einen kurzen Bericht zu schreiben, was in ihrem Falle hilfreich gewesen ist, um diesen Bericht anderen KlientInnen, die sich in einer ähnlichen Situation befinden, zur Verfügung zu stellen?

Wie sinnvoll könnte es sein, KlientInnen als SupervisorInnen zu nutzen, etwa indem ich als Fachmann bei ihnen anrufen kann, wenn ich in einem Fall feststecke?

Wie hilfreich wäre es, KlientInnen zu jeder Supervision einzuladen?

Das hat mich auch veranlasst, einige Arbeitsmittel mit einzubeziehen – Fragebögen, die die Perspektiven der KlientInnen erfragen und erhellen helfen. Und dazu einige kurze Anmerkungen von denen, die diese Fragebögen entworfen haben und mit ihnen arbeiten.

Ich danke allen, die geholfen haben, dass dieses Buch entstehen konnte: den KundInnen, die geschrieben haben, den KollegInnen, die geschrieben haben und den vielen, die unerwähnt bleiben, ohne die aber die hier vorliegenden Erfahrungen nie hätten Wirklichkeit werden können.

Ein Wort noch zur Identität oder Anonymität der KundInnen/KlientInnen.

Die Fachleute haben es den KundInnen überlassen, ob und welchen Namen sie verwenden wollten. Deshalb gibt es im Buch keinen Hinweis auf eine Anonymisierung – es bleibt eben offen, ob es der „richtige" oder ein „Aliasname" ist. Selbstverständlich kennen die KundInnen das, was über sie geschrieben wurde und haben sich damit – auch was das Beschreiben der Umstände angeht – einverstanden erklärt.

Ich wünsche Ihnen Freude beim Lesen, Anregungen und weiterhin den Mut und die Neugier, das zu nutzen, was hilft, die KundInnen zu unterstützen, ihren Weg weiterzugehen.

Meyn, im Sommer 2004                                        *Jürgen Hargens*

# Teil I

# Psychotherapie ...
# ... und welche Bedeutung haben die Beteiligten?

Jürgen Hargens

> *„Diagnosen versehen Menschen mit Etiketten,*
> *die Schuld, Hoffnungslosigkeit und Hilflosigkeit*
> *mit sich bringen/in sich tragen.*
> *Nur individuelles Verhalten wird von einer Diagnose abgedeckt;*
> *relationale Einflüsse, Einflüsse der Umgebung und der Kultur*
> *sind ausgeblendet."*
> Barry L. Duncan & Scott D. Miller (2000)

Bei Durchsicht der Literatur zur Wirksamkeit von Psychotherapie sind mir zwei Dinge besonders ins Auge gefallen – das eine betrifft die Wirksamkeit der verschiedenen Formen von Psychotherapie, wozu ich mich im Folgenden ein wenig ausführlicher äußern werde. Das andere betrifft die „Ironie", wie Hanna (2002, S. 4) schreibt, „dass wir trotz über 100 Jahren Forschung und Praxis und trotz beinahe 500 psychotherapeutischen Theorien und Ansätzen ... relativ wenig über die verwickelten Einzelheiten des Änderungsprozesses selbst wissen."[1]

Oft scheinen wir zu übersehen, dass Menschen sich *dauernd* ändern – und dies zumeist ohne professionelle Hilfe und ohne großes Aufheben davon zu machen, eben „einfach so". Und diese Änderungen beziehen sich nicht nur auf kleine Alltagsdinge, sondern durchaus auch auf das, was üblicherweise als schwerwiegendes klinisches Symptom gilt – wie etwa Alkoholismus. So mussten sich beispielsweise Miller und Berg (1997, S. 12) eingestehen, dass sie keine Idee hatten, „wie unsere Verwandten mit dem Trinken aufgehört hatten. Sie schienen ganz einfach von einem Tag, wo sie ein großes Trinkproblem hatten, zum nächsten zu gehen, wo sie das Problem nicht mehr hatten. Beide hatten irgendwie das theoretisch Unmögliche geschafft."

Wenn ich bedenke, dass sich viele Menschen ändern, ihre Probleme lösen, ohne dass sie fachlich-therapeutische Hilfe in Anspruch nehmen,

---

[1] Übersetzungen der englischen Zitate habe ich, soweit die Beiträge noch nicht auf deutsch erschienen sind (vgl. Literaturliste), selbst besorgt.

dann sollte ich mich (als Fachmann für Veränderungen) dafür interessieren, wie diese Menschen das schaffen und schauen, ob und wie ich das in meiner therapeutischen Alltagsarbeit nutzen kann.

Deshalb sollten wir uns, so denke ich, viel stärker dafür interessieren, wie KlientInnen Änderungen implementieren, aufrechterhalten und diese Anregungen in den Kern unseres professionellen psychotherapeutischen – also auf Änderung ausgerichteten – Handelns stellen. Die Sichtweise der Kundigen ernst zu nehmen, zu würdigen und zu (be-)achten, hat mich zu diesem Buch angeregt.

In diesem Zusammenhang erinnere ich mich gerne an einen Satz der lösungsorientierten Kurztherapie: „Change is a constant process, stability is an illusion"[2] – wir können gar nicht anders, als uns fortlaufend zu ändern, doch sind diese Änderungen zunächst meist sehr klein, brauchen Zeit, fallen wenig oder gar nicht auf und doch sind genau diese Änderungen Ansatzpunkte jeder größeren Veränderung.

Eine weitere Anregung war die Lektüre des Buches von Hubble et al. (2001), in dem die sog. „großen Vier" – die allen therapeutischen Richtungen *gemeinsamen Wirkfaktoren* – beschrieben und aus vorliegenden Forschungsdaten abgeleitet werden. Dies hat meine Achtung vor der *Kundigkeit der KlientInnen* (Hargens 1993, 2004) nicht nur weiter steigen lassen, sondern ich fühlte mich in meiner Idee auch empirisch „fundierter" untermauert.

Um an dieser Stelle ein Missverständnis aufzuklären – ich spreche von KundInnen anstelle von KlientInnen oder PatientInnen, um mich auch mit meiner Begrifflichkeit auf die bei den KundInnen genuin vorhandene Kundigkeit zu beziehen. Ich gestehe freimütig ein, dass es sicher passender wäre, von *Kundigen* zu sprechen, um das Durcheinander, das mit dem KundInnen-Begriff verbunden scheint, ein wenig abzumildern. Da sich allerdings der Begriff KundIn eingebürgert hat, meine ich, wenn ich von KundIn spreche, immer eine *KundigE*.

Kundigkeit, um dies hervorzuheben, bedeutet nicht, dass die Person einfach alles kann – es bedeutet, dass die Person das Potential, die Fähigkeit und das Vermögen besitzt, eigene Ziele zu definieren, zu präzisieren *und zu erreichen*. Das schließt für mich ein, dass diese Kundigkeit *nicht* bedeutet, dieses Vermögen jederzeit benutzen zu können, ähnlich

---

[2] Änderung ist ein kontinuierlicher Prozess, Stabilität ist eine Illusion.

wie ein Talent auch der Übung und des Trainings bedarf. Und dies wäre – wenn ich in diesem Bild bleibe – der Bereich, wo der Fachmann hilfreich und nützlich „beisteuern" (Loth 1998, S. 41f) kann.

Diese Kundigkeit ist für mich durch das Wiederaufgreifen der Forschung über gemeinsame Wirkfaktoren nachdrücklich in den Blickpunkt gerückt. Viele AutorInnen betonen das „kollaborative Unternehmen Therapie" und heben die Gleichberechtigung der unterschiedlichen Expertisen hervor (Andersen 1996[4], Anderson 1999, Hoffman 1996, Hoyt 1998). „Kollaboratives Denken zwischen TherapeutIn und KlientIn, die beide ihr jeweiliges ExpertInnentum in ein gemeinsames Vorhaben einbringen", so Lipchik (1994, S. 230), „ist der Schlüssel zu ständigem Fortschritt." Die Betonung liegt darauf, die unterschiedlichen Bereiche der Kundigkeit und Expertise – hier die Fachlichkeit der TherapeutIn, dort die Kompetenz für das eigene Leben – ausdrücklich zu würdigen, zu respektieren, anzuerkennen und zu nutzen.[3]

Dies ist (m)eine Umschreibung für das, was in der systemischen Therapie als Haltung des Nicht-Wissens beschrieben wird – eben der Bezug auf unterschiedliche Bereiche. Als Fachleute sind wir ausgebildet, fachliche Konversationen zu gestalten. Das wissen wir, und das haben wir gelernt. Die KundInnen haben eine grundlegende Ahnung oder ein konkreteres Wissen von dem, was ihnen wichtig ist. Diese beiden Bereiche ergänzen sich gewissermaßen – als Fachmann steuere ich mein Wissen bei, der KundIn zu helfen, ihre Ziele zu präzisieren, ihnen näher zu kommen und dabei ihre Kompetenzen zu nutzen.

Ein solches Ernstnehmen – ich spreche lieber davon, KundInnen zu respektieren (was nicht damit zu verwechseln ist, das, was sie tun, zu akzeptieren) – beugt auch dem vor, was Hoffman als „Kolonialismus der helfenden Berufe" bezeichnet (1996, S. 135ff), nämlich der Vorstellung, Ergebnisse zu kennen und über Erkenntnisse zu verfügen, die für den anderen „immer stimmen", was ein Verhältnis der Macht, der Über- und Unterordnung impliziert und den Raum für andere Betrachtungs- und Handlungsweisen (zu-)schließt. Oder, anders gesagt, zu wissen, was für mein Gegenüber das Beste ist, was er/sie tun oder erreichen sollte.

---

[3]  Hoyt (1998) formuliert dies in der entsprechenden Fachlichkeit folgendermaßen: „...TherapeutIn und KlientIn werden als Ko-TeilnehmerInnen eines bedeutung-schaffenden Prozesses verstanden, der ein hoffnungsvolleres, ermächtigenderes und letztlich günstigeres bzw. heilsameres Gefühl des Selbst-in-der-Welt konstruiert" (S. 2).

Hier spielen Normen, Werte und Regeln eine Rolle – es lassen sich durchaus sehr unterschiedliche „Wirklichkeiten" konstruieren, die durchaus unterschiedlich wünschenswert scheinen. Und eine Beschreibung solcher Unterschiede, eine Einladung, diese Beschreibungen zu beobachten und zu reflektieren, mithin also zu einer BeobachterIn von Konstruktionen und möglichen Folgen zu werden, ist das, was systemische Therapie für mich ausmacht. Denn ich denke, die Reflexion dessen, wie ich meine Wirklichkeit konstruiere und welche möglichen Folgen dies nach sich ziehen könnte, können hilfreich sein, sich zu entscheiden und Alternativen (im Sinne von Möglichkeiten) zu erkennen.

Nehme ich dieses ExpertInnentum ernst und respektiere die unterschiedlichen Bereiche, dann stellt dieses ExpertInnentum in meinen Augen auch eine mögliche Erklärung des *Dodo-Verdikts* dar, das besagt, dass alle Therapien nicht nur wirken, sondern auch etwa gleich gut wirken (Grawe et al. 1994, Hubble et al. 2001) – die KundInnen nutzen nämlich einfach das, was ihnen angeboten wird, zu ihrem Vorteil (Bohart & Tallman 1999). „Anstatt darüber zu streiten, ob 'Therapie wirkt' oder nicht, sollten wir uns der Frage zuwenden, ob die 'KlientIn wirkt' oder nicht!" (Bergin & Garfield, 1994, zit. nach Duncan & Hubble 2000, S. 67).

Als Konsequenz der vorliegenden Ergebnisse über die Wirksamkeit von Psychotherapie werden vier Faktoren genannt, die das Ergebnis beeinflussen und bestimmen. Als die „großen Vier" gelten (1) klientInnen-/extratherapeutische Faktoren, (2) Beziehungsfaktoren[4], (3) Placebo, Hoffnung und Erwartung sowie (4) Modell- oder Technikfaktoren, deren Anteil am Therapieergebnis so eingeschätzt wird: Faktor 1 mit 40%, Faktor 2 mit 30%, Faktor 3 mit 15% und Faktor 4 mit 15% (Hubble et al. 2001, S. 26ff).

Bohart und Tallman haben ein ganzes Buch darüber geschrieben, wie KundInnen die Therapie wirksam machen, ausgehend von der so selbstverständlichen Prämisse „auf den Faktor in der Psychotherapie zu fokussieren, den wir für den wichtigsten halten: die aktive kreative Einbeziehung der KlientIn" (1999, S. VII).

---

[4] Es geht hier – darauf weisen Asay und Lambert (2001, S. 54) mit Nachdruck hin – darum, *wie die KundInnen die Beziehung sehen* und nicht wie sie von „objektiven Beobachtern" wahrgenommen wird, um fortzufahren: „Außerdem bestehen die größeren Korrelationen in Bezug auf die Ergebnisse oft zwischen den Einschätzungen des Fortschritts der KlientInnen und den Berichten der KlientInnen selbst über das Ergebnis" (S. 54).

Das erinnerte mich daran, dass ich vor Jahren mehrere KundInnen zu einer Fortbildung eingeladen hatte, damit die TeilnehmerInnen mit ihnen reden konnten, um gleichsam aus erster Hand zu erfahren, was in der Arbeit – Therapie – geschehen war. Ich erinnere mich besonders an ein Ehepaar, wo die Frau sinngemäß formulierte:

> Wir hatten Schwierigkeiten miteinander, und ich wusste nicht, ob ich bei meinem Mann bleiben sollte oder nicht. Und ich weiß noch genau, was mich auf den Weg brachte. Das war, als ich erzählte, ich wäre mit meinem Mann unterwegs gewesen, Schlafzimmerschrank und Nachttische auszusuchen. Und dabei wusste ich gar nicht, ob ich mit ihm zusammenbleiben wollte. Und da fragten Sie mich: „Was glauben Sie, wie viele Nachttische Sie noch aussuchen müssen, bis Sie sich entscheiden können?" Da wurde mir klar, dass das eine mit dem anderen gar nichts zu tun hatte. Das hat geholfen.

Ein gutes Jahr später lud ich wieder KundInnen zu einer Fortbildung ein, damit die TeilnehmerInnen mit ihnen reden konnten, um gleichsam aus erster Hand zu erfahren, was in der Arbeit – Therapie – geschehen war. Auch besagtes Ehepaar war wieder dabei. Da ich wusste, was die Frau erzählen würde, freute ich mich schon auf die „Nachttischgeschichte". Ich war irritiert, als die Frau die Geschichte, was hilfreich gewesen war, ganz anders begann:

> Ich wusste nicht, ob ich mit meinem Mann zusammenbleiben wollte. Es gab eine Menge Schwierigkeiten. Und als Sie dann meinen Mann fragten, „Angenommen, Ihre Frau würde gegenüber wohnen, auf der anderen Straßenseite, was sollte Ihre Frau bewegen, zu Ihnen herüberzukommen?", da wurde ich hellhörig, neugierig und nachdenklich. Mein Mann meinte, weil er ein gut eingerichtetes Haus hätte und Sie sagten, dass hätte Ihre Frau gegenüber auch. Da wusste er bald nicht weiter. Das hat mich nachdenklich gemacht, das hat mir geholfen.

An diese Geschichte muss ich öfters denken, wenn es darum geht, was wirkt in Psychotherapie. Es könnte scheinen, als würde etwas wirken, aber die Geschichte, die dazu und darüber erzählt wird, würde sich im Laufe der Zeit ändern. „Menschen", so schreibt Efran (et al. 1992, S. 115), „sind unverbesserliche und geschickte GeschichtenerzählerInnen – *und sie haben die Angewohnheit, zu den Geschichten zu werden, die sie erzählen*" (Hervorh. J.H.) – gerade so wie die eben erwähnte Ehefrau.

Ben Furman (2001[3]) hat dieses Phänomen in seiner Bedeutung für das Überleben von Menschen eingehend untersucht und beschrieben – indem er Menschen, die kindliche Traumata überlebt haben, danach befragte, wie sie dies geschafft haben. Und diese Menschen haben erstaunliche Geschichten erzählt, denn *„es ist nie zu spät, eine glückliche Kindheit zu haben"* – sie haben das genutzt, was sie hatten: ihre Kundigkeit.

Wir TherapeutInnen – sicher nicht alle, denke ich – neigen manchmal dazu, anzunehmen, dass unsere kunstvollen, passenden, theoriegeleiteten, Kontext beachtenden Interventionen die Veränderungen bewirken oder hervorrufen, über die unsere KundInnen dann später berichten. Diese gelten dann als besonders gelungene *Interventionen*. Alles, was die KundInnen tun, wird meist mit einem anderen Etikett versehen: *Reaktion* (Tallman & Bohart 2001, S. 89). Diese unterschiedlichen Bezeichnungen definieren ein „oben" und „unten", ein Privileg der TherapeutIn, die Berechtigung zu definieren, was als was gilt. Dabei gehört es zum Grundwissen, dass Interaktionen – und Psychotherapie ist immer auch ein interaktiver Prozess – sich wechselseitig (und eben *nicht* einseitig) beeinflussen.

Unter diesen Aspekten finde ich es bedeutsam, der Stimme der KundIn stärker Ausdruck zu verleihen und ihr neben der Stimme der TherapeutIn zumindest die Möglichkeit zu geben, sich auszudrücken, zu artikulieren, damit das „Schweigen der KlientInnen in der therapeutischen Literatur" (Conran & Love 1993, S. 1) nicht zu groß wird.

Manchmal, so ließe sich beinahe formulieren, könnte es scheinen, als würden wir TherapeutInnen uns nicht einfach nur *zu* ernst und *zu* wichtig nehmen, sondern als würden wir auch beanspruchen, durch ein „theorie-gerechtes" Anwenden unseres jeweiligen theoretischen Modells die Veränderung bei den KundInnen, wenn nicht bewirkt, so doch ausgelöst zu haben.

Dem ließe sich entgegenhalten, dass die meisten TherapeutInnen in ihrer Alltagspraxis durchaus nicht immer so konsistent und so konsequent einem (ihrem) Modell folgen, wie es das Modell vorschreibt. So stellen Bohart und Tallman fest: „Technischer Eklektizismus ist die Idee, dass TherapeutInnen das nutzen, 'was wirkt'. Studien haben gezeigt, dass 30 bis 40% aller praktizierenden TherapeutInnen eklektisch sind ..." (1999, S. 280). Miller et al. (2001, S. 14) formulieren dies noch pointierter, wenn sie sagen, „dass Eklektizismus die modale theoretische Ausrichtung unter praktizierenden KlinikerInnen ist – eine Präferenz, die ansteigt, wenn sich die Erfahrung verlängert ... D.h. TherapeutInnen neigen dazu, *'theorie-promiskuitiv'* zu sein..." (Hervorh. J.H.).

Demnach würde es also immer problematischer, den Effekt auf die Anwendung eines Modells zurückzuführen, wenn das Modell in der Alltagspraxis nicht modellgerecht praktiziert wird. Dass Psychotherapie dennoch – oder deswegen? – wirksam ist (das jedenfalls belegt die empirische Forschung immer wieder), erklären Bohart und Tallman mit „der Fähigkeit der KlientInnen, alles zu nutzen, was TherapeutInnen ihnen auch immer offerieren" und diese Fähigkeit ist stärker als jeder mögliche „Unterschied, der zwischen Techniken und Ansätzen existieren könnte" (1999, S. 32). Dabei profitieren die KundInnen in unterschiedlichem Maße von dem, was TherapeutInnen ihnen offerieren – aber es sind und bleiben die KundInnen, die das Angebot nutzen. Und, auch darauf weisen die beiden AutorInnen hin, „...die KlientInnen sind diejenigen, die mit den Konsequenzen jeder Handlung, die sie machen, leben müssen" (a.a.O., S. 241).

Dabei sind die KundInnen sehr kundig – „Studien legen nahe, dass 56 bis 71 % der Varianz der Gesamtveränderung einer KlientIn auf die Veränderung zurückzuführen ist, die in frühen Phasen der Behandlung stattfindet ... Derart beeindruckende Besserung, die so früh im Behandlungsprozess auftritt, kann kaum das Ergebnis spezifischer Behandlungseffekte sein ..." (Snyder et al., 2001, S. 199).

Doch leider scheinen TherapeutInnen (noch) allzu sehr daran festzuhalten, dass „nicht sein kann, was nicht sein darf" – ändern sich KundInnen auf eine Art und Weise, die der theoretischen Ausrichtung der TherapeutIn nicht entspricht, wird oft mit abwertenden Etiketten gearbeitet, wie Talmon (1990, 1996) in seinen Untersuchungen zur „Therapie in einer Sitzung" (SST – „single session therapy") feststellen musste:

„Als ich die Ergebnisse studierte, erstaunte mich das, was ich fand: (1) die modale (häufigste) Länge der Therapie für jede TherapeutIn war eine einzige Sitzung und (2) 30 Prozent aller PatientInnen entschied sich, im Laufe eines Jahres nur zu einer einzigen Sitzung zu kommen ... Später untersuchte ich 100.000 ambulante Terminabsprachen über einen Fünf-Jahres-Zeitraum (1983-1988) und fand die Häufigkeit von SST überaus konsistent" (Talmon 1990, S. 7).

„Nachdem ich die Statistiken, die SST betrafen, durchgesehen hatte, entschloss ich mich, die irgendwie stärker subjektiven Variablen zu betrachten und so bat ich die TherapeutInnen ..., einige ihrer SST-Fälle zu kommentieren. Sie betrachteten ihre PatientInnen, die nicht zu einem zweiten Termin kamen, als AbbrecherInnen und belegten sie mit Begriffen wie 'Widerstand', 'Borderline', 'nicht bereit für eine Psychotherapie' oder 'mangelnde Motivation, sich zu ändern.' Gefragt nach ihrem Erfolg in der Sitzung, vermuteten die TherapeutInnen, sie hätten versagt, Rapport zu/mit den PatientInnen herzustellen oder dass die PatientIn das nicht mochte, was die TherapeutIn sagte oder anbot. In einer Analyse der Evaluation von 141 SST-Fällen durch die TherapeutInnen zum Zeitpunkt der Beendigung der Therapie fand Kogan ..., dass die TherapeutInnen in der Mehrzahl der Fälle ungeplante Beendigungen dem Widerstand oder dem mangelnden Interesse der KlientInnen zuschrieben" (a.a.O., S. 8f).

Glücklicherweise gab sich Talmon nicht damit zufrieden, sondern „... beschloss ..., alle PatientInnen, die ich für eine (und oft eine ungeplante) Sitzung gesehen hatte, anzurufen. Entgegen meinen Befürchtungen, was ich wohl zu hören bekäme, schienen die Ergebnisse meiner Nachuntersuchung fast zu gut, um wahr zu sein: 78 Prozent der 200 PatientInnen, die ich anrief, sagten, sie hätten das bekommen, was sie von der einen Sitzung wollten und sie fühlten sich hinsichtlich des Problems, das sie zur Therapie gebracht hatte, besser oder viel besser" (a.a.O., S. 9).

Ich habe dies etwas Ausführlicher erzählt, weil es für mich die *andere Seite der Kundigkeit* sehr deutlich hervorhebt – *wertschätzen und respektieren.*

Aus der lösungsorientierten Variante systemischer Ansätze (Berg 1992, DeJong & Berg 1998, de Shazer 1996, Eberling & Hargens, 1996, Friedman 1999, Hargens & Eberling 2000, Walter & Peller 1994) hat sich für mich erschlossen, wie unabdingbar Wertschätzen und Würdigen zu sein scheinen – ein Wissen, das für den therapeutischen Bereich beispielsweise sehr dezidiert in der klientenzentrierten Gesprächstherapie hervorgehoben wird (nicht an Bedingungen geknüpfte Wertschätzung).

Diese Aktivitäten – oder sollte ich zutreffender sagen: *Haltung*? – wirken sich aus, sowohl im Sinne einer *sich selbst erfüllenden Prophezeiung* wie in einer *Zunahme an Hoffnung* auf Seiten der KundInnen. Und dies hat wiederum Auswirkungen, die Snyder et al. (2000) so beschreiben: „Insgesamt entsteht bei den Leuten, die sich in Psychotherapie befinden, dann Hoffnung, wenn sie eines der folgenden Dinge finden: ein neues Ziel, einen neuen Weg oder ein neues Gespür, dass sie handeln können" (a.a.O., S.207) – und der *Wirkfaktor Hoffnung* trägt bekanntlich 15% zum Ergebnis bei (vgl. S. 16).

Diese Kundigkeit zeigt sich auch darin, dass KundInnen offenbar am besten in der Lage sind, den Erfolg einer Therapie vorauszusagen. Grawe (1995) gibt an, dass „die Einschätzungen der Patienten im Patientenstundenbogen ... sehr hoch mit dem Therapieergebnis zusammen [hängen]. Etwa 50% der Varianz im Therapieerfolg können durch die Einschätzungen der Patienten im Patientenstundenbogen aufgeklärt werden." Dies entspricht einer Korrelation von $r \approx .707$.

An diesem Punkt verweise ich gerne auf das sozialpsychologische Phänomen der *sich selbst erfüllenden Prophezeiung* – was den therapeutischen Bereich angeht, so hat Miller (1985) nachdrücklich darauf hingewiesen, dass die *Erwartung der TherapeutIn* einer der am stärksten unterschätzten und am wenigsten untersuchten Faktoren zu sein scheint, die Therapiemotivation (und die ist für den Therapieerfolg bedeutsam), vorherzusagen. Erwartungen stellen nämlich zugleich Vorhersagen oder Prophezeiungen der TherapeutIn, die etwas erwartet, dar.

Anders gesagt – ich halte KundInnen für überaus kooperativ. Manchmal kooperieren sie sogar mit den Vorannahmen der TherapeutIn: was ich als Therapeut für einen schwierigen Fall halte, macht die KundIn zu einem schwierigen Fall. Nicht, weil sie ein schwieriger Fall „ist", sondern um mich nicht zu enttäuschen und um sich so weiterhin meiner Zusammenarbeit zu versichern. Zugegeben – eine etwas ungewöhnliche Betrachtungsweise, allerdings eine, die mich stärker darauf orientiert, darauf zu schauen, welche Kompetenzen meine KundInnen mitbringen und wie ich dazu beitragen – im Sinne von *beisteuern* – kann, dass sie diese nutzen, ihre Ziele zu erreichen. Dazu ein Beispiel, das in der Forschung berichtet wird:

> Rennie präsentiert „den Fall einer KlientIn, die auf die einleitende Frage der TherapeutIn, wie die Dinge liefen, antwortete, alles wäre in Ordnung. Absicht der KlientIn war es, die Bemühungen der TherapeutIn zu verstärken (d.h. die KlientIn verstärkte die TherapeutIn ganz bewusst, um sie dazu zu bringen, sich weiterhin zu bemühen). Allerdings schlug das fehl, weil die TherapeutIn das begonnene Thema ganz begeistert weiterverfolgte, während die KlientIn tatsächlich über etwas anderes sprechen wollte. Die KlientIn musste das Thema subtil wechseln, um die TherapeutIn auf

die von der KlientIn bevorzugte Fährte zu bringen" (Tallman & Bohart, 2001, S. 105).

Dies könnte ein Beispiel für zu wohlmeinende Absichten der TherapeutIn sein, die, überzeugt von der Angemessenheit eines Lösungs- (oder Fortschritts-) Fokus zu sehr ihrem Weltbild nachhing und möglicherweise zu wenig beobachtete, z.B. die Reaktionen der KundIn. Systemisches Arbeiten – so eine in meinen Augen griffige Kurzdefinition – lässt sich beschreiben als kontinuierliche Einladung zur BeobachterIn ihrer selbst zu werden – was die erzählten Geschichten und deren mögliche Auswirkungen betrifft wie die konkrete aktuelle Situation der therapeutischen Begegnung.

Dies gilt auch für Anamnese und Diagnose – Diagnosen sind für die Therapie wichtig, allerdings besonders die „Diagnosen", die die KundInnen abgeben und deshalb, denke ich, könnte es wichtig sein, sich darauf einzulassen, diese Diagnosen zu erkunden – wie sieht die KundIn sich, wie erklärt sie sich, was sie sieht, welche Kompetenzen stehen ihr zur Verfügung und wo will sie hin? Um noch einmal Duncan und Miller zu zitieren: „Die [vorliegenden Forschungs-] Daten verweisen auf die unvermeidliche Folgerung, dass die 'Maschine' oder der 'Motor' der Änderung die KlientIn ist ... Die Implikation ist die, dass wir vielleicht unsere Jahre etwas weise damit verbringen sollten, Erfahrung darüber zu sammeln, wie die KlientIn es schafft, sich zu ändern" (2000, S. 67).

Der Psychotherapieforscher Klaus Grawe formuliert dies aus einer etwas anderen Perspektive überraschend ähnlich: „Für die Psychotherapie bedeutet dies, dass Veränderungsprozesse von außen lediglich angeregt werden können, während die interne Verarbeitung des Patienten über deren Richtung bestimmt" (Smith & Grawe 2003, S. 112).

Deshalb, denke ich, sind Studien darüber, was KundInnen als das verstehen, was ihnen geholfen hat, so bedeutsam. Doch leider gehört dieser Aspekt (noch) nicht zu einer regelgerechten psychotherapeutischen Praxis: Nachuntersuchungen oder Befragungen von KundInnen gehören nicht zum selbstverständlichen Bestand therapeutischer Praxis – und werden dementsprechend nicht finanziert. Das macht es PraktikerInnen beinahe unmöglich, „regelgerechte" – also „wissenschaftliche" – Nachuntersuchungen selber durchzuführen. Eigene Versuche bleiben meist im eigenen Praxisrahmen, weil es kaum Möglichkeiten gibt, solche Arbeiten zu publizieren. Glücklicherweise gibt es Ausnahmen (z.B. Burr, 1993; de Jong & Berg, 1998, Hargens, 1994).

An dieser Stelle mag der Hinweis auf die Situation in den USA gestattet sein, die sich kaum von der Situation hierzulande unterscheiden dürfte. Die „bestehenden ethischen Codizes der drei größten nichtmedizinischen Organisationen psychosozialer HilfeanbieterInnen … fordern weder, dass TherapeutInnen wirksam praktizieren, noch dass sie wenigstens ihre Praxis irgendeiner systematischen oder fortlaufenden Ergebniserhebung unterziehen. Vielmehr ist alles was verlangt wird, dass TherapeutInnen 'innerhalb der Grenzen ihrer Kompetenz und Erfahrung' praktizieren … Bislang galt die Annahme, dass Kompetenz Wirksamkeit gebiert. So seltsam es jedoch auch klingen mag, eine Therapie kann kompetent durchgeführt werden und dennoch ineffektiv sein" (Hubble et al., 2001, S.332f).

Dies verdient, denke ich, bedacht und beachtet zu werden. Doch zurück zum Anliegen dieses Buches:

Psychotherapie – so wie ich sie verstehe und wie ich versucht habe, sie Ihnen hier ein wenig nahe zu bringen – hat mit Erzählen, neu und anders Erzählen sowie dem Erfinden von Geschichten zu tun, wobei es nicht darum geht, ob diese Geschichten wahr sind, sondern darum, wie nützlich, hilfreich und Hoffnung schaffend sie sind. Efran (et al. 1992) hat dies – wie schon erwähnt – überaus pointiert formuliert: „Menschen sind unverbesserliche und geschickte GeschichtenerzählerInnen – und sie haben die Angewohnheit, zu den Geschichten zu werden, die sie erzählen" (S. 115) und Howard (1989) steckt den hilfreichen Rahmen dazu ab: „Es ist die eigene Hoffnung, die einen zur Entdeckung von etwas führt. *Einige Geschichten sind einfach 'hoffnungsvoller' als andere*" (S. 141).

# Literatur

Andersen, Tom (1996[4]). Das Reflektierende Team. Dialoge und Dialoge über Dialoge. Dortmund: modernes lernen

Anderson, Harlene (1999). Das therapeutische Gespräch. Der gleichberechtigte Dialog als Perspektive der Veränderung. Stuttgart: Klett-Cotta

Asay, Ted P. & Michael J. Lambert (2001). Empirische Argumente für die allen Therapien gemeinsamen Faktoren: Quantitative Ergebnisse. In: Hubble et al. (41-81)

Bachelor, Alexandra & Adam Horvath (2001). Die therapeutische Beziehung. In: Hubble et al. (137-192)

Berg, Insoo Kim (1992). Familien-Zusammenhalt(en), Dortmund: modernes lernen

Bergin, Allen S. & Sol L. Garfield (eds.) (1994). Handbook of Psychotherapy And Behavior Change (4th edition). New York: Wiley

Bohart, Arthur C. & Karen Tallman (1999). How Clients Make Therapy Work. The Process of Active Self-Healing. Washington, DC: APA

Burr, Wolfgang (1993). Evaluation der Anwendung lösungsorientierter Kurztherapie in einer kinder- und jugendpsychiatrischen Praxis. Familiendynamik 18(1): 11-21

Conran, Tom & Joyce Love (1993). Client Voices: Unspeakable Theories and Unknowable Experiences. J.S.S.T. 12 (Sommer): 1-19

DeJong, Peter & Berg, Insoo Kim (1998, 2003[5]). Lösungen (er-) finden. Dortmund: modernes lernen

de Shazer, Steve (1996). „Worte waren ursprünglich Zauber". Dortmund: modernes lernen

Duncan, Barry L. & Scott D. Miller (2000). The Heroic Client. Doing Client-Directed, Outcome-Informed Therapy. San Francisco: Jossey-Bass

Eberling, Wolfgang & Jürgen Hargens (eds) (1996). Einfach kurz und gut. Dortmund: borgmann

Efran, Jay S., Michael D. Lukens & Robert J. Lukens (1992). Sprache, Struktur und Wandel. Bedeutungsrahmen der Psychotherapie – Oder: Wie „wirkt" Psychotherapie? Dortmund: modernes lernen

Friedman, Steven (1999). Effektive Psychotherapie. Dortmund: modernes lernen

Furman, Ben (2001[3]) Es ist nie zu spät, eine glückliche Kindheit zu haben. Dortmund: borgmann

Grawe, Klaus (1995). Persönl. Mitt.

Grawe, Klaus, Ruth Donati & Friederike Bernauer (1994). Psychotherapie im Wandel. Von der Konfession zur Profession. Göttingen-Bern-Toronto-Seattle: Hogrefe

Hanna, Fred J. (2002). Therapy With Difficult Clients. Washington, DC: APA

Hargens, Jürgen (1993). KundIn, KundigE, KundschafterIn. Gedanken zur Grundlegung eines 'helfenden Zugangs'. Z.system.Ther. 11(1): 14-20

Hargens, Jürgen (1994). AutorInnen erfinden multiple Geschichten und nicht nur eine! Anmerkungen und Reflexionen zu einer Nachuntersuchung. Systhema 8(3): 41-48

Hargens, Jürgen (2004). Aller Anfang ist ein Anfang. Gestaltungsmöglichkeiten hilfreicher (systemischer) Gespräche. Göttingen: Vandenhoeck & Ruprecht

Hargens, Jürgen & Wolfgang Eberling (eds) (2000). Einfach kurz und gut. Teil 2. Ressourcen erkennen und nutzen. Dortmund: borgmann

Hoffman, Lynn (1996). Therapeutische Konversationen. Von Macht und Einflussnahme zur Zusammenarbeit in der Therapie – Die Entwicklung systemischer Praxis. Dortmund: modernes lernen

Howard, George. (1989). A Tale of Two Stories. Excursions into a Narrative Approach to Psychology. Notre Dame (Indiana): Academic Publications

Hoyt, Michael F. (ed) (1998). The Handbook of Constructive Therapies. Innovative Approaches from Leading Practitioners. San Francisco: Jossey-Bass

Hubble, Mark. A., Barry L. Duncan & Scott D. Miller (eds) (2001). So wirkt Psychotherapie. Empirische Ergebnisse und praktische Folgerungen. Dortmund: modernes lernen

Hubble, Mark. A., Barry L. Duncan & Scott D. Miller (2001). Das Augenmerk auf das richten, was funktioniert. In: dieselb. (eds) (289-344)

Lipchik, Eve (1994). Die Hast, kurz zu sein. Z.system.Ther. 12(4): 228-235

Loth, Wolfgang (1998). Auf den Spuren hilfreicher Veränderungen. Das Entwickeln Klinischer Kontrakte. Dortmund: modernes lernen

Miller, Scott D. & Insoo Kim Berg (1997). Die Wunder-Methode. Ein völlig neuer Ansatz bei Alkoholproblemen. Dortmund: modernes lernen

Miller, William R. (1985). Motivation for treatment: A review with special emphasis on alcoholism. Psychol. Bull. 98(1): 84-107

Smith, Emma & Klaus Grawe (2003). Die funktionale Rolle von Ressourcenaktivierung für therapeutische Veränderungen. In: Heike Schemmel & Johannes Schaller (eds). Ressourcen. Ein Hand- und Lesebuch zur therapeutischen Arbeit. Tübingen: dgvt

Snyder, C.R., Scott T. Michael & Jennifer S. Cheavens (2001). Hoffnung: Grundlage des gemeinsamen Faktors Placebo und Erwartung. In: Hubble et al.

Tallman, Karen & Arthur C. Bohart (2001). Gemeinsamer Faktor KlientIn: Selbst-HeilerIn. in: Hubble et al. (85-136)

Talmon, Moshe (1990). Single-Session Therapy. Maximizing the Effect of the First (and Often Only) Therapeutic Encounter. San Francisco: Jossey-Bass

Talmon, Moshe (1996). Schluss mit den endlosen Sitzungen. Wege zu einer lösungsorientierten Kurztherapie. München: Knaur

Walter, John L. & Peller, Jane E. (1994). Lösungs-orientierte Kurztherapie. Dortmund: modernes lernen

# Teil II

# Meyner Geschichten

## Der Tee ist fertig ... oder:
## Es sind wohl doch die unentscheidbaren
## Fragen, die anregen ...

*Jürgen Hargens* und *Frau Lappe*

> *Die Einstellung der TherapeutIn*
> *zur Rolle der KlientIn im Veränderungsprozess*
> *ist eine ganz grundlegende Voraussetzung,*
> *wenn es darum geht, KlientInnen zu helfen,*
> *ihre Fähigkeiten und Ressourcen*
> *für das therapeutische Unterfangen auf den Plan zu rufen.*
> Ted P. Asay & Michael J. Lambert (2001)

## Rückschau des sog. Profis

*Jürgen Hargens*

Der Kontakt zur Kundin, ich nenne sie Frau Lappe, wurde über eine gemeinsame Bekannte vermittelt, die im Ruhrgebiet wohnt. Sie rief mich an und fragte, ob sie einer alten Bekannten von ihr, die in den Norden gezogen war, meine Telefonnummer geben könnte. Das war mir selbstverständlich und so erhielt ich, wenn ich mich zutreffend erinnere, einige Wochen später den Anruf von Frau Lappe.

Ich erklärte ihr am Telefon, wie ich arbeiten würde – einen ersten Termin machen, zu dem die kommen, die interessiert sind. An diesem Termin hätten alle die Gelegenheit, mich kennen zu lernen. Und ich würde sie kennen lernen. Wobei kennen lernen für mich hieße, dass ich das tun würde, was ich immer täte – arbeiten, so dass sie am Ende einen Eindruck hätte(n), auf den sie ihre Entscheidung, ob diese Art der Arbeit für sie nützlich wäre, stützen könne(n).

Zum ersten Termin erschien Frau Lappe alleine und dann nahm die Arbeit ihren Lauf – anders als viele andere Sitzungen, die ich bisher gemacht habe. Das ist auch der Grund, weshalb ich über diese Arbeit berichten möchte.

Frau Lappe, eine Frau Anfang 60, begann sofort zu erzählen, sie ließ mir kaum Zeit, meine Regeln zu erläutern und auf die Frage, was ich für sie tun könne, wobei ich ihr hilfreich sein könne, begann sie, ihre Geschichte zu erzählen, die ich in Kurzform wiedergeben möchte:

> Frau Lappe, seit über 30 Jahren verheiratet, ist nach der Pensionierung in den Norden gezogen, lebt getrennt von ihrem Mann, allerdings in seiner unmittelbaren Nähe. Der Sohn mit seiner Frau und den beiden (Enkel-) Kindern würde in absehbarer Zeit ein Haus, das noch umzubauen war, auf demselben großen Grundstück beziehen.
>
> Anlass der Terminabsprache waren Symptome, die Frau Lappe belasteten – einerseits körperlicher Art, andererseits ging die Beziehung zu ihrem Mann auseinander. Und sie wollte es schaffen, in Freundschaft mit ihm getrennt zusammenzuleben. Und das bereitete ihr zunehmend Probleme. Erschwerend war hinzugekommen, dass ihr Mann eine andere Frau kennen gelernt hatte.

Diese Geschichte erzählte Frau Lappe, nahm meine Zwischenfragen zur Kenntnis, reagierte meist darauf mit: „Ja – und was ich Ihnen noch dazu sagen muss…" und erzählte die nächste, sie belastende Situation.

Für mich war diese Situation eher ungewohnt – ich fand kaum Möglichkeiten, Ziele herauszuarbeiten, nach Ausnahmen zu suchen. Ich konnte zuhören und mich in ihre Geschichte hineinbegeben. Was ich auch tat. Und ich fand in ihrer Geschichte Hinweise auf Stärken, Überlebenswillen, Lebensmut und die Bereitschaft, Dinge zu verändern. Diese Fokusveränderung – die Geschichten immer wieder unter eher positiven Aspekten neu bzw. nachzuerzählen, ohne die Sorgen und Kümmernisse schön zu reden – machte den wesentlichen Teil meiner Aktivität aus.

So verlegte ich mich darauf, sie für das, was sie tat, öfter zu würdigen. Anders gesagt, ich begann, ihre Geschichte ein bisschen „gegen den Strich" zu lesen und mögliche positive Aspekte einzuspielen – als *Möglichkeiten*, weitere Perspektiven aufscheinen zu lassen, ohne die erzählte Perspektive abzulehnen bzw. zurückzuweisen.

Und noch ein weiteres – ich bemühte mich, das, was ich tat, öfter zu erklären und zu begründen. So machte ich Frau Lappe bereits in der ersten Sitzung mit der *Regel 3* der lösungs-orientierten Kurztherapie bekannt: *„Wenn etwas nicht funktioniert, hör' auf damit. Mach' etwas anderes."* Ich erläuterte ihr diese „Regel", indem ich darauf verwies, dass sich Muster einspielen und einschleifen und erläuterte dies an dem, was sie über ihre Auseinandersetzungen und deren Auswirkungen auf sie erzählt hatte. Ich zog solche Erkenntnisse heran, auch indem ich Geschichten von meinen Erfahrungen erzählte, die darauf hinwiesen, dass es hilfreich sein könnte, solche Muster zu verändern, zu durchbrechen – wie schwer dies sein könnte, wenn das Muster schon lange bestand und beidseitig eingespielt war. Und wie solche Muster dazu neigen, uns immer wieder darauf hinzuweisen, sie zu erkennen, sie zu untersuchen und so unsere Aufmerksamkeit auf erste Anzeichen für ihr *Auftreten* zu lenken. Was eher dazu führen würde, wachsam auf diese ersten Hinweise zu schauen, die diese Muster wieder ankündigen. Und schon würde die Wahrscheinlichkeit wachsen, dass das Muster auch aufträte. Deshalb – so eine wichtige therapeutische Einsicht – könnte es manchmal hilfreich sein, Muster zu verändern, spielerischer damit umzugehen, wobei „spielerisch" nicht leichtfertig bedeuten würde, sondern darauf verweisen würde, sich selber *anders* zu verhalten, beinahe im Sinne eines Probehandelns.

Frau Lappe ging ohne konkrete Aufgabe und machte neue Termine ab. Die Sitzungen verliefen weiterhin nach dem beschriebenen Muster: sie erzählte, was sie belastete, und ich hörte aufmerksam zu und spielte immer wieder einmal eher positive Aspekte ein und machte immer wieder deutlich, dass es dabei um sie und nicht um ihren Mann ginge. Sie kümmerte sich zunehmend um sich, indem sie die rechtlichen Bedingungen des Miteinanders klärte, z.B. im Rahmen eines Ehevertrages und im Abstecken ihres eigenen Raumes (eigenes Häuschen). Interessanterweise wurde über ihre körperlichen Symptome immer weniger gesprochen.

Ziele zu erarbeiten – im Sinne wohlformulierter Ziele – war mir weiterhin nicht möglich, da Frau Lappe jedes Mal sofort mit dem Erzählen anfing, sich gewissermaßen von ihren Erlebnissen „erleichterte". Nachfragen, was sie erreichen oder aus der Sitzung mitnehmen möchte, beantwortete sie eher allgemein, um sogleich die nächste Geschichte zu erzählen. Da sie – aus meiner Sicht – Fortschritte machte, blieb ich dabei, diese positiven (Änderungs-) Aspekte einzuspielen und im Laufe der gemeinsamen Arbeit auch diese Zeitperspektive zu betonen: sie darauf aufmerksam zu machen, welche Schritte sie *aus meiner Sicht* immer klarer, konsequenter und eindeutiger gemacht hatte.

Unsere Treffen änderten sich und blieben dennoch gleich.

Sie blieben gleich, indem Frau Lappe es nie dazu kommen ließ, dass ihre Ziele für die Sitzung klar erarbeitet wurden – sie begann mit Variationen der Eröffnung „Was ich Ihnen erzählen muss...", und ich achtete auf die kleinen positiven Veränderungen, die mir erkennbar wurden.

Sie änderten sich, indem die Arbeit immer „normaler" wurde. Ein Beispiel: Als Frau Lappe im Herbst oder Winter kam und ein wenig fror, bat sie um einen heißen Tee, den ich in meiner Küche bereitete. Meine Praxisräume befinden sich in meinem Haus und sind über den Flur, der beide Funktionsbereiche verbindet, erreichbar. Um sicherzustellen, dass der Tee ihren Vorstellungen entsprach, stand Frau Lappe plötzlich hinter mir in der Küche, bestand auf genau drei Minuten, den der Tee ziehen sollte und ich bat sei dann, die Zeit zu nehmen.

Diese Verquickung von Privat- und Arbeitsbereich erschien nur natürlich und führte zu keiner Verwischung der Grenzen. Es machte die Arbeit für mich nur noch „normaler" und „alltagstauglicher" und geht in die Richtung, die Ben Furman (et al.) nicht nur mit dem Begriff „Offenheit", sondern auch mit „Glasnost" belegt hat (1996, S. 119).

Unsere Sitzungen könnte ich heute auch so beschreiben, dass sich zwei Personen treffen, über die eine Person sprechen und dabei Grundfragen ihrer Lebensgestaltung thematisieren, wobei Erfahrungen und Erlebnisse der anderen ebenfalls einbezogen werden, und sie lassen es sich mit Tee – und gelegentlich Kerzenschein – gut gehen und verlieren dabei die manchmal nicht ausdrücklich erwähnten anderen, positiveren Möglichkeiten nicht aus den Augen.

Und noch etwas geschah, was mich weiter darin unterstützte, das, was üblicherweise als „Therapie" bezeichnet wird, verantwortungsbewusst und professionell zu normalisieren. Anfang Dezember, in der Vorweihnachtszeit, die von vielen familiären Traditionen mitbestimmt wird, erhielt ich einen Anruf von Frau Lappe. Sie sagte, sie hätte nicht gewusst, ob sie anrufen solle oder nicht. Aber ich würde immer sagen, sie solle sich trauen, das auch zu tun, was sie möchte und deshalb riefe sie an. Sie habe sich überlegt, Weihnachtskekse zu backen und dazu einige Leute einzuladen. Auch mich. Ob ich denn käme? Ich zögerte nur einen kurzen Moment, bedankte mich für die Einladung und fragte, wann das Backen denn geplant sei. Leider ließ mein Terminkalender mein Kommen nicht zu.

Die nächste Sitzung war noch vor Weihnachten und – ich hatte es fast erwartet – Frau Lappe brachte mir eine nett verpackte Tüte selbstgebackener Kekse mit. Ich bedankte mich, verwies darauf, dass der Tee schon fertig sei und dass auch ich etwas für sie hätte – ein kleiner selbstgebackener Stollen. Es waren Geschenke, die das wechselseitige Wertschätzen ausdrückten.[5]

Und so verbrachten wir die Stunde mit Tee und Gebäck und dem Thema, was alles passiert war, was Frau Lappe auf ihrem Weg weiter vorangebracht hatte. Für mich war und ist dabei bedeutsam geblieben, eine professionelle Haltung aufrechtzuerhalten, die sich vor allem darin zeigt, Beobachter meiner selbst und der erzählten Geschichten zu bleiben. Anders gesagt – ich blieb bei der Beschreibung der TherapeutIn, von der Ben Furman (et al., 1996) als „Erklärungs-HändlerIn" spricht: „Ihre Produkte umfassen Umdeutungen, neue Seiten und alternative Ansichten" (a.a.O., S. 15). Dies erfordert die Disziplin, „in Hinblick darauf, wie Menschen ... Dinge erklären, 'meta' zu bleiben" (a.a.O., 25).

Mittlerweile haben wir uns in drei Jahren 23 Mal getroffen[6] – und immer noch verlaufen die Treffen wie beschrieben. Mit einem kleinen Unterschied – Frau Lappe spricht immer weniger von dem, was sie zu beklagen hat und immer mehr von den Dingen, die sie macht und die ihr gut tun. Meine Aufgabe sehe ich weiterhin darin, sie gelegentlich auf die vielen positiven Schritte hinzuweisen, die sie schon gegangen ist und sie gelegentlich daran zu erinnern, dass sie in den letzten Jahren unaufhaltsam vorangegangen ist.

Ich habe in dieser Arbeit viel gelernt – zum einen, wie wichtig es sein kann, meinem Gegenüber zuzuhören und das, was er oder sie sagt und tut, zu würdigen und mich darauf einzustellen. Es war eine spannende Erfahrung, *ohne klar definiertes Ziel zielorientiert zu arbeiten*. Ich habe gelernt, die Frage danach, inwieweit die Kundin vorangekommen ist, in verschiedensten Variationen zu stellen – denn die Annäherung der Kundin an ihr Ziel bleibt der Bewertungsmaßstab jeder „Therapie"[7]. In diesem Sinne ist die Arbeit zielorientiert geblieben.

---

[5]  Was Geschenke von KundInnen angeht, kann ich mich nur immer wieder auf Jay Efran (et al. 1992, S. 211) beziehen: „In vielen Kulturen wird das Zurückweisen eines Geschenkes als Beleidigung der SchenkerIn verstanden. Einige Geschenke sind natürlich überhaupt keine Geschenke – sie sind Bestechungsversuche. Wahre Geschenke verpflichten die Beschenkte in keiner Weise, sich zu revanchieren."

[6]  Es bleibt (natürlich?!) die Frage offen, welches Kriterium das Ende der Arbeit („Therapie") definiert – ein konkretes (wohl formuliertes) Ziel, das von der KundIn erreicht werden soll oder die von der Kasse bewilligte Anzahl der Sitzungen ...

[7]  Ich setze den Begriff „Therapie" in Anführungszeichen, weil ich meinen KundInnen gegenüber den Begriff *Arbeit* bevorzuge – sich ändern ist harte Arbeit.

Zum anderen habe ich viel darüber gelernt, was wir anderenorts mit den *Leitlinien kooperieren, reflektieren, öffentlich machen, gerahmt von respektieren* beschrieben haben (Hargens & Grau 1990, 1994, 1996). Insbesondere die Reflexion der eigenen Ideen vor der Kundin, das Infragestellen und Veröffentlichen der eigenen Zweifel und das kontinuierliche Bemühen, an der Kundin anzukoppeln und ihr Angebot des Kooperierens (zieldienlich) aufzugreifen (vgl. auch de Shazer 1992), haben mir sehr geholfen, mein professionelles Handeln weiterzuentwickeln.

In dieser Hinsicht ist das Beenden jeder Sitzung durch mich mit meinem Schlusswort „Danke" mehr als berechtigt. Vielen Dank.

# Leben ist aufregend und spannend

*Frau Lappe*

Im Frühjahr 2001 begann ich eine Therapie. Warum? Irgendetwas stimmte nicht; seit Jahren plagten mich die verschiedensten körperlichen Wehwehchen. Wie schon so oft im Leben wollte ich aber an die Ursachen, war neugierig. Ich war damals 62 Jahre alt, seit 37 Jahren verheiratet, hatte zwei erwachsene Kinder, zwei Enkelkinder und einen spannenden Beruf hinter mir. Auch mein Mann war aus seinem Beruf ausgeschieden.

1998 zogen wir in ein anderes Bundesland um in ein altes Haus mit großem Gelände, unseren Traum vom „Ruhestand" zu verwirklichen. Seit sieben Jahren hatten wir uns durch die Anlage des Geländes (meine Arbeit) und den Umbau des Hauses (mein Mann) darauf vorbereitet. Wir waren ein Superteam und Auseinandersetzungen führte ich auf unsere Unterschiedlichkeit zurück. Wir hatten noch wenig Zeit, um Freundschaften zu pflegen und nahmen Menschen, die wir kennen lernten und zu uns kamen, offen auf.

Kurz vor dem ersten Gesprächstermin zur Therapie erfuhr ich durch Zufall, dass mein Mann sich einer gemeinsamen Bekannten zugewandt hatte, sich heimlich mit ihr traf. Ich fühlte mich hintergangen und betrogen. Nun gab es auch nichts mehr zu verheimlichen. „Mann" ging oft fort, telefonierte stundenlang.

Ich war verwirrt – meine Welt zerbrach in den kommenden Monaten immer mehr. Nach außen lebten wir weiter als Ehepaar. Wir sortierten unsere materiellen Dinge so, dass wir uns möglichst wenig in die Quere kamen.

So begann ich meine Therapie.

Folgende Regeln schlug Herr Hargens beim ersten Gespräch vor:

- Nach etwa fünf Gesprächen konnte ich mich entscheiden, ob ich diese Form der Therapie für mich sinnvoll fand.

- Die Häufigkeit der Gespräche bestimmte ich. Ebenso wann ein Termin abgesprochen wurde.

- Die Dauer wurde nicht festgelegt, sie ergab sich von ganz alleine und lag bei circa einer Stunde. Dies ist für mich äußerst hilfreich, da es keinen Zeitdruck gibt.

- Wann und wie ein Gespräch begonnen wurde, lag bei mir.

- Ebenfalls, ob ich nur erzählte oder Fragen stellte.

- Ob ich die Antworten hinnahm, sich daraus ein Gespräch entwikkelte oder ich das Gespräch beendete, lag ebenfalls bei mir.

- Wünschte mir Gespräche einmal im Monat.

Schon beim ersten Gespräch wurde deutlich, dass mein Mann mich nicht liebt, und ich lernen musste, mir eine neue, eigene Welt zu gestalten, in der ich eigenverantwortlich alleine war. Viele Monate lang versuchte ich, ob nicht doch ein freundschaftlicher Umgang miteinander möglich ist. Gleichzeitig ging ich in einen Chor, nahm Klavierunterricht, gestaltete meinen Garten, öffnete diesen anderen Garteninteressierten, veranstaltete Hauskonzerte. Es machte riesig Freude, neue Menschen kennen zu lernen, ohne sich an einen zu hängen, plötzlich Freundschaften zu erleben und zu erfahren, ich ganz allein werde in meinem Sosein angenommen. „Schauen Sie, dass es Ihnen gut geht", war ein Rat von Herrn Hargens. Ich lernte, ehrlich mit meinen Mitmenschen umzugehen, d.h. zu sagen, was ich mir wünschte, was mir nicht gefiel. Ich lernte, aufmerksam zu schauen, mich zurück zu nehmen, Ablehnung auszuhalten und alte, eingeschliffene Umgangsformen mit meinem Mann nicht mehr mitzuleben. Es ist, wie neu laufen zu lernen. Es gibt immer wieder auch Rückschläge – aber es geht immer weiter. Da ich mich so verändere, wird eine Verständigung mit dem ehemaligen „Mann" immer schwieriger. Obwohl wir beide betonen, dass wir dies nicht wollen.

Ich sehe heute rückblickend mein Leben als eine nie endende Kette von Erfahrungen und aus allem kann ich etwas lernen. Auch Schmerz, Trauer, Verzweiflung gehören dazu, Zeiten tiefster Ausweglosigkeit, aber immer weiß ich, ich kann mir einen Kaffee kochen und schauen, was der Alltag nun Neues, Spannendes bringt – es geht immer weiter.

Seit einigen Monaten gibt es einen liebevollen Freund. Es ist aufregend und spannend, so frei und ohne Verpflichtung, so unabhängig eine neue Beziehung zu versuchen, beide wohl wissend, jeder kann gut alleine leben, aber schöner ist es zu zweit und was ist möglich ...

- Du bist stark, und ich habe Angst vor dir – sagt mein ehemaliger Mann.

- Du bist stark, und ich habe keine Angst vor dir – sagt mein jetziger Mann.

- Ich bin nicht stark, ich möchte nur gleichwertige Partnerin sein – sage ich.

Zwei Jahre – einmal im Monat – dauert die Therapie. Ich weiß, es ist für mich der richtige Weg gewesen, ohne diese Hilfe wäre ich heute nicht so weit.

# Danke!

*Jürgen Hargens*

Mich hat die Geschichte, die Frau Lappe erzählt, noch einmal angerührt – sie erzählt ihre Geschichte und, aus meyner Sicht, erzählt sie ihre Geschichte zunehmend als eine Geschichte von Fortschritten und Erfolgen, ohne die Probleme, Schwierigkeiten oder Rückschläge deshalb zu ignorieren: „aber es geht immer weiter", schreibt sie. „Genau!", würde ich dazu sagen.

Zwei Aspekte sind darüber hinaus für mich interessant:

Zum einen die Hervorhebung der *Regeln*, die mir schon gar nicht mehr so eindringlich im Kopf sind/waren. Es scheint, so würde ich diese Geschichte weiter erzählen, für das Wohlbefinden und die Orientierung überaus bedeutsam, sich an einem eindeutigen *Rahmen* orientieren zu können. Ein solcher Rahmen, so meine Hypothese, würde als Orientierung Sicherheit bieten und zugleich die Wertschätzung ausdrücken, die dadurch zum Tragen kommt, indem dieses „Bedürfnis" der Kundin ernst genommen wird – dass gut für sie gesorgt wird.

Zum anderen hat mich wieder erstaunt – im positiven Sinne –, was Kundinnen für sich als bedeutsame „Ereignisse" betrachten. Frau Lappe erwähnt den Ratschlag „Schauen Sie, dass es Ihnen gut geht." Ja, der Blick auf sich selber, Selbst-Sorge, sich selbst Ernst nehmen und das wieder zu finden in einem entsprechenden Ratschlag. Insofern gewinnt für mich die Idee von Bohart & Tallman (1999) eine weitere Kontur und Stärkung: dass die KundInnen nämlich einfach das, was ihnen angeboten wird, zu ihrem Vorteil nutzen.

# Nachbetrachtungen

*Frau Lappe*

Ihren Bericht „*Der Tee ist fertig*" habe ich so gut fortgelegt, dass ich ihn jetzt nicht wieder finde. Also kram' ich in meiner Erinnerung; was hatten Sie geschrieben?

Verblüfft hatte mich, dass es offenbar nicht die gängige Methode war, wie ich an die Sache heranging. – Ich hatte ja auch keine Ahnung, was mich erwartete, erhoffte mir nur Hilfe in meinem eigenen „Durcheinander". Froh bin ich, wie Sie sich auf mich eingestellt haben und dass es eine so lebendige Zeit war, in der ich gelernt habe, dass es viele Möglichkeiten gibt.

Indem ich meine Geschichten erzählte und Sie diesen hin und wieder eine andere Variante gaben, bekam ich eine neue andere Blickrichtung. Ich lernte, bei mir zu bleiben und neue Möglichkeiten und Lebenswege zu erproben. Ich lernte, alte eingefahrene Verhaltensweisen zu erkennen, zu üben, sie zu verändern und mit Verletzungen und Ängsten anders zu leben. – Ich erlebe, wie häufig Menschen meiner Generation ängstlich an alten Strukturen festhalten und mich nicht mehr verstehen. So lösen sich alte Freundschaften und neue entstehen.

Bei mir zu bleiben, die hohe Kunst von Distanz und Nähe zu üben, ist nicht immer einfach, macht mich lebendig und damit geht es mir gut.

Liebe Grüße; vielleicht höre ich mal etwas von Ihnen; ich würde mich darüber freuen.

Frau Lappe

P.S. Nun seh' ich beim Durchlesen des Briefes, dass ich ja gar nicht groß auf Ihren Bericht einging – meine Gedanken sind 'mal wieder „fortgelaufen". Nach meinem Empfinden waren mein Bericht und Ihr Bericht in der Einschätzung nicht weit voneinander entfernt. So gibt es für mich auch gar nichts zu kritisieren, zurückbleibt viel Freude, weil es eine gute Zeit war.

* * * * *

# Mädchen sind stark und furchtlos fürchtend

*Jürgen Hargens* und *Sophie*

> *Die entscheidende Einsicht ist die, dass Menschen oft*
> *„Probleme" in „PROBLEME" verwandeln,*
> *indem sie sie als Katastrophen ausmalen,*
> *wobei sie sich selber negativ bewerten,*
> *weil sie Probleme haben (d.h. nicht perfekt sind)*
> *und andererseits angesichts der Probleme,*
> *die normaler Bestandteil des Lebens sind,*
> *überreagieren.*
> Arthur C. Bohart & Karen Tallman (1999)

## Der Kontext

Dies ist der kurze Bericht über etwas, was sich vor einigen Jahren im November ereignete. Sonntagabend rief mich ein dreizehnjähriges Mädchen an, die ich hier Sophie nenne. Sie sagte, dass sie schon vor einiger Zeit einmal bei mir gewesen wäre und dass sie jetzt ein anderes Problem hätte und dass sie Hilfe brauche.

Wir machten einen Termin aus, zu dem sie mit ihrer Mutter erschien, aber da ihre Mutter auf Sophies Wunsch nicht dabei sein sollte, setzte diese sich ins Wohnzimmer, während ich mit Sophie in die Praxis ging.

Des besseren Verständnisses wegen sollte ich sagen, dass die Familie in einem kleinen Nachbardorf wohnte. Ich kannte Vater und Mutter aus anderen Zusammenhängen, so dass ich hier also mit Bekannten arbeitete.

Sophie schien sehr besorgt, besonders weil es ihr höchst unangenehm war, über ihr Problem zu sprechen und weil sie gar nicht genau wusste, ob sie darüber sprechen konnte – war es überhaupt ein Problem oder nur ihre Einbildung. Diese Frage beschäftigte sie sehr.

Ich verlegte mich darauf, dieses Dilemma zu würdigen, ihr zu versichern, dass das, was sie im Kopf hatte, für sie auf jeden Fall wirklich war und ich ging dazu über, die Einzelheiten genauer zu untersuchen, weswegen sie gekommen war – ihre Angst vor Monstern. Ich blieb dabei, ihre Beschreibungen, ihre Ängste, ihre Furcht und alle ihre Bemühungen, das Problem zu bewältigen, zu würdigen und wertzuschätzen. Denn es war sicher nicht leicht, darüber zu reden, dass die Puppen in ihrem Schlafzimmer Monster seien, die ihr Angst machen.

Da ich auch keine Idee hatte, wie genau ich ihr helfen könnte – Sophie wollte einfach die Angst los werden –, bemühte ich mich, die Situation mit ihren Augen zu sehen und mir jede Kleinigkeit beschreiben zu lassen. Sophie beschrieb ihre Situation – ihr Dilemma, ihre Angst, und ich suchte nach Ausnahmen, Stärken, Kompetenzen. Eine lag ganz offen zutage: Sophies Einsatz für sich selber, ihr Engagement, sich Hilfe zu holen und ihre Fähigkeit und Bereitschaft, mit mir zu reden.

Und das brachte mich dann auf die Idee, die Perspektive zu wechseln und die Monster, die ihr soviel Angst machten, einmal daraufhin „abzuklopfen", inwieweit sie selber Angst haben und dadurch, dass sie Sophie Angst machen, von der eigenen Angst ablenken würden. Es war für mich ungemein beeindruckend, wie Sophie diese Perspektive aufgriff und verfolgte …

Das kann ich heute – mit Abstand – leicht beschreiben. Etwas anderes blieb bei mir nachhaltig haften, denn woran ich mich auch heute noch gut erinnere, ist mein Gefühl der Hilflosigkeit – wie kann ich Sophie helfen? Die Idee hatte sich in meinem Kopf breit gemacht, dass jeder gut gemeinte Ratschlag bei Sophie vermutlich das Gefühl verstärken könnte, dass sie ganz zu Anfang geäußert hatte – es war ihr unangenehm über ihr Problem zu reden, weil sie sich unsicher war, inwieweit es „überhaupt" ein Problem und nicht nur Einbildung wäre. Das brachte mich dazu, ihr mehr zuzuhören und das war eine Lektion, die ich hier noch einmal nachdrücklich und unvergesslich demonstriert bekam – was ich professionell tue, sei es fragen oder hypothetisieren oder wertschätzen –, alles, was ich tue, ist für mich eine Folge der *Kunst des Zuhörens*. Das brachte mich auf die Idee, „Monster zu spielen" und die Situation einmal aus dieser Perspektive zu betrachten und das öffnete Optionen und Möglichkeiten.

Das Ganze liegt nun Jahre zurück – es gab auch nur diese eine Sitzung, deshalb kann ich nicht genau beschreiben, was passierte, aber Sophie hat sich geäußert – und mir ist ihre Stimme nach wie vor wichtig. Was folgt, ist Sophies Brief über das, was sie erlebt hat

# Sophies Brief

Vor ca. einem Monat hatte ich ein Problem:

Seit ca. 2-3 Monaten bekam ich es jeden Abend oder aber auch manchmal am Tage, wenn ich allein war, mit der Angst zu tun. Immer, wenn ich abends in mein Zimmer kam, hatte ich das Gefühl, dass sich in meinem Zimmer Monster aufhalten. Diese Monster sahen für mich aus wie z.b. die Horrorfigur aus dem Film „Scream 2". Viele schreckliche Gestalten formten sich in meinem Kopf zurecht, und ich bekam sie dort nicht mehr raus. Ich dachte, diese „Monster" würden mir etwas antun, mich verletzen, töten oder aber – was am schlimmsten war – einfach nur böse angucken. So begann ich auch meinen Teddybären zu hassen, weil ich immer dachte, „Es" (von Stephen King) säße darinnen und schaue mich wahnsinnig böse an.

Ich wusste, dass ich Horrorfilme nicht vertrage und guckte sie mir deshalb auch schon seit langem nicht mehr an. Aber allein, dass mir jemand von so einem Monster erzählte, reichte völlig dafür aus, dass sich mein Kopf daraus die schlimmsten Gestalten drehte. Ich ging dann trotzdem in mein Zimmer, aber sobald ich im Bett lag und das Licht ausmachte, bekam ich teilweise soviel Angst vor diesen Monstern, die für mich über mir standen und mich z.B. gleich töten wollten, dass ich mich unter die Bettdecke verkroch oder das Licht immer wieder anmachte. Teilweise wagte ich kaum zu atmen, weil ich dachte, die Gestalten würden mich dann hören und noch mehr würden kommen. Komisch war, dass ich diese Angst nie hatte, wenn jemand bei mir war.

Mein Verstand sagte mir eigentlich, dass es solche Wesen nicht gibt, aber tief in mir drin konnte ich das nicht glauben. Ich dachte manchmal, mein Problem würde von allein weggehen, und ich brauchte auch nicht sehr lange, bis ich mir eingestand, dass das kein kleines Problem war und es dann meiner Schwester und einer meiner besten Freundinnen erzählte. Die rieten mir beide, nachdem sie lange überlegten, dass ich zu einem Psychologen gehen soll; meine Schwester sagte auch gleich, ich kann ja zu Jürgen Hargens gehen, da ich eh schon mal da war. Erst wusste ich nicht so recht, ob ich das machen sollte, aber meine Angst wurde nicht besser; nein, sondern nur viel schlimmer, weil ich sie verdrängen wollte. Also sprach ich mit meinen Eltern, und auch die hielten es für das Beste, wenn ich mit Herrn Hargens sprechen würde, da auch sie mir nicht helfen konnten. Ich selber wollte es auch, weil ich 1. keine andere Lösung mehr fand und 2. schon mal bei ihm war und er mir damals helfen konnte, mein damaliges Problem zu lösen. Allerdings sagten meine Eltern, ich solle ihn anrufen, um einen Termin zu vereinbaren. Das gefiel mir gar nicht; ich weiß bis heute nicht genau warum. Irgendwie wollte ich nicht persönlich bei ihm anrufen, das war mir unangenehm. Aber da mir in der Situation nur zwei Sachen zur Auswahl standen, und zwar Todesangst oder Hilfe, wählte ich dann doch die Hilfe. In der nächsten Woche war es dann soweit:

Auf dem Hinweg hatte ich schon ein bisschen Angst, wovor frage ich mich bis jetzt noch. Als wir dann ankamen, wurde meine Mutter in ein Zimmer gebracht, und Herr Hargens ging mit mir in ein anderes. In dem Zimmer stand ein Stuhlkreis, in dem ich mir einen Platz aussuchen durfte. Es kam mir ein bisschen komisch vor, dass da so viele Stühle rumstanden, aber ansonsten fand ich das Zimmer irgendwie angenehm. Trotzdem war ich unsicher, weil ich nicht wusste, was da auf mich zukommt. Erstmal hat Jürgen Hargens mir ein paar Regeln erzählt, wie so ein Gespräch bei ihm läuft. (Ich war zwar schon mal bei ihm gewesen, aber das war schon über ein Jahr her.) Ich kann mich nur noch an eine Regel erinnern, die lautete ungefähr so: „Ich stelle viele Fragen, aber wenn du nicht antworten möchtest, dann kannst du das ruhig sagen." Das fand ich gut so!

Ja, und dann sollte ich ihm mein Problem erzählen. Das war gar nicht so einfach, irgendwie dachte ich auch manchmal, dass diese Angst doch nicht zu einer 13-Jährigen gehören kann. Ich hatte mir vorgenommen, nicht zu weinen, aber mir liefen dann einfach die Tränen aus meinen Augen. Das tat allerdings gut; sehr gut sogar. Ich sprach einfach alles, was mir in den Kopf stieg, aus. Herr Hargens fragte mich dann zwischendurch viele Fragen, bei denen ich mir teilweise etwas dachte, was diese Fragen bezwecken sollten. Einmal fragte er mich, woher ich denn wissen will, dass diese Monster keine Angst vor mir haben und ob ich mir vorstellen könnte, dass sie mir nur Angst machen wollen, um ihre Angst vor mir zu verbergen. Das brachte mich sehr zum Nachdenken. Wir überlegten lange, wie man diese Monster vertreiben oder einschüchtern könnte. Ich sagte auch einmal, dass ich mir so blöd vorkomme, weil ich vor irgendwelchen Monstern Angst habe, aber Herr Hargens hat gesagt, dass ich mir gar nicht blöd vorkommen muss und dass diese Monster für mich ja existieren. Das hat mir irgendwie Mut gemacht.

Nach ca. 1 Stunde war ich zu dem Entschluss gekommen, dass ich die nächsten Male, wenn ich das Gefühl habe, Monster seien in meiner Nähe, sie einfach ansprechen wolle, wie feige sie eigentlich seien, dass sie sich nicht zeigten oder laut etwas sagen. Mit diesem Entschluss war ich dann eigentlich zufrieden, aber ein kleines Problem hatte ich doch noch: Ich fand, dass Herr Hargens mir das Problem gelöst hatte und dass ich dumm war, weil ich vorher nicht selbst darauf gekommen war. Aber er sagte, dass das gar nicht stimme, ich hätte das Problem selbst gelöst. Dass ich das erst bei ihm geschafft hatte, lag nur daran, dass ich mich intensiv damit beschäftigt hatte, sagte er. Und irgendwo sah ich das ein. Als ich aus dem Raum rausging, fühlte ich mich irre gut und total erleichtert. Zuhause probierte ich dann meine neue „Waffe" gegen die Bösewichte am Abend gleich aus. Selbst jetzt (ca. 1 Monat nach dem Besuch bei Herrn Hargens) gehe ich manchmal in mein Zimmer und schleudere den Monstern alles, was mir einfällt, an den Kopf. Manchmal klingt das in etwa so:

„Na ihr Scheißkerle! Oh, wisst ihr eigentlich, dass ihr die feigesten Säue, die mir je begegnet sind, seid?!!! Wenn ihr was von mir wollt, dann zeigt euch!!! Oder habt ihr etwa doch zu wenig Mut?!!! ha, ha, dann verpisst euch!!!!!!!!!!!!!!!!" Wenn ich so etwas geschrieen habe, dann habe ich keine Angst mehr.

Ich bin letztendlich sehr froh, dass ich mit Herrn Hargens gesprochen habe und bin ihm dankbar, dass er mir geholfen hat, mein Problem zu lösen. Wenn ich wieder einmal ein Problem habe und total verzweifelt bin, werde ich wieder zu ihm gehen.

Ganz zum Schluss will ich Jürgen Hargens danken und ihm sagen, dass ich es wunderbar finde, dass er es zu seinem Beruf gemacht hat, Menschen zu helfen.

## Nachbetrachtung

*Jürgen Hargens*

Heute kann ich zwei Aspekte benennen, die Sophie mich gelehrt hat – viele andere sind mir sicher einfach „durchgerutscht", so dass ich sie eben nicht ausdrücklich benennen kann.

Da ist zunächst die Sache mit den „Regeln", die ich zu Beginn der Arbeit immer ausdrücklich formuliere: ich frage viel und niemand braucht zu antworten. Wer nicht antwortet, so meine Formulierung, sorgt gut für sich und macht mir die Arbeit leichter, weil er oder sie nur das sagt, was er oder sie sagen möchte. Das erscheint mir sehr selbstverständlich – Sophie hat mich noch einmal nachdrücklich darauf hingewiesen, dass der Kontext (und der emotionale Zustand) der KundIn durchaus anders sein kann und eine solche Regel der Orientierung (und dem Wohlbefinden) dienen kann.

Da ist zum zweiten die Sache mit dem „Nicht-Wissen". Ich konnte Sophies Geschichte hören, hatte allerdings keine Idee, wie ich ihr hilfreich sein könnte. Das hat mich darauf zurückgeworfen, genau zuzuhören. Und je mehr ich mich auf das Zuhören – oder Hin-Hören – einlassen konnte, desto mehr veränderte sich meine Perspektive – ich „ging gleichsam in Sophies Geschichte hinein" und kam mit Ideen wieder heraus. Dieses Erlebnis, letztlich eines von mehreren, hat sich bei mir inzwischen mit dem Begriff *Fragen – eine Kunst des Zuhörens* festgesetzt. Dafür danke ich Sophie.

# Literatur

Asay, Ted P. & Michael J. Lambert (2001). Empirische Argumente für die allen Therapien gemeinsamen Faktoren: Quantitative Ergebnisse. In: Hubble, Mark. A, Barry L. Duncan & Scott D. Miller (eds) (2001). So wirkt Psychotherapie. Empirische Ergebnisse und praktische Folgerungen. Dortmund: verlag modernes lernen

Bohart, Arthur C. & Karen Tallman (1999). How Clients Make Therapy Work. The Process of Active Self-Healing. Washington, DC: APA

de Shazer, Steve (1992). Muster familientherapeutischer Kurzzeit-Therapie. Paderborn: Junfermann

Efran, Jay S, Michael D. Lukens & Robert J. Lukens (1992). Sprache, Struktur und Wandel. Bedeutungsrahmen der Psychothearpie. Dortmund: verlag modernes lernen

Furman, Ben & Tapani Ahola (1996). Die Kunst, Nackten in die Tasche zu greifen. Systemische Therapie: Vom Problem zur Lösung. Dortmund: borgmann, 1996

Hargens, Jürgen & Uwe Grau (1990). Kooperieren, reflektieren, öffentlich machen. Entwurf eines systemischen Ansatzes auf konstruktivistischer Grundlage. systeme 8(2): 151-155 und 161-163

Hargens, Jürgen & Uwe Grau (1994). Cooperating, reflecting, making open, and meta-dialogue. Outline of a systemic approach on constructivist ground. ANZJFamTher. 15(2): 81-90

Hargens, Jürgen & Uwe Grau (1996). Sprache: Sprechen, versprechen, versprochen. Theoretische Anmerkzungen zur lösungs-orientierten Kurztherapie. In: Wolfgang Eberling & Jürgen Hargens (eds). Einfach kurz und gut. Zur Praxis der lösungsorientierten Kurztherapie. Dortmund: borgmann

# Im Krankenhaus ...

*Ewald Bopp*

## Der Rahmen ...

Zunächst ist es wichtig, den Rahmen meiner Tätigkeit zu beschreiben, damit Sie sich ein Bild machen können.

Ich bin Kinderarzt und arbeite als Oberarzt in einer Kinderabteilung in einem Schwerpunktkrankenhaus. Mein Arbeitsauftrag umfasst die üblichen Tätigkeiten eines Oberarztes in einer Akut-Kinderklinik. Ich habe die Zusatzbezeichnung Psychotherapie und die Weiterbildung als Systemischer Therapeut und Systemischer Supervisor abgeschlossen

Im Laufe meiner langjährigen ärztlichen Tätigkeit bin ich immer mehr zu der Überzeugung gelangt, dass bei fast allen Patienten für das Wohlbefinden *auch* die Seele bzw. die Psyche eine eher größere Rolle spielt. Dies gilt sowohl für den Prozess des Erkrankens wie den der Genesung. Nun bin ich an der Klinik allerdings nicht als Arzt für Psychotherapie oder psychosomatische Medizin eingestellt. In unserer Abteilung (Kinderklinik der Diakonissenanstalt Flensburg, Chefarzt PD Dr. med. H.-D. Oldigs) arbeitet derzeit auch kein Psychologe und kein anderer Psychotherapeut. Ich selber verfüge über die günstige Möglichkeit, in meiner Arbeit nahezu jederzeit telefonisch und/oder praktisch mit Jürgen Hargens zusammen arbeiten zu können.

Zurück zu den Rahmenbedingungen:

Die Abteilung verfügt über keine psychosomatischen Betten. Es werden ausschließlich akut kranke Kinder und Jugendliche versorgt. Allein für psychotherapeutische Maßnahmen darf kein Patient einen Tag länger oder zusätzlich im Krankenhaus bleiben. Das stellt für mich eine der großen Herausforderungen meines Alltags dar, da ich einerseits fast alle Erkrankungen als psychosomatisch – zumindest psychosomatisch mitbedingt – betrachte, andererseits von meinem Arbeitsauftrag her keinen zeitlichen Spielraum für psychotherapeutische Gespräche habe. Das hat zu meiner Entscheidung geführt, mich ausführlicher psychotherapeutisch/psychosomatisch nur um solche Kinder und Familien zu kümmern, wo bei den Kindern schwerwiegende „somatische" Erkrankungen vorliegen, die nach meinem Eindruck ohne psychotherapeutische Intervention entweder noch sehr lange krank sein dürften – eventuell verbunden mit weiteren Operationen, mit den entsprechenden Risiken akut wie langfristig, oder mit sonstigen Eingriffen mit Nebenwirkungsrisiko – sowie bei Erkrankungen, die sich chronifizieren könnten mit zunehmender Einschränkung der Organfunktion.

Darüber hinaus versuche ich, mich psychosomatisch um Kinder zu kümmern, bei deren Erkrankungen aus schulmedizinischer Sicht Medikamente zum Einsatz kommen mit möglicherweise gravierenden Nebenwirkungen.

Dieser Rahmen bedingt, dass ich mich natürlich nur um einen Bruchteil von Patienten kümmern kann, die nach meiner Vorstellung essentiell zusätzlich zur schulmedizinischen Behandlung auch psychotherapeutisch betreut werden müssten. Ich selbst kann mich zusätzlich zu meiner sonstigen Tätigkeit bestenfalls um ein bis zwei Patienten intensiv psychosomatisch kümmern. Im günstigsten Fall ist manchmal nur ein einzelnes Gespräch erforderlich. Das schließt sich manchmal an eine Befunderläuterung nach einer von mir durchgeführten sonographischen Untersuchung an.   Grundsätzlich versuche ich, das von mir initiierte Gespräch mit möglichst vielen Familienmitgliedern zu führen. Die Gespräche finden manchmal zu einem vereinbarten Termin statt. Oft finden sie allerdings auch spontan statt, d.h. ich nutze die Gelegenheit zu einem Gesprächsangebot, wenn gerade Vater, Mutter, Geschwister, Freunde, Freundinnen, Großeltern etc. da sind, oder wenn ich mit somatischen diagnostischen Verfahren wie Ultraschalluntersuchungen mit den Kindern beschäftigt bin, was auch häufig in Anwesenheit der Eltern geschieht.   Dann biete ich ein Gespräch an, wenn es mein Terminplan zulässt. Das ist nicht selten oft auch erst nach Dienstschluss der Fall. Dabei wissen die Gesprächsteilnehmer meist zunächst nicht, worauf ich hinaus will.

Ich biete einfach ein *Gespräch* an – ich spreche keinesfalls von Psychotherapie –, um über den aktuellen Stand des Krankheitsverlaufes zu informieren und für Fragen zur Verfügung zu stehen. Einer meiner Grundsätze lautet, dass ich stets alle Gespräche in Anwesenheit des Patienten führe, unabhängig vom jeweiligen Alter.

Dies ist ein besonderer Aspekt meiner Tätigkeit – die Leute zu gewinnen, sich psychologischen bzw. psychosomatischen Ideen gegenüber zu öffnen, ohne sich „unter Druck" gesetzt zu fühlen, sich diesen Ideen gegenüber öffnen zu müssen. Das führt dazu, dass ich mein Vorgehen eher als „weich" oder „soft" bezeichne und keinesfalls Begriffe wie „Therapie" u.ä. benutze. Ich gehe immer von der somatischen Grundorientierung aus, die Anlass und Rahmen der Gespräche definiert – warum sonst wären die Kinder im Krankenhaus?

Diese Gespräche finden an zwei Orten in der Klinik statt – entweder in einem Raum, der mir für solche Gespräche zur Verfügung steht und dann kommt auch der Patient mit Bett und Infusionen dorthin. Oder, wenn der Patient ein Zimmer hat, in dem er oder sie alleine liegt, finden die Gespräche im Kranken-Zimmer statt. Das Personal von der Putzfrau über die Erzieherin bis zum Chef kennen meine Vorstellungen über die Bedingungen von Gesundheit und Krankheit und tolerieren sie, so dass ich mit allen Patienten und Eltern in der Kinderabteilung sprechen kann, wenn mir das sehr sinnvoll bzw. notwendig erscheint. Das stellt auf jeden Fall eine große Erleichterung dar.

Leider kann ich bei den Gesprächen nicht immer den Dienstpieper abgeben, habe aber den Eindruck, dass dies von den Klienten gut toleriert wird und die Qualität der Gespräche kaum negativ beeinflusst.

Um die besondere Situation noch einmal zu betonen: *Grundsätzlich suche ich das Gespräch mit den Klienten, nicht die Klienten mit mir*, d.h. auch, dass ich von mir aus so oft auf die Klienten zugehe und sie so oft zum Gespräch bitte, als mir das notwendig oder sinnvoll erscheint. Jede Gesprächrunde ist dabei in der Regel anders zusammengesetzt. Meist führe ich die Gespräche allein, also ohne weiteres Klinikpersonal, gelegentlich führen Jürgen Hargens und ich auf meine Bitte hin und mit Erlaubnis von Eltern und Klinikleitung ein gemeinsames Gespräch mit dem Kundensystem – eine Art Konsil, bei dem Jürgen Hargens als eine Art externer Moderator fungiert, so dass ich zu einer Art „normaler" Gesprächspartner werde. Dies bietet die Möglichkeit, meine Gedanken wertschätzend in Anwesenheit der Klienten reflektieren zu können, was sich im Laufe der Arbeit oft als Erleichterung für alle Beteiligten herausstellt.

\* \* \* \* \*

47

# ... und die Praxis:
# Ein Beispiel zur Illustration

*Ewald Bopp* und *Torstens Familie*

Ich möchte im Folgenden auf einige Besonderheiten meiner Arbeit verweisen, wie ich sie gerade angedeutet habe. Da ich im klassischen Sinne nicht „rein psychotherapeutisch" arbeite, sondern im Rahmen einer organmedizinisch orientierten Einrichtung, besteht am Anfang meiner Arbeit immer die Notwendigkeit, die Beteiligten „zu gewinnen", also zu engagieren, einzubeziehen, um sich auf Gespräche über psychologische Aspekte einzulassen. Dabei ist es für mich wichtig, den Rahmen des Krankenhauses zu beachten und keinesfalls zu verletzen.

Zu der im Folgenden skizzierten Arbeit mit Torsten (11 Jahre) und seiner Familie kam es, da bei Torsten ein schwerer Morbus Crohn vorlag, so dass nach meiner medizinischen wie psychosomatischen Erfahrung ein optimaler Verlauf nur in Verbindung mit hilfreichen psychotherapeutischen Gesprächen mit Torsten und seiner Familie möglich wäre.

Das erste Gespräch fand am 14. des Monats statt. Anwesend waren Vater, Mutter, Torsten und ich.

Ich frage immer zuerst, ob es irgendwelche Fragen gibt. Auf diese versuche ich so zu antworten, dass die Beteiligten mit der Antwort zufrieden sind. Oft fragen die Eltern, was man denn tun könne, um die Krankheit zu heilen. Ich erläutere dann die medizinisch bekannten Behandlungsvarianten, die medizinisch bekannten möglichen Krankheitsverläufe mit und ohne Therapie, und erwähne dann, dass es auch Ärzte gibt, die denken, dass psychische Faktoren den Krankheitsverlauf *beeinflussen* könnten.

In diesem Zusammenhang stelle ich mich als Kinderarzt mit der Funktion des Oberarztes in dieser Abteilung vor, der auch Psychotherapeut mit tiefenpsychologischer und systemischer Orientierung ist, mit jetzt eindeutigem Schwerpunkt auf systemischer Theorie und Therapie. In diesem Zusammenhang definiere ich mich als „radikalen Psychosomatiker", der davon ausgeht, dass bei fast allen Krankheitsverläufen seelische Faktoren eine mehr oder weniger große Rolle spielen. Das bedeutet, dass ich dies auch bei allen Kindern und Erwachsenen, die mit Krankheiten und Beschwerden jeglicher Art im Leben umher gehen und vielleicht auch einen Arzt aufsuchen, so sehe. Die vor mir sitzende Familie habe daher „nichts besonders Anderes oder Schlimmeres" als alle Menschen mit Beschwerden.

Dass ich mich mit meinem medizinischen Grundverständnis gerade vielleicht nur um die vor mir sitzende Familie kümmere und nicht um alle Familien, deren Kinder gerade stationär bei uns sind, liegt schlichtweg daran, dass ich nur begrenzte zeitliche Kapazitäten habe, und mich deshalb nur um Familien kümmern kann, deren Kinder Krankheiten haben, bei denen ich davon ausgehe, dass sich hier zusätzliche psychotherapeutische Unterstützung besonders hilfreich für einen befriedigenden Genesungsprozess bzw. Krankheitsverlauf auswirken wird. Ich erwähne auch, dass es mir aufgrund dieses Grundverständnisses ein Anliegen ist, für diesen Standpunkt zu werben – zum Wohle des Kindes und der Familie.

Ich erwähne auch, dass mir das leicht fällt, da es für hilfreiche Gespräche [nach systemischen Leitlinien] nur um das Hier und Jetzt wie um die Zukunft geht, und da wiederum nur um das, was alle Familienmitglieder gemeinsam und jeder für sich tun können, damit es *allen* nach Entlassung des Kindes aus dem Krankenhaus *noch besser geht* als vorher.

Um möglichen Schuldgefühlen von vornherein den Wind aus den Segeln zu nehmen, erwähne ich auch, dass wir immer davon ausgehen, dass alle Familienangehörigen das Beste für ihre Familie wollen und dementsprechend das tun, was ihnen möglich ist, dass es aber manchmal sein kann, dass es noch andere Verhaltens- und Reaktionsweisen geben könne, die das gewünschte Ziel möglicherweise noch besser erreichen helfen.

Zur Illustration erwähne ich oft den Begriff der *Betriebsblindheit*, der für mich bedeutet, dass ich Verbesserungsmöglichkeiten im eigenen System oft selbst nicht so gut erkenne, da ich ja schon immer das Beste will und tue, was mir möglich ist, während ich als Außenstehender aus einem anderen System leichter sogar kleine Verbesserungsmöglichkeiten erkennen kann, so dass es schon stimmen kann, dass ich den Balken im eigenen Auge nicht sehe, während ich beim anderen den Splitter im Auge erkenne. Dies möchte ich als Aufforderung sehen, andere zu bitten, mir zu sagen, was ich besser machen könnte, während ich es auch begrüße, von anderen eingeladen zu werden bzw. von anderen die Erlaubnis zu bekommen, hilfreich für sie sein zu dürfen.

Auf diese Art und Weise versuche ich, bei den Familien Akzeptanz für Gespräche mit mir zu erreichen. Ich erläutere dann eine weitere, mir sehr angenehme Seite des von mir vertretenen [systemischen] Ansatzes, der darin bestehe, dass ich als [systemischer] Therapeut davon ausgehe, dass die Familienmitglieder gemeinsam und jeder für sich wüssten, was zu ihrem besseren Befinden betragen könne, und ich mich lediglich als Katalysator verstehe, dieses Wissen zur Aussprache zu bringen, nach Möglichkeit in Anwesenheit aller Familienmitglieder, da dies erfahrungsgemäß das größtmögliche Verbesserungspotential freisetzt. Darüber hinaus sehe ich es als [systemischer] Therapeut als meine Aufgabe an, die Familienmitglieder bei der Entwicklung individueller neuer hilfreicher Aktivitäten und Verhaltensweisen zu unterstützen.

Ausgangs- und Startpunkt des ersten Gesprächs ist, wie erwähnt, immer die Erkrankung und die Diagnose. Bei der Aufklärung bzw. Information über die geplanten und für notwendig erachteten Medikamente geht es immer auch um Nebenwirkungen dieser Medikamente. Dabei erwähne ich auch, dass es Hinweise dafür gibt, dass die Medikamente besser vertragen werden, also seltener und weniger schlimme Nebenwirkungen zeigen, wenn das gesamte Behandlungskonzept auch psychotherapeutische Elemente enthält. Anders gesagt, mir ist wichtig, immer wieder auf den Zusammenhang und das Zusammenspiel organischer und psychischer Komponenten zu verweisen.

Diese Punkte sind häufig Inhalt des ersten Gespräches.

Bereits im ersten Gespräch ging die Familie auf mein Angebot und meine Sichtweise ein. Die Mutter erwähnt einen Geschwisterkonflikt mit der Schwester. Die Familie hat zwei Kinder. Mir scheint auch ein Autonomiekonflikt vorzuliegen. Ich entscheide mich an diesem Punkt für eine „Lobrunde", was angesichts der vorherrschenden Krankheit und der damit verbundenen Problemperspektive oft hilft, eine nützliche Linse zu finden: Ich bitte Vater und Mutter aufzuzählen, was sie an Torsten gut finden. Dann frage ich Torsten, was er gerne mit Vater, Mutter, Schwester, Freundinnen, Freunden macht. Es wird auch deutlich, was Torsten alles schon selbständig allein macht. Ich lobe ihn aus- und nachdrücklich für seine Selbständigkeit.

Das nächste Gespräch findet zwei Tage später statt. Anwesend sind wieder Vater, Mutter, Torsten und ich. Ich beantworte zuerst wieder Fragen der Familie zur Erkrankung (Morbus Crohn), zu den Befunden, zu weiteren geplanten Untersuchungen, zu den von uns angedachten Therapieoptionen. Ich frage, was die Familie und was wir tun können, um Torsten den Aufenthalt hier im Krankenhaus so angenehm wie möglich zu gestalten.

Zwei Themen stehen im Mittelpunkt: zum einen möchte Torsten, dass auch der Vater einmal bei ihm im Krankenhaus übernachtet und zum anderen geht es darum, wie Torsten die Stellung der Schwester in der Familie empfindet.

Ich bedanke mich bei allen für die offenen Meinungsäußerungen. Ich frage anschließend erneut Vater und Mutter, was sie an Torsten gut finden. Ich erläutere den Hintergrund meiner Frage, indem ich sage, dass es für die Kinder wichtig zu sein scheint, dass sie konkret erfahren, was von dem, was sie machen oder wie sie sind, die Eltern gut finden. Die Eltern nennen einige Beispiele.

Nächster Tag: Gespräch Torsten, Mutter und ich. Ich frage, was Torsten braucht, damit er es im Krankenhaus gut findet, erläutere auch den Hintergrund meiner Frage, nämlich dass ich davon ausgehe, dass er um so schneller wieder so gesund wird, um entlassen werden zu können, je wohler er sich im Krankenhaus fühlt. Er wünscht, dass ihm beim Verbandswechsel jemand die Hand hält, das könne auch eine Krankenschwester sein. Torsten äußert seine Befürchtungen hinsichtlich der Vorbereitung für die Gastroskopie und Coloskopie, da er dann häufiger Stuhl absetzt und häufiger umständlich einen Verbandswechsel machen muss[8].

Da Torsten auch hier wieder sehr genaue Angaben machen konnte, frage ich weiter, was seine Familie und insbesondere seine Mutter (da sie bei diesem Gespräch anwesend ist) tun können, damit er es hier besser aushält. Da kommt wieder die Rivalität mit der Schwester zum Vorschein: Die Mutter meint, sie könne nicht im Krankenhaus übernachten, da sie nachts für die jüngere Schwester zu Hause sein müsse. Der Vater könne das nicht. Torsten wünscht, dass der Vater sich so um die Schwester kümmert, dass die Mutter mehr bei ihm sein kann. Ich frage Torsten, was der Vater tun könne, damit Torsten sich im Krankenhaus vom Vater genau so gut betreut fühlen würde wie von der Mutter. Torsten meint, der Vater bräuchte eine Schulung, damit er Torsten besser versteht und besser trösten kann als bisher bei medizinischen Maßnahmen, z.B. beim Verbandwechsel. Aber am liebsten habe er immer seine Mutter um sich. Er wünscht sich außerdem einen Telefonanschluss im Zimmer, um vor allem mit der Familie telefonieren zu können, wenn er keinen Besuch hat. Ich frage ihn, mit welchen Personen außerhalb der Familie er gerne

---

[8]  Es handelt sich dabei um den Verbandswechsel nach Operation eines Analabszesses im Rahmen seines Morbus Crohn.

etwas tun möchte, und zwar jetzt, aber auch außerhalb des Krankenhauses. Er erwähnt einen Freund.

Es fanden noch weitere solcher Gespräche – „fast nebenbei" könnte ich sagen – statt und was ich beschrieben habe, waren im Wesentlichen die Themen im Rahmen des ersten stationären Aufenthaltes von Torsten bei uns. Der Aufenthalt dauerte knapp drei Wochen, und Torsten konnte in befriedigendem Zustand in die ambulante Behandlung durch den Hausarzt entlassen werden.

Etwa zweieinhalb Monate nach der Entlassung wurde Torsten wegen eines schweren Rezidivs wieder stationär bei uns aufgenommen. Wegen der Schwere des Rezidivs habe ich das Gespräch mit der Familie mit dem Ziel gesucht, die Zustimmung zu einem Familiengespräch mit einem externen Kollegen, Jürgen Hargens, in meiner Anwesenheit zu erhalten. Hintergrund war meine Überzeugung wie meine Erfahrung mit Familien in ähnlichen Situationen, dass die psychische Säule des Behandlungskonzeptes auf diese Weise ihre maximale Wirkung leichter entfalten könne, mit der Chance auf wenige Medikamente mit wenigen Nebenwirkungen und kürzest möglichem Krankenhausaufenthalt und anhaltendster Besserung nach Entlassung. Die Hinzuziehung des externen Kollegen ist einfach aus dem Grunde hilfreich, weil dieser einen anderen Blick auf das Ganze werfen kann.

Die Familie hat einem solchen Gesprächstermin schnell zu gestimmt und erfreulicherweise konnte ein Termin wenige Tage später stattfinden. Ich habe nach dem Gespräch in die Krankenakte von Torsten zu dem Gespräch folgende Notizen gemacht:

Themen des Gesprächs: Wie läuft es? Wie kann es besser laufen? Wie kann auf Trauer von Torsten reagiert werden? Wo bleibt die Mutter mit ihren Sorgen? Wer lobt wen in der Familie? Wie kann der Vater die Mutter entlasten? Der Fokus lag also einerseits auf der Würdigung der schweren Situation und andererseits auf erleichternden positiven Möglichkeiten.

In zwei weiteren Gesprächen mit Vater, Mutter und mir geht es ausschließlich um Aufklärung über die geplanten Untersuchungen, über geplante therapeutische Maßnahmen sowie um eine ausführliche Besprechung über die aktuelle Situation und die aktuelle Medikation.

Drei Tage später, einem Freitag, sitzen die Mutter, Torsten und ich wieder zusammen. Das Wochenende stand vor der Tür. Mit dem Ziel, ein besseres Befinden für die Zeit nach der Entlassung zu erreichen und zu stabilisieren, frage ich, wie denn die Familie das Wochenende organisieren würde, wenn Torsten gesund wäre und alle am Wochenende da seien. Als ein schönes Beisammensein wird das Frühstück am Sonntag erwähnt. Ich frage, wer da was organisiere, und wie Torsten dafür sorge, dass es auch zu seiner Zufriedenheit ablaufe. Die Mutter schläft gerne etwas länger. Die anderen bereiten das Frühstück vor. Dies leitet zum Thema über, dass die Mutter nach der Rückkehr vom Arbeitsplatz erst einmal Ruhe braucht zur Entspannung und sich einige Zeit zurückziehen muss. Thema war wieder die Würdigung der Belastung und der Blick auf mögliche positive Aspekte.

Am folgenden Wochenende habe ich als Oberarzt Rufbereitschaft für die Kinderklinik. Das bedeutet auch, dass am Samstag und am Sonntag die täglichen Visiten je zur Hälfte von einem Assistenzarzt und vom Oberarzt mit allen dazugehörigen Tätigkeiten wie Blutentnahmen, Untersuchungen, Aufnahmen und Entlassungen vorzunehmen sind. An diesem Samstag habe ich ein ausführlicheres Gespräch mit Torsten geführt, da Torsten mir bei der Visite berichtet hat, dass er am vorangegangenen Tag starke Bauchschmerzen gehabt habe. Natürlich geht mir dabei durch den Kopf, dass das auch mit dem gemeinsamen Gespräch mit seiner Mutter und mir zusammen hängen könnte. Torsten erzählt, dass er vor Beginn der Bauchschmerzen viel gegrübelt habe. Er habe viel an den Schulstress gedacht, den er nach der Entlassung nach dem ersten stationären Aufenthalt empfand.

Ich kann natürlich nicht ausschließen, dass diese Gedanken durch die Fokussierung auf die Zeit nach der Entlassung im Gespräch am Freitagmorgen ausgelöst wurden. Sicher hatte ich in dem Gespräch als „unausgesprochenes eigenes Ziel" im Kopf, mit Torsten darauf hinzuwirken, dass er den Schulbesuch nach diesem Aufenthalt angenehmer erleben möge, auch zum besseren Verlauf seines Genesungsprozesses nach der kommenden Entlassung.

Am nächsten Montag fand ein weiteres Gespräch zwischen Mutter, Torsten und mir statt. Ich frage, wie es geht. Torsten klagt über Schwierigkeiten beim Schlucken von Tabletten. Das macht ihm Stress. Die Mutter meint – und wirkt dabei für mich etwas hart und wenig einfühlsam –, da müsse er durch (die Mutter ist pharmazeutische Assistentin und arbeitet halbtags in einer Apotheke). Ich frage Torsten, was ihm hilft, die Tabletten zu schlucken. Er benennt einige Möglichkeiten. Ich lobe ihn für seine Mitarbeit, also das Nachdenken und Äußern von Hilfsmöglichkeiten bei der Tabletteneinnahme in der Gesprächssituation, und ermuntere ihn, das auch selbst bei den Schwestern zu wünschen, frage ihn, ob er das schafft, er bejaht das, ich bestätige auch, dass ich ihm das nach meinem Eindruck auch zutraue. Ich frage Torsten, ob es etwas gibt, was sich seit der erneuten Aufnahme bei uns gebessert hat. Torsten meint, er habe keine Bauchschmerzen mehr.

Der Inhalt fokussiert wieder auf Möglichkeiten und Handlungsoptionen der Beteiligten und besonders von Torsten, um so den Genesungsprozess durch eine entsprechende Aufmerksamkeitsfokussierung zu unterstützen. Das führte mich auch zu der Frage, was gut war am Wochenende. Torsten meint, es war gut, dass der Vater da war. Der Vater ist Fernfahrer und oft nur am Wochenende zu Hause. Ich frage schließlich, was gut läuft mit dem Vater, und was gut mit der Mutter. Ich frage Torsten auch, was gut war und ist mit Freunden. Torsten erzählt, es war gut, dass er seinen Freund „abgesägt" hat, dass er gerne mit Freunden spielt, gegen die er gewinnt. Ich frage, wie gut er verlieren kann, ich frage auch nach Ausnahmen, also ob es Situationen gibt, in denen er gerne mit anderen Kindern spielt, auch wenn vielleicht von vornherein feststeht, dass er eher verlieren wird, auf jeden Fall nicht sicher gewinnen. Torsten konnte auch dazu Beispiele erinnern. Ich lobe ihn dafür, erwähne, dass das für mich bedeutet, dass sich dadurch die Möglichkeiten seines Spielvergnügens erheblich vergrößern würden.

Da es sich um „Gespräche" handelt, in denen es für mich *auch* darum geht, andere Perspektiven einzuführen, die den psychologischen Hintergrund betreffen, bleibe ich weitestgehend dabei, auf positive Aspekte, Stärken und Ausnahmen zu fokussieren, wie aus diesem Beispiel deutlich wird.

In einem weiteren Gespräch mit Mutter und Torsten geht es um die Zeit nach der Entlassung. Wesentliches Thema war die Cortisonmedikation, insbesondere, wie schnell man reduzieren kann. Nach meinem Eindruck klammerte sich die Mutter noch etwas stark an das Medikament, hat Angst davor, was passiert, wenn man es reduziert, aber auch Angst vor Nebenwirkungen. In dieser Phase war offensichtlich noch nicht klar, dass wir kurze Zeit später sogar aus medizinischen Gründen das Cortison ganz absetzen mussten. Bei Torsten hatte sich als Nebenwirkung ein ausgeprägtes Glaukom auf beiden Augen (Grüner Star, also erhöhter Augeninnendruck) entwickelt. Ich versuche, die Zuversicht der Mutter zu wecken und zu fördern für einen guten Genesungsprozess mit minimalsten Medikamentendosen und minimalsten Nebenwirkungen. Ich frage die Mutter dazu, woran sie erkennen würde, dass es Torsten besser geht. Sie meint, er würde mehr mit Freunden unternehmen, in der Schule würde er sich wohler fühlen. Ich frage Torsten, wie viele Freunde er hat, mit wem er am liebsten spielen würde, was er mit ihnen spielen würde, was er machen könne, damit Freunde mit ihm spielen, was die Mutter tun könne, damit er gerne mit Freunden spielt, mit wie vielen Kindern er gleichzeitig spielen könne. Er wünschte sich gewisse Erlaubnisse zum Ablauf des Erledigens von Hausaufgaben, um mehr mit Freunden spielen zu können, als Nahziel wünschte er sich von den Eltern einen gemeinsamen Kinobesuch, vielleicht noch während des stationären Aufenthaltes, was auch gleich besprochen und geplant wurde.

Zwei Tage später fand ein weiteres Gespräch statt – anwesend war dieses Mal auch der Vater –, bei dem es um die medizinische Frage ging, ob Torsten vielleicht doch mit einer Ernährung per Nasen-Magensonde besser geholfen werden könne zur Reduzierung der medikamentösen Therapie. Auf die Frage, was Torsten sich jetzt für mehr Wohlbefinden wünscht, meint er, er möchte die Sonde auf jeden Fall nicht noch vor dem Wochenende, er möchte das Wochenende mit dem Vater ohne Sonde genießen. Ich frage zunächst Torsten, wie zuversichtlich er ist, dass er ohne Sonde genesen wird, dann frage ich den Vater das Gleiche.

Auch hier geht es darum, psychologische Aspekte – Ideen der Beteiligten im Umgang mit auftretenden „Problemen" oder im Handhaben „medizinischer Verordnungen" – ans Licht zu holen, zu würdigen und als Selbstheilungskraft und Kompetenz zu nutzen.

Am darauf folgenden Montag findet ein Gespräch mit Mutter und Torsten statt, in dem es um eine Auseinandersetzung am vergangenen Wochenende, als die Mutter verreist war, ging. Ich fokussiere auf die Frage, ob sich die Familie vorstellen kann, zukünftig mit ähnlichen Situationen förderlicher und gleichzeitig respektvoll für alle Beteiligten umgehen zu können. Wir versuchen, solche Varianten zu erarbeiten. Wir überlegen auch, wie schon im Voraus ähnliche Situationen am besten zu vermeiden wären.

Am nächsten Tag findet ein weiteres Gespräch statt, in dem es sich um die Entlassung dreht. Themen: Freunde, Azathioprin, Sonde, Selbstbewusstsein, Schwester, Kontrolluntersuchungen nach Entlassung, „Crohn-Diät", ist eine Kur sinnvoll, in welcher Variante auch immer. Ich frage Torsten außerdem, was er noch braucht, damit es ihm nach der Entlassung gut geht. Nach der Frage schaut er offensichtlich zur Mutter. Darauf bin ich eingegangen, indem sage, das könne nur er beantworten, nicht seine Mutter, und dass es für seine Mutter gut sei, dass er schon so groß und vernünftig sei, um seine Wünsche selbst zu spüren und zu artikulieren. Ich habe auch gefragt, ob er sich im Bereich Freunde, Mutter, Schwester gelegentlich abgeschoben fühle, und wie er merken könne, dass das nicht der Fall ist. Ich lobe die Mutter für das Ansprechen möglicher, für Torsten problematischer Situationen, die bedingt sind durch mütterliche Reaktionen und Verhaltensweisen. Dabei hebe ich auch besonders hervor, dass die Mutter in den Gesprächen in Anwesenheit von Torsten immer wieder reflexiv ihr eigenes Verhalten in Frage stellt. Ich versuche, das nochmals deutlich für Torsten zu erklären in dem Sinne, dass die Mutter für Kritik offen ist, dass die Mutter damit zeigt, dass auch Torsten selbst ansprechen darf, was er an mütterlichen Verhaltensweisen für sich nicht gut findet, ja dass solche Äußerungen seinerseits es seiner Mutter noch leichter machen, die auch für Torsten passenden Reaktionen zu finden.

Torsten wird zwei Tage später entlassen. Es finden zwei poststationäre Termine statt, die ich durchführte – inhaltlich ging es um medizinische und psychotherapeutische Aspekte.

Torsten hat pro Tag 3 – 4 breiige Stühle, beim Abwischen ist etwas Blut dabei. Zum Tagesablauf wird berichtet, dass die Dauer des Computerspielens ein Thema zu sein scheint. Der Mutter ist es zu lange. Ich frage Torsten, was er lieber tun würde. Er meint, spielen mit Freunden sei ihm lieber. Ich versuche, mit ihm zu erarbeiten, wie er das möglich machen kann. Hausaufgaben scheinen nach wie vor ein Thema zu sein. Ich versuche zu erarbeiten, wie die Mutter dieses Thema mehr und mehr Torsten und den Lehrern allein überlassen kann. Torsten scheint sich auch immer noch etwas viel schulisch unter Druck zu setzen, wobei er ein guter Schüler ist, er ist der Zweitbeste in der Klasse, möchte aber Bester werden.

Im zweiten poststationären Gespräch erfahre ich, dass Torsten viermal täglich festen Stuhlgang ohne Blutbeimengungen hat. So kann das Gespräch sich „leicht und locker" stärker psychologischen und erzieherischen Fragen zuwenden: Hausaufgaben, vielleicht auch Zeitpunkt der Hausaufgaben. Schwester. Freunde. Vater.

Es gab dann auf Wunsch der Mutter einige Wochen nach der 2. Entlassung noch einen Termin mit dem externen Kollegen. Auch da ging es wieder darum, Vertrauen und Zuversicht der Mutter in einen guten Genesungsprozess zu stärken, der nicht wieder zu einem stationären Aufenthalt führt. Dies ist bisher gut gelungen: Laut aktueller Mitteilung des bei Torsten für den Morbus Crohn zuständigen Arztes hat Torsten bei guter Medikamentenverträglichkeit laborchemisch keine Entzündungszeichen mehr. Etwas Kummer macht noch die etwas unbefriedigende Längenentwicklung von Torsten.

# Berichterstattung

*Mutter*

Als erstes muss ich sagen, dass die Gespräche sehr positiv waren. Torsten fand die Gespräche mit Dr. Bopp sehr gut. Bei einigen Gesprächen fühlte er sich nicht immer ganz wohl in seiner Haut. Aber ich denke, das gehört dazu. Mir erging es auch so.

Von diesen sehr positiv gekennzeichneten Gesprächen hat Torsten noch einige Zeit nach dem Krankenhausaufenthalt gezehrt. Ich hätte es damals begrüßt, wenn die Gespräche auch nach dem Krankenhaus weiter geführt worden wären. Entweder durch Dr. Bopp oder eine andere psychologische Einrichtung. Im Alltagsleben zeigt es mir, dass Torsten auch weiterhin psychologische Hilfe braucht.

Nach der anfänglichen Entwicklung, gesteigertes Selbstbewusstsein, sich nicht mehr so schnell angegriffen zu fühlen, Kontakte zu Bekannten, Freunden suchen, hat sich diese wieder zurück entwickelt.

Ich als Mutter habe diese Gespräche sehr befürwortet. An den Gesprächen, an denen ich teilgenommen habe, ist mir wieder bewusst geworden, wie viel Stärke Torsten besitzt, aber auch seine Probleme hat.

Bei dem Gespräch mit Herrn Hargens, wo die ganze Familie teilgenommen hat, fühlte ich mich am Anfang doch recht unwohl. Dieses gab sich im Laufe des Gesprächs. Sicherlich spielte es auch eine Rolle, dass ich zu diesem Zeitpunkt psychisch an meiner Belastungsgrenze war. Bei dem Gespräch ist mir klar geworden, dass auch ich meine Schwächen zeigen darf und nicht immer nur die Starke spielen muss. Auch insbesondere auf Torsten hin.

Das nächste Gespräch mit Herrn Hargens, das ca. $1/2$ Jahr nach dem ersten stattfand, war nur mit Torsten und mir.

Dieses Gespräch fand auf mein Anregen statt. Torsten war nicht so angetan davon, obwohl er sich dann doch sehr auf Dr. Bopp freute, der auch an diesem Gespräch teilgenommen hatte. Ich denke, dass das letzte Gespräch nicht so viel gebracht hat, weil Torsten zu diesem Zeitpunkt eigentlich keine Veranlassung gesehen hat. Der tägliche Kampf um die Einnahme der Tabletten wirkt sich aber auf das gesamte Familienleben aus. Deswegen und auch wegen seines Selbstbewusstsein und Konflikte zu scheuen haben wir uns entschlossen, eine psychologische Therapie für Torsten zu machen.

Ich hätte es begrüßt, wenn vom Krankenhaus gleich eine weitere Therapie veranlasst worden wäre.

*Torsten*

Mir, Torsten, gefiel eigentlich alles sehr gut.

Die Gespräche mit Dr. Bopp waren sehr hilfreich und gefielen mir auch gut. Dr. Bopp hatte ja fast jeden Tag Zeit, um mit mir zu reden.

Die Gespräche mit Hargens waren gut, nur das zweite fand ich nicht nötig.

# Meine Reaktion

*Ewald Bopp*

Ich freue mich sehr, dass die Mutter und Torsten bereit waren, etwas über die Begegnungen mit mir während des stationären Genesungsprozesses zu schreiben. Ich freue mich, dass die ganze Familie und vor allem Torsten die Gespräche als angenehm empfunden hat, der sich einige Male ganz wohl in seiner Haut gefühlt hat. Ich freue mich zu hören, dass es uns gelungen ist, nach dem Eindruck von Torsten ausreichend Zeit für ihn im Klinikalltag gehabt zu haben. Ich selbst war von Torsten und seiner Familie von Anfang an sehr angetan und beeindruckt und erinnere mich noch genau an die erste oder zweite Sitzung, in der Torsten spontan geäußert hat, dass sei ja alles ganz prima, es gehe für den Genesungsprozess einfach darum, dass er sich gut und wohl in seiner Haut fühle. Ich war immer beeindruckt von seiner schnellen Auffassungsgabe und auch von seinen Vorschlägen und Meinungen zu den medikamentösen Empfehlungen der Behandlung. Ich könnte mir gut vorstellen, dass er auch jetzt die meiner Meinung nach richtige innere Überzeugung hat, verbunden mit dem richtigen Gefühl, dass jetzt weniger Medikamente für einen stabilen Genesungsprozess ausreichen, als das schulmedizinische Regime vorschreibt. Auch deshalb kann ich seinen Widerwillen zur Medikamenteneinnahme gut verstehen wie auch das Ringen um Erlaubnis zur eigenen Verantwortung für den Genesungsprozess, verbunden mit der Suche nach wohlwollender Akzeptanz der Begleitung der Veränderung des Behandlungsregimes nach seinen Vorschlägen. Ich wünsche ihm auf dem Weg dahin viel Erfolg.

Auch für die Mutter hatte ich immer große Bewunderung dafür, wie sehr sie immer sich selbst kritisch in Anwesenheit von mir und Torsten reflektierte und Torsten so ein Muster und Mut gab, selbst kritische Anmerkungen zu Vater und Mutter zu machen, wenn 'mal ein elterliches Verhalten aus seiner Sicht nicht optimal für ein erwünschtes Ziel war. Ich bedaure sehr, dass wir vor der Entlassung nicht stärker die Möglichkeit einer Beschleunigung des Genesungsprozesses durch baldige Aufnahme einer Psychotherapie betont haben.

\* \* \* \* \*

# Max und seine Familie
# Ein weiteres Beispiel zur Illustration

*Ewald Bopp* sowie *Max und seine Familie*

*Erkrankung:*

Bei Max Behrens wurde von uns die Diagnose eines Guillain-Barré-Syndroms gestellt. Dabei handelt es sich um eine Entzündung der peripheren Nerven. Schulmedizinisch hält man es für möglich, dass unterschiedliche Noxen an der Auslösung beteiligt sein können, auch manche Infektionen wie Windpocken sollen diese Triggerfunktion ausüben können, also das Immunsystem vorübergehend so verändern, dass es zu entzündlichen Veränderungen an den peripheren Nerven kommt mit den entsprechenden Folgen wie Kraftlosigkeit, Areflexie und im schlimmsten Fall auch zur Unfähigkeit zu atmen wie auch zu einem plötzlichen Herztod. Möglicherweise handelt es sich um eine Autoimmunerkrankung.

*Grund meiner Absicht, mit Max zu arbeiten,* war, dass ich befürchtet habe, dass Max ohne psychosomatische Betreuung von ihm und seiner Familie möglicherweise auch noch ateminsuffizient wird mit der Notwendigkeit der Beatmung mit insgesamt unsicherem Ausgang der Therapie. Ich wollte mit dazu beitragen, dass bei Max eine schnellstmögliche komplette Heilung eintreten konnte, das alles in der Überzeugung, dass es sich um ein psychosomatisches Krankheitsgeschehen handelte. Und natürlich mochte ich Max und seine Familie sehr gerne. Dazu kann ich aber für mich erfreulicherweise sagen, dass es mir zum Glück fast immer gelingt, die Kinder und ihre Familien zu mögen.

*Gewinnung und Einbeziehung der Beteiligten:*

Das habe ich – wie zumeist – dadurch versucht, dass ich mich Max und seinen Angehörigen fast täglich für Informationen zur Verfügung gestellt habe. Auch erläutere ich sehr früh meinen psychosomatischen Ansatz zur Heilung, indem ich sage, dass dahinter eigentlich nichts anderes steckt, als dass ich meine, dass es Kranken ganz allgemein und hier Max im Besonderen dann am schnellsten besser geht, wenn er sich besser fühlt, und dass ich diesen speziellen Beitrag darin sehe, das Wohlbefinden von Max und seiner Familie sowohl hier im Krankenhaus wie auch nach der Entlassung zu Hause zu fördern. Bei Erwähnung von der Bedeutung von mehr Wohlbefinden auch nach Entlassung bleibt es leider oft nicht aus zu erwähnen, dass es sein könnte, dass ein aktuelles etwas zu geringes Wohlbefinden möglicherweise die Erkrankung begünstigt haben könnte. Glücklicherweise gelingt es mir aufgrund meiner Weiterbildung mittlerweile fast immer, diesen Punkt so anzusprechen, dass er von der Familie akzeptiert wird, und ich trotzdem weiter als Gesprächspartner für die Familie akzeptiert werde.

## Erstes Gespräch

Anwesend ist der Vater. Das Gespräch fand im Krankenzimmer statt, Max hatte ein Einzelzimmer. Als Stichwort habe ich in meinen Aufzeichnungen auch „Oskar" notiert, den Namen des Bruders, der 18 Monate jünger ist. Ich habe Max gefragt, was er gerne mit Oskar macht (eine meiner Lieblingsfragen, wenn Geschwister vorhanden sind). Max nannte ein Spiel, bei dem offenbar Oskar häufiger gewinnt.

Zu meinem Vorgehen im ersten Kontakt bzw. in den ersten Kontakten ist sicherlich wichtig zu wissen, dass ich oft frage, wie es den Kindern hier im Krankenhaus im Krankenzimmer geht, ob sie etwas brauchen, so dass es ihnen noch besser geht, was wir tun können, damit die Kinder sich wohler fühlen. Oft frage ich auch, welche Vorteile es hat, jetzt hier im Krankenhaus zu sein. Manchmal erzählen die Kinder etwas, manchmal füge ich hinzu, dass etwas Gutes daran sein kann, dass man bei Besuch den Besuch für sich allein hat, und bei mitaufgenommenen Eltern, dass die kranken Kinder dann eben die Eltern bzw. das Elternteil den ganzen Tag für sich allein haben, nicht abgelenkt vom häuslichen Alltagstrott oder Alltagsstress oder einfach zu Hause erforderlichen Aufgaben. Ich frage auch nach, ob die Kinder wünschen, dass der jeweils abwesende Elternteil mehr da ist oder mit aufgenommen werden sollte. Bei Geschwistern erwähne ich meist, dass etwas Gutes am Krankenhausaufenthalt sein kann, dass man die anwesenden Elternteile allein hat, ohne dass Geschwister rivalisieren und auch etwas von den Eltern wollen. Ich frage nach, wie sie das finden, dass nun das/die anderen Geschwister mit dem anderen Elternteil allein zu Hause sind. Ich frage auch, ob sie Besuch der Geschwister wünschen. Eine Frage, die ich hier häufig stelle, ist die, wie die Kinder das zu Hause empfinden, also ob sie den Eindruck haben, dass es den Eltern gelingt, die sicherlich für alle Geschwister gleich stark vorhandene Liebe auch so zu leben und zu zeigen, dass alle Geschwister den Eindruck haben, dass sie alle gleich viel von den Eltern geliebt werden. Ich erwähne in solchen Situationen auch, dass ich es in Ordnung finde, dass man mal die Eltern für sich allein haben will. Ich sage, dass das normal ist, dass man trotzdem ein guter Bruder/eine gute Schwester ist, und ein liebes Kind für seine Eltern und ein guter Mensch überhaupt.

Gerade bei solchen Themen ist es mir sehr wichtig, dass auch die Eltern anwesend sind. Dabei erwähne ich oft, dass es sein kann, dass ja auch er schon die Erfahrung gemacht hat, dass er elterliche Reaktionen erlebt hat, die ihn daran zweifeln ließen, ob er wirklich immer von den Eltern so geliebt wird, wie sie das in guten Zeiten sagen. Ich sage dann, dass es meist sicher so ist, dass die Eltern ihre Kinder immer mögen, aber dass es ihnen halt nur nicht immer gelingt, das in allen Situationen zu zeigen, aber sie seien halt auch nur Menschen, und deshalb nicht perfekt, und das zu erleben kann vielleicht helfen, sich als Kind immer gut zu fühlen, auch wenn es nicht immer gelingt, sich lieb zu verhalten und allen Wünschen der Eltern nachzukommen.

*Mein Vorgehen ist von meinen Ideen und Absichten geleitet, die ich im Folgenden beschreiben möchte.*

*Absicht 1:* Mit den oben aufgeführten Fragen und Gesprächsinhalten versuche ich, bei Kindern möglicherweise vorhandene bewusste wie unbewusste Themen im Verhältnis der Kinder zueinander wie der Eltern zu den Kindern zu thematisieren, mit dem Ziel zu verdeutlichen, dass es in Ordnung („normal") ist, auch negative Gedanken und Wünsche zu haben. Die Patienten sind in Ordnung – trotz möglicherweise gelegentlich negativer Gedanken zu Geschwistern und Eltern. Die Themen sollen auch dazu anregen, dass in der Familie mit den Kindern darüber diskutiert wird, dass die Eltern sich selbst laut hinterfragen in Anwesenheit der Kinder, und mit der Ermutigung an die Kinder, den Eltern gegenüber auch negative Äußerungen zu machen, und zu versuchen, in den gemeinsamen Familiengesprächen im Krankenhaus den Kindern erlebbar zu machen, dass die Eltern das nicht nur abkönnen, sondern oft sogar wünschen und brauchen, um das „Erziehen" bzw. das „Sichentwickeln-lassen" zu erleichtern.

Ich habe in der Sitzung auch eine weitere meiner Lieblingsfragen gestellt, nämlich was Max gerne mit dem Vater macht. Ich habe zwei Spiele notiert. Ich fragte dann weiter, wie oft etwas mit dem Vater gemacht wird, ob das für Max genug ist, ob er mehr Zeit mit dem Vater verbringen möchte und versuchte dann, im gemeinsamen Gespräch herauszuarbeiten, was geschehen könnte, damit nach der Entlassung auch mehr davon geschieht. Ich neige dazu zu sagen, dass das Einhalten von Absprachen zu den verabredeten Zeiten für alle Beteiligten sehr wichtig ist, dass aber natürlich auch einmal etwas dazwischen kommen könne, dass das möglichst gleich bei Bekanntwerden kommuniziert werden sollte, verbunden mit der Suche nach einem neuen Zeitpunkt mit konkretem Aktivitätspunkt und konkreter Dauer der Gemeinsamkeit.

*Absicht 2:* Ich versuche, das Thema der gemeinsamen Zeit von Eltern und Kindern zu erörtern mit dem Schwerpunkt, kommunikativ zwischen Eltern und Kindern abzustimmen, welche Zeit in welcher Form von den Kinder erwünscht wird, auch in welcher Kombination, mit der Zeit, die Eltern zur Verfügung stellen können, und vor allem ein Modell der Kommunikation zu erarbeiten darüber, wie das auch nach Entlassung immer wieder in der Familie abgestimmt werden kann zur größtmöglichen Zufriedenheit aller Beteiligten.

Eine weitere Standardfrage meinerseits kam dann mit der Frage an den Vater, was er denn an Max gut findet. Der Vater nennt, dass Max gut zuhören kann und auch zuhört, auch bei Lerngeschichten, dass er gut mit dem Bruder spielt, dass er gerne mit den Eltern spazieren geht, gerne zur Schule geht, gut in der Schule ist, gut mit anderen Kindern und Menschen umgeht, und selbstbewusst sei.

Ich fragte dann Max, was er am Vater gut findet, habe dann auch noch gefragt, was er am Krankenhaus gut findet, habe dazu aber keine Antworten erhalten.

*Absicht 3:* Eltern für Lobenswertes an ihren Kindern zu sensibilisieren und zu mehr Lob anzuregen. Oft endet das damit, einen für die Familie passenden Zeitpunkt zu finden, an dem alle zusammen sind, mit der Bitte, jeder möge da täglich über jeden einen positiven Gedanken aus dem Tagesablauf erwähnen.

Manchmal greife ich dann einzelne Punkte nochmals auf, gerne z.B. das Spiel mit dem Bruder, indem ich frage, wer am meisten den Wunsch zum gemeinsamen Spiel hat, ob Max immer Lust hat, wenn Oskar will; was Max tut, wenn er keine Lust hat, falls das mal vorkommen sollte, und auch umgekehrt, nämlich was Max tut, wenn Oskar mal keine Lust zum gemeinsamen Spiel hat.

*Absicht 4:* Anregung dazu, auf eigene Bedürfnisse zu achten, und einen für die Kinder/die Familie passenden Stil der Kommunikation zu finden. Es ging hier auch darum zu klären, ob Max nicht auch gerne mit anderen Freunden spielt als nur mit dem Bruder, und eine wohlwollende Akzeptanz dafür auf Seiten der Eltern für die Kinder sichtbar zu machen.

Als Vorbereitung auf die Entlassung und Aufmerksamkeitsfokussierung auf die Zeit nach dem Krankenhausaufenthalt frage ich nach Wünschen für zu Hause nach Entlassung, damit es ihm zu Hause nach der Entlassung noch besser geht als vor der Einweisung. Auch dazu habe ich keine Antwort notiert, denn oft haben Kinder zunächst keine Antwort, wenn sie die Frage zum ersten Mal hören. Ich sage dann oft zum wiederholten Mal, dass das natürlich gar nicht schlimm ist, frage dann manchmal, wem sie denn als erstes erzählen würden, dass sie etwas anderes wünschen, wenn ihnen ein Wunsch einfällt, etc.

Offensichtlich wurde im Laufe dieses Gespräches auch deutlich, dass sich Max sehr um das Wohl von Oskar Sorgen macht, und sich um sein Wohl Gedanken macht, wofür ich ihn lobe.

Mein kurzes Resümee lautet: Eltern haben sich sehr gut auf die von uns angebotenen Gedanken zur Förderung des Krankheitsverlaufes eingelassen. Alle Familienmitglieder waren maximal besorgt und engagiert.

## Zweites Gespräch

Gespräch mit der Mutter im Krankenzimmer von Max in Anwesenheit von Max. Ich habe die Mutter gebeten, aufzuzählen, was sie an Max gut findet.

Ein weiterer wesentlicher Teil des Gespräches diente dem Ziel, die Ängste der Mutter zu lindern und zu mildern, also auf Fragen der Mutter immer wieder geduldig einzugehen, und den Stand der aktuellen Diagnostik zu erläutern, und Möglichkeiten der Begünstigung eines zügigen anhaltenden Genesungsprozesses.

Zum Zeitpunkt dieses Gesprächs gingen wir noch davon aus, dass es sich bei dem Krankheitsbild um eine Cerebellitis (Kleinhirnentzündung) nach Windpockenerkrankung handelte. So etwas kann als Komplikation nach einer Windpockenerkrankung auftreten. Bei neurologischen Untersuchungen fiel die zunehmende Reflexabschwächung bis zur Reflexlosigkeit auf, so dass sich die Verdachtsdiagnose eines Guillain-Barré-Syndroms ergab, was durch die sich anschließenden technischen Untersuchungen bestätigt wurde. Auch für das Guillain-Barré-Syndrom gelten Windpocken als eine mögliche auslösende Erkrankung. Aus psychosomatischen Aspekten spielt das für mich bei diesen beiden Alternativen keine Rolle. Der grundsätzliche pathophysiologische Mechanismus des Krankheitsgeschehens ist der gleiche, nur an einem anderen Ort, also psycho-stress-mit-bedingte Veränderungen des Immunsystems führen zu einer organisch fassbaren Erkrankung, einmal am Kleinhirn, einmal an den peripheren Nerven, hier primär zu einer Demyelinisierung (Nervenscheidenabbau), bei noch schlimmeren Verläufen auch zu axonaler Schädigung (vereinfacht Zentrum des Nerven). Die psychosomatische These ist, dass mehr Wohlbefinden dazu führt, dass sich das Immunsystem wieder normalisiert, d.h., nicht nur Stopp des Krankheitsprozesses, sondern auch Aufnahme von Reparaturvorgängen. Aus diesem Krankheitsverständnis heraus war die Erklärung über die Hypothese des Krankheitsprozesses in allen Phasen immer richtig.

In solchen Gesprächphasen erläutere ich den Eltern auch immer wieder, dass diese Vorstellungen bisher insofern hypothetisch sind, als die klassische Schulmedizin von diesen Vorstellungen kaum Kenntnis nimmt und sie auch nicht für richtig hält, dass die Eltern also von diesen möglichen Vorgängen nur wenig erfahren. Sie würden dazu auch hier im Krankenhaus möglicherweise von anderen Ärzten andere Meinungen dazu hören, auch wenn fast alle Ärzte und Schwestern in dieser Abteilung meine Meinung kennen würden, und ich insofern hier keine Geheimnisse erzählen würde, von denen sonst in der Abteilung niemand etwas wisse oder wissen dürfe.

Da die Mutter verständlicherweise sehr ängstlich war, war aus meiner Sicht ein wichtiges Ziel, Zuversicht zu fördern. Dazu erläutere ich oft, dass verständliche Angst und Sorge leider mit einer gewissen Wahrscheinlichkeit Zweifel und Angst stärken und das aufrechterhalten, wovor man Angst hat – dass umgekehrt mehr Zuversicht und Gelassenheit den Heilungsprozess beschleunigen und auch bei der Stabilisierung des gesunden Zustandes hilfreich sei könne. Dann frage ich, wie groß auf einer Skala von 1-10 die Zuversicht jetzt sei, wobei 10 für die größtmögliche Zuversicht steht. Ich frage, wie viel Zuversicht gewünscht werde, wer das merken würde, was die Mutter dann anders machen würde, was wir dazu beitragen könnten, was der Mann dazu beitragen könne, etc. Ich versuche auch, die Eltern zu fokussieren auf aktuelle Fortschritte, z.b. mit Hilfe der Frage, „Gibt es jetzt Hinweise auf Besserung", „Was wären für Sie Zeichen der Besserung?", „Wie lange muss das bestehen bleiben, damit Sie total sicher sind, dass alles gut ist und bleibt?"

Ein weiterer wichtiger Punkt in diesem Gespräch war die Berücksichtigung berechtigter kindlicher Bedürfnisse bei Gesprächen unter Erwachsenen in Anwesenheit von Kindern.

Oft ist es so, dass ein solches Gespräch unter **großem** Druck der Eltern stattfindet, die Fragen auf Fragen haben, die alle an den Gesprächpartner gerichtet sind, und das Kind nicht mit einbeziehen. Erfreulicherweise melden sich die Kinder meist selbst in regelmäßigen Abständen mit ihren Wünschen. Ich unterbreche dann jeweils das Gespräch mit den Erwachsenen, um auf das Kind einzugehen. Ich lobe das Kind, dass es sich meldet, entschuldige mich, dass wir uns bisher nur unter Erwachsenen unterhalten haben, obwohl schließlich das Kind die Hauptperson sei, schließlich sei das Kind der Patient. Ich ermutige auch die Erwachsenen, auf das Kind einzugehen, wenn es sich mit einer Frage direkt an einen anwesenden Erwachsenen wendet. Oft hat das Kind eine Frage oder einen Wunsch, der nach meiner Meinung nicht gleich erledigt werden kann, man handelt Wartezeiten aus, die werden wieder überschritten, ich lobe wieder das Kind, wenn es auf diese Widersprüche hinweist, lobe es, dass es genau aufpasst, dass es ein gutes Gedächtnis für die Versprechen der Eltern und anderer Erwachsener hat, dass das auch für die Eltern sehr gut sei, dass sie wissen, dass ihr Kind schon daran erinnert, wenn sie ein Versprechen gegeben haben, nehme das als Anlass zu sagen, dass es ja auch den Kindern mal so gehe und gehen dürfe, dass sie mal ein Versprechen nicht halten, und dass sie merken, dass das so schlimm nicht ist, da es den Eltern auch so geht.

Ein weiteres nach meiner Meinung sehr wichtiges Thema war der Umgang mit Max zur Förderung von Bewegungslust. Die Mutter meinte, Max würde nicht genug Übungen machen für eine zunehmende Besserung, worauf ich gesagt habe, dass man ja auch nicht immer Lust haben kann zu üben, schon gar nicht auf Kommando, vor allem, da Bewegungen auch noch mit Schmerzen verbunden waren. Ich habe Max gefragt, was er schon gut bewegen kann, wohin er sich gerne bewegen könnte, welche Bewegungen ihm Spaß machen, welche Fortschritte er bemerkt hat, wann er gerne nach Hause entlassen werden möchte, wie er das wohl schaffen könnte. Ich habe ihn dafür gelobt, dass er gut für sich sorgt, indem er versucht, möglichst erst mal die Bewegungen zu machen, die ihm weniger Schmerzen bereiten, und dass er gut für sich bestimmen könne, wann er in der Lage ist, mehr Übungen zu machen.

*Absicht 5:* Förderung eines respektvollen Umgangs mit Kindern unter Berücksichtigung auch der elterlichen Wünsche.

Ein aus meiner Sicht wesentliches Element meiner Gespräche ist die Betonung, dass die Anwesenheit der Eltern bei ihren Kindern im Krankenhaus sehr wichtig ist, dass es sich dabei nicht um ein passives „Danebensitzen" handelt, weil man ja doch nichts tun könne, was die Situation für die Eltern als besonders schlimm erscheinen lässt. Ich erzähle den Eltern, dass es sich bei ihrer Anwesenheit um einen wesentlichen therapeutischen Faktor handelt, den man zwar nicht in Prozenten angeben könne, den ich aber sehr hoch einschätzen würde, möglicherweise höher als das, was wir medizinisch verordnen und anwenden würden, vor allem in Verbindung damit, dass sie sich sehr auf das einlassen würden, was wir ihnen erklären mit allen sicheren und unsicheren Elementen über Entstehung, Verlauf und Prognose der Erkrankung, und werbe auch da immer wieder für meinen Standpunkt, indem ich erzähle, dass sie nach dieser Hypothese sehr viel selbst beitragen können für einen guten Verlauf, und das auch tun, was wir ja an ihren Fragen und Reaktionen erkennen würden.

*Absicht 6:* Den Eltern zu versichern, dass wir sie als hochkompetente und wichtige Partner im Genesungsprozess betrachten, und sie tausendmal mehr tun, als „hilflos herumsitzen", wie manche Eltern sich oft anfangs erleben. Nach Möglichkeit wird diese Beurteilung elterlicher Präsenz im Krankenhaus bereits kurz nach Aufnahme im Krankenhaus mitgeteilt.

Eine knappe Woche später: Gespräch mit der Mutter und Max am Bett von Max. Inhaltlich ging es um Fokussierung auf Besserungswünsche, Entlassungswünsche und Entlassungsbedingungen. Unter Entlassungsbedingungen verstehe ich immer auch Abläufe zu Hause, die es für Max möglich machen, dass er sich noch mehr auf Entlassung und die Zeit nach Entlassung freut.

Der nächste Tag: Hier ging es nochmals darum, mütterliche Ängste abzubauen, bzw. Zuversicht für einen weiteren erfolgreichen Genesungsprozess zu fördern. Es ging um die Suche von Elementen der Entlastung und der Stärkung für die Mutter im mütterlichen Alltag nach der Entlassung.

Zusammenfassend und abschließend kann ich nur hervorheben, dass die Arbeit mit Familie Behrens ausgesprochen angenehm war. Sie hat die schwierigen unsicheren Phasen im Krankheitsverlauf ausgesprochen tapfer und gut ausgehalten, hat unsere Ausführungen wie ein Schwamm aufgesaugt und umgesetzt, und damit sich selbst die Grundlage für einen optimalen Genesungsprozess in Verbindung mit Lebenseinsichten, die mit großer Wahrscheinlichkeit die bestmögliche Entwicklung für ihre Kinder ermöglichen. Der Genesungsprozess verlief in der schnellstmöglichen Form.

# Brief der Mutter

Sehr geehrter Herr Hargens,

erstmal vorneweg Entschuldigung, dass es so lange gedauert hat, doch hatte meine Mutter zu dem Zeitpunkt, als Dr. Bopp mich um die Teilnahme bat, einen Schlaganfall. Die letzten Wochen waren einfach sehr anstrengend, so dass ich diesen Brief immer vor mir her geschoben habe.

Zweitens ist auch Max' Erkrankung schon eine Weile her (Klinikaufenthalt Dez. 01 – Jan. 02), so dass auch hier einige Erinnerungen verblasst sind. Er war an dem sogenannten Guillain-Barré-Syndrom erkrankt.

Am 27.12.2001 sind wir mit Max nach dem Besuch beim Kinderarzt in die Klinik nach Flensburg eingewiesen worden. Da er zu dem Zeitpunkt schon nicht mehr richtig laufen konnte, und wir nicht wussten, was er hat, würde ich diesen Zustand, d.h. die daraus resultierende Unsicherheit, was los ist, als sehr beängstigend bezeichnen.

Mit diesen Ängsten landeten wir also in Flensburg. Es wurde zunächst einmal eine Rückenmarkspunktion veranlasst, bei der nur mein Mann anwesend war. Im Nachhinein bin ich froh, diese Bilder nicht im Kopf haben zu müssen, zumal mein Mann immer wieder betont, wie schrecklich das war, Max so zu sehen. Max hat diesen Eingriff bei vollem Bewusstsein mitgekriegt, und als eines seiner schrecklichsten Erlebnisse in Erinnerung behalten.

Da Max sich häufig übergeben hat und es auch weiterhin tat, hatte er stark an Gewicht verloren. Er kam erst mal an den Tropf.

Bis zum 11.1.02 war die Diagnose noch gar nicht klar. Bis dahin wurden einige Untersuchungen gemacht, um an das Krankheitsbild heranzukommen, es einzugrenzen.

Diese Ungewissheit ist schon sehr zermürbend gewesen, zumal die Lähmung fortschritt. Max konnte am Ende nicht mehr alleine essen, sich drehen oder wenden, bzw. z.B. einen Kassettenrecorder bedienen.

An diese Zeit kann ich mich nicht mehr so richtig erinnern. Mein Mann und ich waren abwechselnd ständig bei ihm. Es war ein Zustand zwischen Hoffen und Bangen. Dieses „Nicht-Wissen" fanden wir beängstigend und anstrengend. Trotzdem entwickelte sich so eine Art „Klinikalltag" mit allen Höhen und Tiefen, die dazugehören.

Auch wenn Max bis zum 11.1.02 nicht geholfen werden konnte – im Sinne von: man wusste noch nicht was los war –, fanden wir diese Zeit der ärztlichen und pflegerischen Begleitung gut.

Vielleicht lag das auch daran, dass wir Frau Dr. Lübke und Herrn Dr. Bopp („Dr. Bopp, der Arztmeister") einfach sympathisch finden. Wir durften immer alles fragen, haben immer Antworten bekommen, soweit diese zu beantworten waren.

Gerade Dr. Bopp hat immer wieder seine Gesprächsbereitschaft angeboten, hat auch Max mit einbezogen.

Wenn man in dieser Situation steckt, betrachtet man das zunächst anders, will sein Kind beschützen und bewahren. Ich glaube aber, dass Dr. Bopp das Richtige getan hat, und immer alle (auch unseren Sohn Oskar), mit einbezogen hat.

Dann kam der 11.1.02. Morgens wurde eine Kernspinuntersuchung des Kopfes vorgenommen: ohne Befund ... Erleichterung. Danach wurde eine 2. Lumbalpunktion gemacht. Der Verdacht auf GBS – Syndrom, der wohl schon länger bestand, bestätigte sich.

Ich wurde umgehend von Dr. Bopp informiert. Ich glaube, dass ich zunächst unter Schock stand. Ich habe zugehört, versucht etwas zu verstehen, was ich bis dahin nicht kannte, und von dem wir alle bis dahin nicht wussten, wie es enden wird. Ich weiß nur, dass ich unheimlich traurig war.

Ich erinnere mich noch an eine Situation einen Tag zuvor. Es war der 10.1.02. Max war nach wie vor gelähmt, und wir sollten mit dem Taxi am Abend in eine externe Praxis zur Nervenleitmessung. Organisatorisch fand ich das nicht so schön, da ich Max auch schlecht tragen konnte. Solche Dinge sollten für die Beteiligten und Angehörigen besser organisiert sein. Worauf ich aber eigentlich hinaus will: Der Arzt riet mir, dass Max unbedingt in die Uniklinik nach Kiel müsse. Das hat mich verunsichert und verwirrt, fühlten wir uns doch in Flensburg – trotz aller Umstände – gut betreut und gut aufgehoben.

Nicht nur diese Aussage des Klinikwechsels machte mir Angst, weil es eine schlimmere Krankheit bedeutete. Es war auch das Gefühl, eine vertraute Umgebung, mit den dazugehörigen Menschen, verlassen zu müssen, was mir Unbehagen bereitete.

Ich wollte nicht mit Max in die Uniklinik. Am selben Abend noch – es war zwischen 21 und 22 Uhr – war Dr. Bopp noch bei Max und mir. Er konnte mir ein Stück weit die Ängste nehmen, und sagte mir, dass es gar nicht nötig wäre, nach Kiel zu gehen. Es hat einfach gut getan.

Ich möchte und kann gar nicht so viele einzelne Gespräche beschreiben. Ich weiß auch nicht, woher dieses Vertrauen in die „Mannschaft" der K4 kam. Vielleicht sind wir alle – Max und seine ganze Familie – einfach „ gute Patienten". Angst gemacht haben mir manchmal viel eher die Bemerkungen von Außenstehenden, die mich durch ihre Unwissenheit und Ängste verunsicherten.

Die Zeit – und ich glaube, dass Dr. Bopp und Frau Dr. Lübke es auch wissen – haben wir trotz der Umstände in guter Erinnerung, weil die Begegnungen mit den Menschen gut waren. Nicht umsonst haben wir Briefe und Fotos geschickt oder einen Besuch abgestattet, nachdem Max wieder gesund war.

Ich glaube, dass ein beiderseitiger offener Umgang miteinander das Wichtigste ist, um solche Zeiten zu überstehen.

Max fand die Zeit im Krankenhaus toll, wenn man die Krankheit weggelassen hätte. Er erhielt Unterricht am Bett, hatte, im Gegensatz zu anderen, fast immer alles richtig. Von seinem Onkel erhielt er ein Legogeschenk, was besonders war, und Dr. Bopp, der Arztmeister, war einfach nett. Ich hoffe, dass ich Sie mit diesem Brief bei Ihrem Projekt unterstützen kann und verbleibe

mit freundlichem Gruß

Frau Behrens

# Meine Reaktion

*Ewald Bopp*

Zunächst möchte ich mich bei der Familie Behrens dafür entschuldigen, dass wir so lange gebraucht haben, die korrekte Diagnose zu stellen und für manche unangenehme diagnostische Prozedur, die wir vielleicht manchmal medikamentös hätten erträglicher gestalten sollen. Bedanken möchte ich mich dafür, dass die Familie trotzdem vertrauensvoll in unserer Behandlung blieb und sich auf unsere Ideen, Überlegungen und Diskussionen eingelassen wie auch die zeitraubende diagnostische Strecke ertragen hat. Ich freue mich, dass die Familie auch nach Stellung der Diagnose uns das Vertrauen weiter geschenkt hat, schon das Richtige zu tun. Ich freue mich und bedanke mich, dass uns Familie Behrens trotz dieser langen Unsicherheiten und mancher unangenehmer diagnostischer Prozeduren in guter Erinnerung behalten hat. Dabei möchte ich betonen, dass ich der Meinung bin, dass die ganze Familie Behrens den heilsamen Prozess geleistet hat, und ich mich darüber freue, dass wir vielleicht etwas Hilfestellung leisten durften und vor allem aber Zeugen des von der Familie geleisteten therapeutischen Prozesses sein durften. Dieser von der Familie geleisteten Arbeit ist es meines Erachtens zu verdanken, dass sich Max trotz der relativ schweren Symptomatik relativ schnell erholt hat und dass dieser Prozess nach der Entlassung eine Einbahnstrasse zum Erfolg – also der Genesung – blieb.

## Ein weiterer Brief der Mutter

Sehr geehrter Herr Hargens.

Vielen Dank zunächst für den Bericht von Dr. Bopp.

Eigentlich hatte ich nach meinem Bericht, der ja sehr persönlich ist, etwas Ähnliches erwartet. Selbstverständlich betrachtet ein Arzt die ganze Geschichte aus einem anderen Blickwinkel, und wir sind nicht die einzigen „Patienten" gewesen.

Insofern – auch rückblickend – finde ich den Bereicht ganz aufschlussreich, auch die dahinter stehenden Absichten sind jetzt in mancher Hinsicht klarer, als zum Zeitpunkt, als die Gespräche stattfanden.

Wie wichtig das Gespräch für alle ist – Kind-Eltern-Geschwister –, zeigt sich auch nach diesen Jahren, die seitdem vergangen sind.

Namen und Infos finde ich o.k. Ich hoffe, ich konnte Ihnen helfen.

Mit freundlichem Gruß

S. Behrens

# Von der Respektlosigkeit gegenüber Ideen oder: Wie es einer Therapeutin gelingen kann, ihre Lieblingshypothese nicht zu heiraten ...

*Bettina Wittmund* und *Herr Xy*

## Einleitung: Die Geschichte von Herrn Xy

Es war Herbst, als Herr Xy zur Aufnahme in unsere Tagesklinik kam. Die Plätze waren über Wochen hin belegt, der für die Jahreszeit typische Andrang von Patienten mit depressiven Erkrankungen hatte längst eingesetzt, und alle Mitarbeiter waren noch mehr als sonst damit beschäftigt, Patienten zu sagen, dass der Zustand unter dem sie litten, gut behandelbar sei, der Genesungsprozess jedoch Geduld erfordere und in seiner Dauer nicht exakt abschätzbar wäre ...

Herr Xy zeigte das, was Psychiater und Psychotherapeuten gelegentlich als „hohes Mitteilungsbedürfnis" beschreiben. Das heißt, er berichtete wortreich von seiner Lebenssituation, seinem Leiden und seinen Gedanken über die Ursachen dieser Störung und er tat dies auch dann, wenn „man eigentlich schon viel Zeit mit ihm verbrachte hatte", gerade ein Telefonat führen wollte oder ähnliches.

Die Geschichte, die er in der Aufnahmesituation und in den daran anschließenden ersten Einzelgesprächen von sich erzählte, war diese:

Er war 1955 geboren und bei den Eltern in einer norddeutschen Stadt aufgewachsen. Die Eltern waren aus Ostdeutschland in den Westen gegangen, der Vater war als Allgemeinmediziner beschäftigt gewesen und 1994 an Krebs verstorben. Die Mutter lebt weiterhin in der Geburtstadt von Herrn Xy, zu ihr pflege er ein sehr enges Verhältnis. Er hat einen neun Jahre älteren Bruder, der als niedergelassener Facharzt in einer norddeutschen Großstadt tätig sei. Im Rahmen eines familientherapeutisch orientierten Seminars mit Aufstellungsarbeit sei die Hypothese entstanden, dass er einen Halbbruder habe. Er habe auch versucht, Kontakt zu diesem Mann aufzunehmen, nachdem ihm dies vom Seminarleiter dringend geraten worden sei. Allerdings habe dies für ihn keine

Veränderungen gebracht, da die Person, die er angesprochen habe, einen Gedanken an diese Konstellation strikt von sich gewiesen habe.

Er selbst habe nach dem Abitur Architektur studiert. Eine Zeitlang habe er in verschiedenen Architekturbüros gearbeitet, unter anderem auch in Frankreich. Er habe sich jedoch nie vorstellen können, als selbstständiger Architekt Verantwortung zu übernehmen und habe aus diesem Grund über das Referendariat eine Anstellung beim Staat gesucht. Seit 1991 sei er bei einer Bundesbehörde in der Bauabteilung tätig, dort habe man ihn 1994 unfreiwillig nach Ostdeutschland versetzt. Dies habe letztendlich zur Trennung von seiner damaligen Freundin geführt. 1995 sei er verbeamtet worden, was für ihn die Endgültigkeit seines Wohnsitzes in Leipzig bedeutete. Bis heute habe er jedoch noch eine Wohnung in einer westdeutschen Großstadt, da er sich nach wie vor nicht mit dieser Situation abfinden könne. In Leipzig bewohne er eine Wohnung in einem Haus, das mehr oder weniger ausschließlich von Kollegen bewohnt sei.

Seit Ende April 1998 lebe er in einer neuen Beziehung, die zunächst sehr glücklich verlaufen sei. Die Partnerin sei ca. 20 Jahre jünger als er. Ein gemeinsamer Urlaub habe jedoch zunehmend Probleme zutage treten lassen, so dass sich das Paar nach einer Phase des Zusammenlebens nun dazu entschieden habe, zwei getrennte Wohnungen zu bewohnen.

Am Arbeitsplatz sei er mittlerweile umgesetzt worden, er versehe nun nicht mehr die Leitungsposition in seiner Abteilung. Stattdessen liege sein Aufgabenbereich in der Schlüsselstelle zwischen Revisionsabteilung und Bauabteilung. Hier habe er das Gefühl, noch mehr als zuvor mit Konflikten beschäftigt zu sein. Es komme teilweise auch zu unangenehmen Kontakten mit Mitarbeitern. Zunehmend gewinne er den Eindruck, als denke seine Dienststelle darüber nach, ihn vorzeitig zu pensionieren.

Befragt nach Themen und Fragen, die ihn aktuell am meisten bedrücken, äußert Herr Xy, dass er sich vor allem durch seine wahrgenommene Entscheidungsunfähigkeit beeinträchtigt fühle. Ferner fürchte er, dass er für den Fall einer Pensionierung wie sein Vater nach Aufgabe der Berufstätigkeit plötzlich versterben werde. Er erlebe sich in seiner Lebensperspektive unklar und völlig verunsichert.

Zu Vorbehandlungen befragt, schildert Herr Xy im Wesentlichen körperliche Gesundheit. 1995 habe er sich erstmals in ambulante Psychotherapie begeben. Aufgrund einer zunehmenden Zuspitzung depressiver Verstimmungszustände habe er 1997 eine ca. viermonatige stationäre psychotherapeutische Behandlung in Anspruch genommen. Im Anschluss daran habe er seine Tätigkeit wieder aufgenommen und selbstfinanziert therapeutische Unterstützung, darunter auch eine familientherapeutische Behandlung, aufgesucht. Ab August 1997 habe er mithilfe einer stufenweise Wiedereingliederung seine berufliche Tätigkeit wieder aufgenommen. Von Februar bis Mai 1998 sei wegen erneut aufgetretener depressiver Symptome eine stationäre Behandlung in einem psychiatrischen Versorgungskrankenhaus nötig geworden. Daran anschließend sei er bis Oktober 1998 arbeitsfähig gewesen.

# Der therapeutische Prozess – Über das, was man und frau als Therapeut vielleicht eigentlich nicht tun sollte ...

*Strukturelle Aspekte der Behandlung von Herrn Xy*

Die gemeinsame Arbeit mit Herrn Xy beginnt im Herbst 1998 und endet mit einem Abschiedstermin im Juni 2001. In diesen nahezu drei Jahren gestaltet sich der therapeutische Prozess sehr variabel. Auch strukturell zeichnen sich unterschiedliche Phasen ab: Zunächst erfolgt die Behandlung tagesklinisch (ca. zehn Wochen). Wesentlichen Raum nimmt die Kontaktaufnahme zum Arbeitsplatz und zu Vorgesetzten ein, der Herr Xy nur unter größten Bedenken zustimmen kann.

**An dieser Stelle endet eigentlich die Behandlung durch die Ärztin der Tagesklinik.**

Aufgrund der zu diesem Zeitpunkt ungeklärten beruflichen Perspektive erfolgt die weitere Therapie mit dem Ziel der Wahrung der Behandlungskontinuität auch im ambulanten Setting bei mir. Auf Drängen des Patienten vereinbaren wir zunächst sehr engmaschige Termine mit wöchentlichen Gesprächen und bedarfsmäßigen Telefonaten im Intervall, die er aber schon in der ersten Phase der ambulanten Behandlung anders als erwartet nicht kontinuierlich wahrnimmt. Ab Mitte Februar 1999 wird die Frequenz der Termine auf 14tägige Intervalle herabgesetzt. In diese Zeit fallen ein Paargespräch mit der damaligen Partnerin sowie relativ häufige Kontakte mit dem Rechtsanwalt des Patienten. Die Stimmungslage von Herrn Xy ist ab Ende März 1999 eher euphorisch. Thematisch steht die berufliche Umorientierung im Vordergrund. Hierzu organisiert er sich im Mai ein Praktikum in Hamburg. Bei seiner Rückkehr im Juni ist Herr Xy eher resigniert, in der Stimmungslage wechselnd von adäquater Stimmungslage bis leichtgradig depressiv. Dies verändert sich in eine zunehmend depressive Stimmungslage in den kommenden Monaten mit exzessiven Kontaktwünschen zu mir. Telefonisch wie im Gespräch ist Herr Xy nur schwer zu begrenzen. Erneut vereinbaren wir einmal wöchentliche Gespräche mit bedarfsmäßigen Telefonkontakten. Ab August 1999 arbeiten wir vor allem an der Aktivitätsplanung und Akzeptanz einer Medikation, dies wird weitgehend vermieden (Aktivitätsplanung) oder abgelehnt (Medikation).

**Bei dem hohen Kontaktbedürfnis und der erheblichen Entscheidungsunfähigkeit wäre an dieser Stelle erneut die Entscheidung für eine stationäre Behandlung angemessen gewesen.**

Ende Oktober Wechsel in eine subeuphorisch bis hypomanische Stimmungslage, die bis Mitte Januar 2000 anhält. Herr Xy schildert, dass er milde Phasen dieser Art kenne, diese aber bisher nicht so ausgeprägt gewesen seien, dass er sie als schwierig angesehen habe. In dieser Zeit sind die Kontakte zu Herrn X sehr sporadisch, und er erscheint eher auf mein Drängen hin. Zahlreiche Termine werden nicht eingehalten.

**Aufgrund erheblicher Geldausgaben, deutlicher Schlafstörungen und grenzüberschreitender Verhaltensweisen im sozialen Umfeld wäre auch an dieser Stelle die Entscheidung für eine stationäre Behandlung angemessen gewesen.**

Im Februar ist Herr Xy für ca. 2-3 Wochen in der Stimmungslage ausgeglichen, ab Mitte März 2000 wieder zunehmend depressiv erneut mit hohem Mitteilungs- und Ratsuchebedürfnis. Wöchentliche Kontakte. Hohe Geldausgaben für Telefonate, um mit Kontaktpersonen zu sprechen und sich bei diesen rückzuversichern. Andererseits äußert Herr Xy große Befürchtungen zu verarmen, die auch auf dem Hintergrund anstehender finanzieller Einbußen so nicht angemessen erscheinen. Bei Vorliegen einer mindestens mittelgradigen depressiven Episode erfolgt Ende Mai die Zusendung der Entlassungsurkunde aus dem Dienst, was entgegen aller Erwartungen keinen erkennbaren Einfluss auf die Symptomatik zeigt.

**Wie bereits an anderen Punkten der Behandlung ist ein Verzicht auf eine Medikation medizinisch nicht zu begründen. Die Ablehnung des Patienten bei gleichzeitiger Abwesenheit einer akuten Selbstmordgefährdung ist letztlich handlungsleitend für diese Entscheidung.**

Anfang Juli beginnen wir unter Zuspitzung der Ambivalenz mit einer antidepressiven Medikation, die für mich erwartbar ca. 14 Tage später erste Veränderungen zeigt. In dieser Zeit vereinbaren wir zwei wöchentliche Termine, die Herr Xy nach eigenen Angaben herbeisehnt. **Die Entscheidung zur Medikation erfolgt schließlich autoritär durch die Therapeutin. Hier folgt der Patient ihren Wünschen und nicht die Therapeutin den Anliegen des Patienten.**

Vier Wochen nach Beginn der Medikation berichtet Herr Xy selbst von einer deutlichen Besserung der Symptomatik. Ab Ende August 2000 bis ca. Ende September nimmt Herr Xy wöchentliche Termine wahr. Danach sagt er vereinbarte Termine häufig ab, da er sich entschließt in die westdeutsche Großstadt umzuziehen, in der er noch eine Wohnung hat. Es folgen einige telefonische Kontakte. Den mehrfach verschobenen Abschiedstermin nimmt der Patient zunächst nicht wahr und zieht um.

**Obwohl die Therapeutin mehrfach auf die aus ihrer Sicht große Bedeutung von Abschlüssen und Neuanfängen hinweist, gelingt es zunächst nicht, einen Abschiedstermin zu realisieren.**

Mitte Juni 2001 erscheint Herr Xy nach telefonischer Voranmeldung schließlich doch zu einem Abschiedstermin. Er berichtet über eine depressive Episode im Januar 2001, die er mithilfe eines ambulanten nervenärztlichen Kontaktes und der gleichen Medikation wie im Jahr 2000 gut überstanden habe. Er beschreibt seinen Zustand als stabil und ist zu diesem Zeitpunkt ohne Medikation. Er schildert mit großem Stolz, dass seine berufliche Umorientierung sich aus seiner Sicht gut entwickle.

*Inhaltliche Aspekte der Behandlung von Herrn Xy*

Als ich Herrn Xy kennen lerne, hat er bereits eine Reihe von therapeutischen Vorerfahrungen gesammelt. Er schildert eine Geschichte, in der verschiedenste Behandlungsversuche schließlich nicht zu einer durchgreifenden Besserung geführt hatten. Statt dessen entsteht der Eindruck, als sei es seit 1997 zu immer kürzeren Perioden von Arbeitsfähigkeit gekommen, obwohl die Maßnahmen bis hin zu einer vollstationären psychiatrischen Aufnahme immer weitreichenderer geworden waren. Zu Beginn der tagesklinischen Behandlung vereinbarten wir daher eine Phase der Diagnostik und Auftragsklärung mit dem Ziel der Erarbeitung einer Prioritätenliste unter der Frage, was wir tun könnten oder sollten, was andere vor uns bis dahin nicht getan hatten. Dies fällt Herrn Xy einerseits aufgrund der störungsbedingten Entscheidungsschwierigkeiten schwer, andererseits hinterfragt er fortwährend die Nützlichkeit der Behandlung, sodass ein zielgerichtetes Arbeiten schon allein deshalb immer wieder zur Klärung der therapeutischen Beziehung unterbrochen werden muss.

**Vielfach stellt sich die Frage, ob Herr Xy aufgrund seiner Entscheidungsunfähigkeit überhaupt in der Lage ist, Entscheidungen, die für eine Auftragsklärung nötig sind, zu treffen. Schließlich werden ihm diese Entscheidungen im Vertrauen auf seine Fähigkeiten zugemutet.**

Auffällig ist im Verlauf, dass zwar auch Vorbehandler immer wieder auf eine berufliche Problematik des Patienten hingewiesen hatten, konkrete Rückfragen, Gespräche am Arbeitsplatz oder eine Testphase innerhalb einer laufenden Behandlung jedoch nicht erfolgt waren. Daher entscheide ich mich, die Arbeit mit Herrn Xy auf diese Thematik zu fokussieren, zumal er im Aufnahmegespräch große Befürchtungen äußerte, bei Scheitern einer Arbeitsaufnahme möglicherweise ähnlich wie sein Vater bei Eintritt in den Ruhestand zu versterben. Je mehr sich die tagesklinische Arbeit auf die Vorbereitung einer beruflichen „Testphase" während der tagesklinischen Behandlung konzentriert, desto größer werden die Ambivalenzen von Herrn Xy gegenüber der von mir vorgeschlagenen Vorgehensweise. Und je mehr Herr Xy die Kontaktaufnahme zum Arbeitsplatz zu vermeiden versucht, desto mehr gewinne ich den Eindruck, als sei es unabdingbar für eine erfolgversprechende Behandlung, genau diesen Kontakt herzustellen. Einerseits wünscht er die Behandlung, andererseits lehnt er konkrete Schritte wie ein Arbeitsplatzgespräch oder eine medikamentöse Behandlung ab. Ich betrachte zu diesem Zeitpunkt eine medikamentöse Behandlung zwar als sinnvoll, das Arbeitsplatzgespräch aber im Sinne der Information und Fremdanamnese als unbedingt notwendig. Nach zwei Wochen stelle ich Herrn Xy schließlich vor die Alternative, entweder dem Arbeitsplatzgespräch zuzustimmen oder die Behandlung zu beenden. Meine Begründung lautet: „Ich habe den Eindruck, wir machen etwas falsch, wenn wir ohne diese Informationen weiter 'wurschteln'. Wenn Sie diese Vorgehensweise nicht in Ordnung finden, akzeptiere ich das. Da ich dann aber den Eindruck hätte, keine hilfreiche Arbeit mehr zu leisten, werde ich Sie für diesen Fall aus der Tagesklinik entlassen!" Am 1.12., nahezu sechs Wochen nach Aufnahme, bei kaum gebesserter Symptomatik, gibt mir Herr Xy schließlich die Erlaubnis, mit der Dienststelle zu sprechen. Komplizierend kommt bei einem ersten Telefonat hinzu, dass der Abteilungsleiter ein gemeinsames Gespräch mit dem Patienten ablehnt.

Dies ist aus meiner Sicht der schwierigste Moment in der Arbeit mit Herrn Xy: Unter systemischen Gesichtspunkten ist die Fokussierung auf die berufliche Situation des Patienten zwar nachvollziehbar, aber nicht selbst erklärend. Aspekte der Herkunftsfamilie, Fragen der vorangegangenen familientherapeutischen Arbeit, die Partnerproblematik werden durch die Thematik des Arbeitsplatzes in den Hintergrund gedrängt. Es entsteht der Eindruck eines Machtkampfes um die „richtige" Vorgehensweise. Die Therapeutin setzt den Patienten schließlich autoritär unter Druck. Diesem Druck gibt der Patient schließlich nach. Dieser Vorgang ist insofern nahezu unerhört, als auch die Schweigepflichtsthematik betroffen ist. Hart formuliert heißt die Botschaft an den Patienten: „Entweder Sie entbinden mich von der Schweigepflicht, oder ich lehne die weitere Behandlung ab!"

Als ich am 9.12 schließlich das so lang vorbereitete Gespräch am Arbeitsplatz des Patienten führe, wird mir klar, wovor der Herr Xy sich fürchtete: dort hoffen alle beteiligten Personen schon auf seine Frühpensionierung, um, so wörtlich, „den hier nicht mehr sehen zu müssen".

**In der Aufarbeitung dieser Informationen wächst das Vertrauen in die gemeinsame Arbeit. Plötzlich ist das Ziel klar umrissen. Trotz großer inhaltlicher Unsicherheiten erscheint das therapeutische Bündnis erstmals stabil.**

Die daran anschließende gemeinsame Arbeit beschäftigt sich vorrangig mit der Entwicklung einer neuen Lebensperspektive. Dies wird an Themen der Gestaltung von Partnerschaften und an Phasen des beruflichen Ausprobierens deutlich. Die formalen Aspekte der arbeitsrechtlichen Vertretung und schließlich der Aushandlung der Pensionierungsmodalitäten spielen sich nahezu im Hintergrund ab. Auf der Ebene der Stimmungslage wechseln Phasen, in denen Herr Xy voller Euphorie den Abschied aus dem Staatsdienst als große Erlösung und neue Chance bewertet, mit Phasen, in denen er befürchtet, seine Miete nicht zahlen zu können und auch in kleinsten Angelegenheiten des Rats von anderen Menschen zu bedürfen. Ein Leben mit der bisherigen beruflichen Tätigkeit scheint **nicht mehr** vorstellbar, eine andere Perspektive **noch nicht** vorstellbar. Das Ausmaß einer erneuten depressiven Phase macht eine Medikation notwendig, was ich schließlich auch durchsetze. Dies akzeptiert Herr Xy, wenngleich er das Präparat nicht wie vorgesehen ausreichend lange einnimmt.

Im Prozess ist die Durchsetzung der Medikation durch die Therapeutin ein ähnlich grenzüberschreitender Vorgang wie die Klärung der beruflichen Situation am Beginn der therapeutischen Arbeit. Der Unterschied für die Therapeutin ist in diesem Fall, dass sie ein Modell dafür hat, dass Herrn Xy dieses Vorgehen nützen könnte, obwohl es unter therapeutisch-ethischen Aspekten sicherlich fragwürdig ist.

Mit der Entscheidung des Umzugs endet schließlich unsere gemeinsame Arbeit. Herr Xy ist zu diesem Zeitpunkt zuversichtlich, sein Leben meistern zu können und freut sich auf die Rückkehr an seinen alten Wohnort. Für die berufliche Perspektive hat er inzwischen Ideen entwikkelt, allerdings noch kein klares Modell.

Mit dem Abschied, der zunächst ohne definierten Abschiedstermin stattfindet, hat die Therapeutin erneut ein methodisches Problem. Schließlich vertraut sie auf die Fähigkeiten des Patienten und siehe da, er findet den für sich passenden Zeitpunkt.

# Diskussion

Die Arbeit mit Herrn Xy hat mich auf besondere Weise herausgefordert. Mit der Textgestaltung für diesen Beitrag ging es mir ähnlich. Nach wie vor finde ich die Problemlage von Herrn Xy sehr komplex, unübersichtlich und zahlreiche Entscheidungen im therapeutischen Prozess mutig bis gewagt.

Die ärztliche Seele in mir beschreibt die Störung von Herrn Xy als bipolar affektive Störung, Typ II nach DSM IV, d.h. Herr Xy leidet unter wechselnden Phasen einer manisch-depressiven Erkrankung, wobei die manischen Episoden eher mild verlaufen. Aufgefallen waren bis zu unserer gemeinsamen Arbeit nur die depressiven Phasen, da Herr Xy in Zeiten subjektiven Wohlbefindens keine regelmäßigen therapeutischen Kontakte wahrgenommen hatte. Das Erkrankungsalter ist nicht ungewöhnlich; die Auslösung durch externe Konflikte, wie z.B. Partnerschaft und Beruf eher die Regel als die Ausnahme. Sogenannte endogene Faktoren der Krankheitsentstehung, d.h. genetische Aspekte und neurobiologische Theorien sind ein wichtiger Bestandteil der bekannten Bedingungsfaktoren für diesen Krankheitsbild. Die medikamentöse Behandlung ist eine wichtige Säule der erfolgreichen Therapie dieser Störung und es ist vor allem die Indikation für eine vorbeugende phasenprophylaktische Behandlung zu prüfen.

Der Leser könnte mit Fug und Recht sagen, dass diese Beschreibung der Wirklichkeit von Herrn Xy im Verlauf des therapeutischen Prozesses zu kurz gekommen ist. Manchmal habe ich das auch gedacht. Und eigentlich war ich immer wieder hin und her gerissen, was meine therapeutischen Entscheidungen anging – so wie ein Mensch sich vielleicht fühlt, wenn er manisch-depressive Stimmungswechsel erlebt.

Mit dem zeitlichen Abstand, der es mir jetzt ermöglicht, die gemeinsame Arbeit aus einem entfernteren Blickwinkel zu betrachten, gewinne ich eine große Hochachtung vor dem „Team Herr Xy und Frau Dr. Wittmund". Es ist mir offensichtlich möglich gewesen, Herrn Xy soviel Zeit und Raum zu geben, wie er benötigte, um eine neue Lebensperspektive für sich zu finden. Gleichzeitig ist es in schwierigen Situationen gelungen, die „Seiten" der Betrachtungsweise zu wechseln und in einem strikt hierarchischen Arzt-Patient-Modell Verantwortung für Herrn Xy zu übernehmen. Dies wäre ohne das Vertrauen von Herrn Xy und seine Bereitschaft, aus einer schweren Lebenskrise eine neue Perspektive zu entwickeln, nicht möglich gewesen. Die autoritären Anteile meines Verhaltens finde ich immer noch fragwürdig. Allerdings denke ich inzwischen, dass sie offensichtlich in die Situation passten. Eine gehörige Portion Unbefangenheit und Unverfrorenheit gegenüber gelernten und gelehrten therapeutischen Ideen war dazu nötig. Den therapeutischen Prozess möchte ich daher als eine Folge multipler hilfreicher Respektlosigkeiten beschreiben – Respektlosigkeiten gegenüber Ideen (Cecchin et al. 1993) und meinen Lieblingshypothesen, nicht gegenüber Herrn Xy

P.S.: Manch ein Leser wird jetzt vielleicht fragen, wie die Geschichte weitergegangen ist, vor allem, was die berufliche Perspektive von Herrn Xy angeht. Dank der Arbeit an diesem Beitrag kann ich diese Neugier vielleicht ein wenig stillen:

Bei einem Telefonat wegen dieses Buchprojekts im Frühjahr 2003 berichtet Herr Xy in ähnlichem Stolz wie schon zum Abschiedstermin im Juni 2001 über seine sich zunehmend entwickelnde berufliche Umorientierung. Seine Stimmungslage und Befindlichkeit seien seit einem halben Jahr stabil und er habe einen für sich passenden Umgang mit dem Thema Partnerschaft gefunden. Insgesamt betrachtet sei er froh über die Entwicklung der letzten Jahre.

# Danke – und viele Ideen

von *Xy*

Heute kann ich besser über meine Depression sprechen, denn sie ist passee. Ich bezeichne sie auch als vorübergehende Unsicherheit, als einen Lebensabschnitt. Ich denke, dass es **sehr** wichtig ist, dem Kranken die Möglichkeit zu geben, sich nicht als „krank", womöglich mit wenig Aussicht auf Erfolg, sondern als „unsicher im Charakter" oder „in der Entscheidung" zu bezeichnen.

Mir hat es sehr zu schaffen gemacht, als krank bezeichnet zu werden, und ich denke, dass die Grenzen fließend sind. Später, als ich wieder gut von böse, Hund von Katze und für mich gut und schlecht unterscheiden konnte, bemerkte ich, dass selbst so mancher „Therapeut" sich dringend einer Kontrolle unterziehen sollte ... Ich habe jemanden erlebt, der seinen eigenen Egotrip an Patienten, in diesem Fall an mir, ausließ. Und das war für mich ein Schritt zur Heilung, zu erkennen, dass es mir besser geht, wenn ich die Kraft aufbringe, diesen Therapeuten zu verlassen, obwohl ich damals noch der Meinung war, ich kann ohne ihn (einen Therapeuten) nicht gut leben. Das Gegenteil war der Fall!!!

Also, eine Depression kann eine vorübergehende Unsicherheit im Dasein sein. Allein, sich das klarzumachen, kann schon über das erste hinweg helfen ... es kann wieder besser gehen.

Bevor ich in die Klinik von Frau Dr. Wittmund kam, hatte ich ja bereits diverse Therapien hinter mir. Alle waren nicht umsonst, haben auf ihre Weise dazu beigetragen, dass ich mich wieder auf den rechten Weg gebracht habe. Erst im Nachhinein, mit dem erforderlichen Abstand, konnte ich das nachvollziehen. Wichtig und gut war, in den Phasen zu erkennen, dass Weitermachen das einzig Richtige war, versuchen, sich zu erproben und nicht zu resignieren. Trotz zwischenzeitlicher Ausweglosigkeit mit vielen Gedanken, wie ich „es" am besten tun würde ... (Obwohl ich kein ausgesprochen religiöser Mensch bin) habe ich mich in solch schwierigen Phasen an meinen Vater erinnert, der innerhalb von zwei Jahren durch seinen Krebs von 80 kg auf 40 kg eingefallen war und trotz dieser Krankheit nicht selbst Hand an sich gelegt hat, weil (er) ich meine, dass wir unser Leben und damit auch unseren Tod, als Teil unseres Lebens, dem überlassen sollten, der über uns bestimmt. Selbst mit großen Qualen und Schmerzen blieb mein Vater tapfer, obwohl er als leidenschaftlicher Jäger alle Mittel zur Verfügung hatte.

Nein? Warum? Es gibt immer wieder Wege und sog. „Wunder", die, genauer betrachtet, gar keine sind, sondern nur glückliche Fügungen! Und wenn ich mich kurz vor dieser glücklichen Fügung umgebracht habe, dann ...

Ich glaube, jeder von uns hat schon 'mal eine ganz kurze Phase in seinem Leben gehabt, die er glücklich oder wenigstens „zufrieden" nennen kann. Jeder! Und wenn nicht, dann kommt sie morgen, spätestens übermorgen! O.k.? O.k.!

Wichtig fand ich, mich zu erkunden, wer bin ich, was kann ich, was liegt mir?

Basteln? Singen? Sport? Kreuzworträtsel lösen? Beobachten? Stricken? Diskutieren? Schweigen? Besser nicht immer! Schreiben? Und dazu ist es wichtig, von Seiten der Klinik, des Therapeuten, soviel Angebote wie irgendmöglich zu machen. Es sollte eine große Vielfalt an Ent-falt-ungs-möglich-keiten geben. Grundfähigkeiten sind gefragt, nicht nur Basteln, etwas Gymnastik oder Laufen. Ich persönlich fand ein Tischtennisturnier spannend, ausgleichend und anregend. Kuchen backen, kochen, gemeinsam etwas spielen, Theater spielen, mit Rollenverteilung und Text lernen, schreiben, ein Märchen oder Krimi, das begeistert.

Die Begeisterung ist wichtig. Be-geist-erung. Den Geist fesseln, ablenken, von den „bösen" Gedanken.

Wichtig ist auch, dass der „vorübergehend Unsichere" sich in jeder Phase ernst genommen fühlen sollte. Gesprächsstunden, wo jeder jeden kritisieren kann und üben sollte, finde ich wichtig und das war in der Tagesklinik der Fall! Der Kranke soll ja gerade seinen „gesunden Menschenverstand" mit Urteilsfähigkeit und allem, was dazu gehört, wieder erlangen. Er muss wissen oder erfahren, dass gerade sein Urteil wichtig ist. Eigenverantwortung, mit Planung, Ausführung und Resümee ist wichtig. Warum nicht denjenigen eine Gruppenstunde eigenverantwortlich (unter Beteiligung des Personals) gestalten lassen.

Wichtig ist, als Patient Vertrauen zu bekommen. Das hängt von vielen Faktoren ab: dem eigenen Stand, dem Therapeuten, den Mitleidenden, der Umgebung etc.

Wichtig fand ich auch die zahlreichen gemeinsamen Unternehmungen wie Kegeln, Drachensteigen lassen, Schwimmen gehen etc., das schafft Gemeinsamkeiten.

Ich empfand da in der Johannisallee die „Stadtsituation" ohne Außenbereich als ungünstig, freies Gelände erzeugt auch einen Eindruck von Freiheit, Freiheit zu toben, zu spielen, ungestört reden zu können etc.

Auch ist dort der „Gemeinschaftsraum" nur ein Verteilerraum für die einzelnen „Fach"-Räume gewesen. Besser: ein abgeschiedner Raum, wenn auch, falls nötig, einsehbar. Gut wäre auch eine Art Wintergarten für die Zwischenzeit oder auch im Winter für kleine sportliche Betätigungen (z.B. Tischtennis). Die Möbel sollten besser einem Wohnzimmer, auch gern gebraucht, entstammen, als aalglatt und abwaschbar wirken (= Büroeinrichtung).

Rückzug ist wichtig, weil er einen Ausgleich zu den „Vorstößen" geistiger Offenbarungen darstellt. Und das muss räumlich unterstützt werden. Und besser, man macht seine Wochenbesprechung nicht da, wo auch Freizeit/Pause verbracht wird. Man arbeitet ja auch nicht gern im Wohnzimmer?!

Wichtig waren für mich der körperliche Ausgleich, Sport, Spiele, Wettkämpfe und Körpertherapie, falls möglich. Standfestigkeit zu üben, körperlich zu üben, Erfolge festzustellen.

Aber allem voran Neigungen entdecken = sich selbst entdecken, fördern.

Was kann ich, kann ich überhaupt was?

Um seine Urteilsfähigkeit zu stärken und dann die Kraft zu haben, von dem oder das sich zu trennen, was oder wer jahrelang für das Unbehagen in uns selbst gesorgt hat. Erkennen – und sich trennen, ist ein Prozess, der bei dem einen eine Stunde, bei dem anderen Jahre dauern kann. Hauptsache, man gibt sich selbst die dafür notwendige Zeit und bleibt dabei.

Natürlich kann man sich täuschen und nach der Erkenntnis auch wieder einen Schritt zurück machen, vielleicht ist das gerade der richtige Weg, der Schritt zurück. Aber diese Erkenntnis kann ich nur haben, nachdem, ich den ersten Schritt vorwärts gemacht habe.

An dieser Stelle möchte ich noch einmal allen danken, die dazu beigetragen haben, dass ich heute ein glückliches Leben führen kann, mit viel erfüllter Arbeit und sich anschließendem großen Erfolg! Vielen Dank für die Aufmerksamkeit, die Mühen, die Extrawünsche erfüllen … ja die Liebe, die mir auch zugebracht wurde. Mein besonderer Dank gilt Frau Dr.

Wittmund, die mit viel Fingerspitzengefühl weit über „das Übliche" hinaus, die Weichen für mein neues Leben gestellt hat. Jetzt bin ich wieder selbst der Zugführer, der nur auf die Signale, auch die seines eigenen Körpers, achten muss, um wieder Fahrt aufzunehmen …

Danke für alles!

# Literatur

Cecchin, Gianfranco, Lane, Gerry & Ray, Wendel A. (1993): Respektlosigkeit. Heidelberg: Cl Auer

# Eva oder „Wie muss man ein Essproblem (und seine Besitzerin) ansehen, dass es lösbar wird?"

*Axel Wrede* und *Eva*

## Berichte

### 1. Axel Wrede

#### Verlaufsbeschreibung, Umdeutung und positive Neubewertung von Symptomverhalten, „technische" Komponenten (Briefe, Hypnotherapie).

Wenn Eltern zusammen mit ihren jugendlichen Kindern kommen, sie zur Beratung „mitbringen", betreten Menschen mit unterschiedlichen und oft sehr konträren Auffassungen den Raum. Jugendliche geben oft von Anfang an zu erkennen, dass sie nicht von sich aus kommen und die Dinge anders sehen als ihre Eltern. Sie sitzen schweigend oder angeödet mit dabei und ihre Absicht, nicht zu kooperieren, kommt in einem allfälligen „weiß nicht" zum Ausdruck.

Auch die 16jährige Eva scheint nur mitgekommen zu sein, um dem väterlichen Wunsch Folge zu leisten und ohne ein eigenes Interesse. Der Vater ist Frauenarzt und hat seine Tochter aus Sorge, dass sie *„anorektisch ist"*, angemeldet. Natürlich hat sie bezüglich des von den Eltern mit Sorge betrachteten Essverhaltens und seinen Konsequenzen eine andere Auffassung.

Eva isst immer weniger. Sie achtet verstärkt aufs Essen und alles, was damit verbunden ist. Sie will abnehmen, um schlanker zu werden.

Ihre Mutter liege ihr in den Ohren, und der um ein Jahr ältere Bruder lasse sie spüren, dass er nicht gut findet, was sie da treibt. Aber auch der Vater ermahnt die Tochter immer wieder, dass sie zu wenig isst, wenn sie ihn an den Wochenenden besucht. Die Eltern haben sich etwa drei Jahre zuvor getrennt. Zu Beginn unserer Gespräche wiegt Eva nach eigener Aussage 47 kg bei ca. 170 cm Körpergröße. Sie ist schlank, wirkt aber keinesfalls magersüchtig. Sie betreibt Schwimmen als Leistungssport.

## Erstgespräch

Zum ersten Gespräch kommt Eva mit ihrem Vater[9], der die Initiative zum Gespräch ergriffen und einen ersten Termin ausgemacht hatte. Sie ist groß und schlank und hellwach. Sie ist sehr sympathisch. Ich mag sie sofort, was es leicht macht, interessiert und ohne Vorbehalte auf sie zuzugehen.

Auf ihre anfängliche Reserviertheit reagiere ich mit freundlicher Zugewandtheit. Es gelingt, sie rasch ins Gespräch zu verwickeln. Ich lasse sie spüren, dass ihre Haltung, mit der sie zum Ausdruck bringt, dass sie nur unfreiwillig da ist, mich weder irritiert noch bedrängt, und dass ich daher auch nicht versuchen werde, sie zu überzeugen, dass sie die Dinge mit dem gleichen Ernst sehen muss wie ihre Eltern.

Fragen stelle ich eher beiläufig.

Eva sieht kein Problem mit dem Essen. Ist doch klar. Aber auch mir erscheint die Diagnose *Anorexie* zum gegenwärtigen Zeitpunkt unangemessen, zumal auch rasch deutlich wird, dass Eva weder ein massiv verzerrtes Körperschema noch eine elaborierte oder gar versteinerte Hungerphilosophie entwickelt hat. Dennoch ist die Möglichkeit einer „Hungerkarriere" im Kopf zu behalten.

Im Gespräch akzeptiere ich ihren „Widerstand" und interpretiere ihn als Reserviertheit und prüfende Skepsis. Ich sage ihr, dass darin zum Ausdruck kommt, dass sie sich selbst bestimmen will. Schließlich bringe ja auch ihr sportliches Engagement zum Ausdruck, dass ihr Körper und eine gesunde Aktivität wichtig sind.

Was also könnte sie veranlasst haben, diese beiden Werte *Autonomie* und *Gesundheit* aufzugeben, um sich dem Diktat einer Idee vom Schlankwerden zu unterwerfen? Wieso gibt sie Selbstbestimmung und Körperbewusstsein auf und tritt die Herrschaft an ein organismusfeindliches gesellschaftliches Ideal ab? Warum unterwirft sie sich einem zweifelhaften Ideal, auch wenn es für manche der Peers unserer Tage die zentrale Rolle spielen mag?

---

[9] Im Gespräch gibt der Vater gelegentlich Kommentare zur Entwicklung der Problematik. Ansonsten ist er während des Gesprächs eher zurückhaltend. Er scheint das Ganze als ein Unternehmen zu sehen, das die Tochter zu ihrem eigenen Anliegen werden lassen soll.

Hier nun mache ich zum ersten Mal die später häufig wiederkehrende Erfahrung, die mich in der Arbeit mit Eva sehr motiviert: ihre Augen leuchten jedes Mal auf, wenn ich neue Sichtweisen einbringe, die sie zu überraschen scheinen und zudem eine plausible Alternative zu ihren eigenen Sichtweisen darstellen.

Der Eindruck, ihre „Psycho-Logik" verstören zu können und dabei auf neugierige Offenheit zu treffen, bereitet mir Vergnügen. Es ist ein gutes Gefühl, sie zu erreichen und ihre Resonanz zu spüren, wenn ich ihr Essverhalten anders deute, denn als Krankheit. Andere Perspektiven werden *schmackhaft*.

Dabei aber kann sie in allem, was ich sage, spüren, dass ich ihr die Freiheit lasse, meine anderen Sichtweisen zu nehmen oder auch nicht. Eine Zustimmung verpflichtet sie zu nichts!

Ein wichtiger Aspekt in diesem ersten Gespräch war schließlich, dass ich sie vorsichtig auf die Trennung ihrer Eltern anspreche. Intuitiv schien mir die Vermutung berechtigt, dass die Trennung und damit verbundene Entwicklung für sie nach wie vor hohe affektive Bedeutung besitzen. Und Eva schien meine Hypothese gerade dadurch zu bestätigen, dass sie mit dem Ausdruck des traurigen Berührtseins sagte, dass sie das überwunden habe.

Aus dem Erstgespräch bleibt der Eindruck, dass Eva überrascht ist, dass die psychotherapeutische Interaktion offenbar weder die Fortsetzung des „ermahnenden elterlichen Zeigefingers" bedeutet, noch den Versuch darstellt, sie zu ändern. Mein Eindruck: sie fühlt sich als Person mit ihren eigenen Vorstellungen respektiert und ernst genommen. Die entstandene Sympathie tut ein Übriges.

Mir scheint, dass ich sie gewonnen habe, auch wenn sie noch nicht entschieden ist, ob sie zu weiteren Gesprächen kommen will. Wir verabschieden uns daher mit der Vereinbarung, dass sie zu einem weiteren Gespräch kommen kann, wenn sie dies wünscht.

Ein paar Tage nach dem Gespräch ruft der Vater an, um über die positiven Wirkungen des Erstgesprächs zu berichten. Er zum Beispiel sei total entlastet aus dem Gespräch weg gegangen und habe es im Anschluss auch unterlassen, Eva auf das Essensthema anzusprechen oder sonst wie darauf aufmerksam zu machen.[10]

---

[10] In einem späteren Gespräch wird deutlich, dass Eva dies wohl anders sieht. Sie findet, der Vater „starre" beim Essen auf sie und ihren Teller, prüfend, ob und wie viel sie isst. Als ich sie dann am Ende eines späteren Gesprächs bitte, dem Vater einen Gruß und meinen therapeutischen Auftrag zu überbringen: er möge sich damit dezent zurück halten ..., geht sie mit einem „MonaLisahaften" Lächeln aus der Sitzung.

Tatsächlich meldet sich Eva dann einige Wochen später, um ein weiteres Gespräch zu vereinbaren. Sie wird von der Mutter gebracht, die Eva und ich dann aber bitten, draußen zu warten, nachdem ich mit ihr geklärt hatte, dass dies ihre „Audienz" ist.

In den nun folgenden Gesprächen wird auch immer mehr deutlich, dass Eva sich auch bei den Gleichaltrigen im Schwimmclub und in der Schule unter Druck fühlt. Dort „gaffen" sie auf das, was sie isst, und sie bekommt immer wieder Bemerkungen zu ihrem Essverhalten zu hören.

Bereits nach dem zweiten Gespräch berichtet Eva davon, wieder „normaler" zu essen. Tatsächlich wirkt auch ihr Gesicht wieder gesünder und ernährter. In diesem Zusammenhang habe sie auch eine interessante Erfahrung mit den Jungen in ihrer Klasse gemacht: die wären wieder viel netter und zugewandter und würden wieder mit ihr flachsen. Sie wundere sich darüber. Wieso? frage ich, die betrachten dich eben nicht mehr als Patientin oder als Gerippe. Die sehen wieder die Frau in dir, wie das für Jungen in diesem Alter der Normalfall ist. Mit ihrem „So hab ich das noch nicht gesehen" kommt zum Ausdruck, dass sie wieder um eine Perspektive reicher ist.

Es ergibt sich ein Gespräch über ihre Rolle und ihr Verhältnis als junge Frau gegenüber den männlichen Peers.

Im Anschluss ans vierte Gespräch schreibe ich Eva folgenden Brief:

> *Liebe Eva,*
>
> *wenn ich so an unsere bisherigen Gespräche zurückdenke, so bin ich wirklich beeindruckt von Deiner Offenheit und Deiner Fähigkeit, Dich auf neue Sichtweisen einzulassen. Weißt Du, auf Dich trifft die Diagnose „magersüchtig" daher auch nicht zu, denn Du zeigst Dich eben nicht starr und eisern in der Idee, abzumagern, wie wirklich anorektische Mädchen.*
>
> *Ich sehe Dich viel mehr als eine junge Frau, die ihren Weg und ihre Balance zu finden versucht, ebenso wie ihre Selbstbestimmung, um sich gegen all die Meinungen, Blicke und Einflüsse der anderen abzugrenzen. Und solch ein wichtiges Thema, wie Selbstfindung lässt sich ja ganz gut am Essen abhandeln, da es eine tolle Möglichkeit bietet, den anderen zu zeigen, welche Macht in der Verweigerung des Essens liegt.*
>
> *Toll finde ich auch, dass Du Freude an der Idee entwickeln kannst, Dich wirklich zu einem weiblichen Wesen zu entwickeln, statt als*

*jammervolles und erbarmenswertes Gerippe durch die Gegend zu laufen.*

*Und siehe da! Die Jungs in Deiner Klasse, von denen Du bislang geglaubt hast, sie wollten Dich ganz dünn, merken's sofort und kriegen wieder Lust, mit Dir in Kontakt zu kommen. Wenn meine Kenntnisse zutreffen, was Jungen in Deinem Alter angeht, so wollen die zwar eine schlanke und wohl geformte Frau, aber eben mit Busen und Po. Guck Dir doch mal unter diesem Blickwinkel die ganzen Covergirls an ... die Erfolg haben.*

*Und auch was Du über Deine Vorstellungen sagst, was eine Freundschaft oder Liebe mit Stephan angeht, macht doch deutlich, wie wichtig Du Dir bist. Denn warum solltest Du sonst auf Wechselseitigkeit und Gleichwertigkeit beharren und warum bist Du glücklicherweise so stolz, dass Du ihm nicht nachrennst. Es ist doch klar, dass Du geachtet und geliebt sein möchtest, und ein unterwürfiges Dasein nicht nach Deinem Geschmack wäre.*

*Unterwirf Dich daher auch nicht einer Essensdiktatur ...*

*Ich freue mich, Dich wieder zu sehen.*

Im nächsten Gespräch berichtet Eva, dass sie mit dem Jungen, in den sie sich verliebt hatte, Schluss gemacht habe. Der habe sich überhaupt nicht um sie gekümmert und sei einer von denen, die sie richtig dünn haben wollten.

So können wir zusammenfassen, dass „er mehr an seinen eigenen Idealen als an deinem Wohl interessiert war". Dies mitzumachen, ist sie nicht bereit. Daraus folgt, dass sie gut auf sich Acht gibt und dabei ist, von „sich selbst Besitz zu ergreifen". Von den Jungen in ihrer Klasse erhält sie viele positive Rückmeldungen („Du hast wieder eine gute Figur.").

In der folgenden Stunde biete ich ihr Trancearbeit an, um ihre positiven unbewussten Kräfte zu nutzen. Neugierig geht sie darauf ein und unter meiner Anleitung in eine tiefe Entspannung, in der ich ihr ich-stärkende Suggestionen gebe und die Vorstellung, sie stehe auf dem Siegerpodest und genieße die ihren Körper bewundernden Blicke. Es fließen Bilder der Selbstakzeptanz und von Weiblichkeit und Gesundheit mit ein. Eva findet die Hypnotherapie „ganz toll". Im Rückblick sagt sie, dass die hypnotherapeutische Stunde sie stärker gemacht habe.

In einer der letzten Stunden berichtet Eva, dass sie sich neu verliebt hat. Der Junge mag sie so, wie sie ist. Allerdings fragt auch er sie „Hast du 'ne Essstörung?" Ich spreche mit ihr über den Begriff der Störung und mache deutlich, dass dies eine Form der Deutung ist. Eine andere ebenso mögliche und plausible Interpretation lässt sich dagegen stellen: Jugendliche Erprobung, um herausfinden, wer ich bin und sein will, da Symptome immer auch als Möglichkeit der Selbstabgrenzung in sozialen Beziehungen verstanden werden können.

Das Eva-Projekt, wie wir es nennen, handelt dagegen von einer jungen Frau, die damit begonnen hat, sich selbst zu verantworten und klug über ihren Körper und ihre Beziehungen zu entscheiden. Dies aber kann sie inzwischen auch ohne das Hilfsmittel 'Symptom'. Abführmittel, die sie bis dahin genommen hatte, bekommen nur noch gelegentliche Entlastungsfunktion von ihr eingeräumt. Am Ende der Behandlung sind sie aus ihrem Leben verbannt.

Ich schreibe ihr folgenden Brief:

*Liebe Eva,*

*es war gut mit Dir zu sprechen und zu sehen, wie positiv Du Dich entwickelt hast, so dass Abführmittel nur noch eine gelegentliche Entlastungsfunktion von Dir eingeräumt bekommen, um dann demnächst vielleicht ganz gegen nützlichere Wege zur Entlastung und Selbstbehauptung ausgetauscht zu werden.*

*So wird Dir inzwischen auch immer bewusster geworden sein, wie gut es ist, eigene Wege zu gehen und dass man dann keine Symptome mehr als Helfer braucht. Das einzige, was Du tun musst, ist, die gewohnten Perspektiven zu verlassen und Deine „kleinen Verirrungen" nicht als Krankheit sondern als Suche und Reifung zu begreifen, auch wenn Du mit einigen zu tun haben wirst, die es gerne aus Tradition so sehen würden ...Und wichtig ist dabei halt auch, dass man auf „zwei Hochzeiten tanzt", indem man sich selbst treu bleibt, ohne die, die man liebt, zu übergehen.*

*In den immer wieder mal auftauchenden kurzen Momenten von Verunsicherung erinnere Dich bitte, dass zumindest ich mehr Vergnügen daran habe, Dich als gesunde und als junge kompetente Frau zu betrachten.*

*Nun weiß ich nicht, wie es Dir nach unserem letzten Gespräch gegangen ist. Bin ich zu voreilig gewesen und hab' nicht gesehen, dass Du die neue Selbstauffassung noch ein bisschen üben musst, um sicherer zu werden? Du wirst es mir beim nächsten Mal sagen.*

*Bis dahin, herzliche Grüße*

Zum abschließenden Gespräch kommt Eva mit ihrem Vater. Sie beschenken mich großzügig mit Wein und Blumen und bringen ihre tiefe Dankbarkeit zum Ausdruck für die erfolgreiche Arbeit, die Eva dazu verleiten konnte, den symptomatischen Weg der „Hungerkünstlerin" zu verlassen und sich wieder unter die Normalsterblichen zu mischen.

Eva berichtet über eine Abschluss-Klassenfahrt in die Toskana, wo sie das Nudelessen und das Leben genossen hat. Sie steht „voll in Blüte" und hat wieder an Schwimmwettbewerben teilgenommen und die 1. Plätze belegt.

„Was wirst du in Zukunft machen?"

Eva, mit leichtem Zweifel in der Stimme: „... wenn alles so gut weiterläuft wie bis jetzt?"

„Höre ich da einen Zweifel? Kannst du dir vorstellen, die Herrschaft und Selbstbestimmung, die du dir erhungert hast, noch einmal abzugeben?"

Nein, das scheint ihr nicht mehr vorstellbar.

Wir verabschieden uns und Eva sagt: „Ich komme bestimmt mal wieder!"

„Ja, du bist willkommen. Kannst dir ja schon mal ein schönes anderes Symptom überlegen ... damit du einen Grund hast."

„Ja" sagt sie lachend, „vielleicht kann ich mir die Arme aufritzen ..."

# Abschließende Überlegungen

Symptome auch mit ihrer „komischen" Seite zu sehen, vertreibt die resignative Schwere, die so oft mit der Überzeugung „Ich habe/bin ein Essproblem" verbunden ist. Symptome haben wieder den Rang, der ihnen gebührt: sie können für eine Zeit lang eine Funktion erfüllen und ihrer „Besitzerin" nutzen, um sie dann aber beiseite zu legen, wenn nützlichere Alternativen auftauchen.

An den vorgestellten Fall denke ich gerne, weil er zeigt, dass bei einer prä-klinischen Essstörung in der ambulanten Therapie gute Chancen bestehen, effektiv bei der Entwicklung neuer Perspektiven und Veränderung mitzuwirken. Insgesamt waren dazu nur sieben Sitzungen erforderlich.

Außerdem hat mir der Fall noch einmal die Leichtigkeit vor Augen geführt hat, die entstehen kann, wenn man davon Abstand nimmt, einen anderen Menschen verändern zu wollen.

Eva hat es mir dabei leicht gemacht, ihre „geschlossene Problemmetapher" mit der Aufmerksamkeitsfokussierung aufs Essen einfach gelten zu lassen und mich nicht in einen Kampf um die Abschaffung ihrer Symptomatik zu verstricken. Es reichte völlig, das Ganze um „offene Lösungsmetaphern" zu ergänzen und auf pathologisierende Bewertungen der Essensverweigerung zu verzichten: Essensverweigerung kann vielmehr auch als ein Kampf um Autonomie und Selbstbestimmung gedeutet werden, und zwar in einem Bereich, der völlig unter Kontrolle des Betroffenen steht und sich dem „liebenden" Zugriff der anderen entzieht. Besteht ein junger Mensch auf seiner Autonomie, so macht dies einen schwierigen Balanceakt nötig, sobald die damit verbundene Loslösung von Eltern und Familie vollzogen wird und die anderen mit Unverständnis, Krankheitsvorwurf oder dem Verdacht reagieren, nicht mehr zu geliebt zu werden. Der Ausweg ins Symptom ist gangbar, aber schädlich.

So aber wurde das Ganze als das Entwicklungsbemühen einer jungen Frau deutbar. In ihrer Essensthematik spiegelte sich das Bemühen, die eigene Autonomie zu behaupten, sich selbst in der Relation zu anderen auszubalancieren und das eigene Maß und den eigenen Weg zu finden. So gesehen, konnte ihm die Bedeutung der jugendlichen Erprobung unter zu Hilfenahme eines Symptoms gegeben werden.

Eva ist dieser Balanceakt gelungen.

## 2. Eva

Es begann alles vor ca. anderthalb Jahren, als ich ins Krankenhaus musste, um mir die Mandeln herausnehmen zu lassen. Dadurch, dass ich nach der Operation große Schmerzen beim Schlucken hatte, war es fast unmöglich, etwas zu essen. Das hatte den (schönen) Nebeneffekt, dass ich ein paar Kilo abnahm. Dieses Abnehmen gefiel mir von Tag zu Tag besser, und so begann der Teufelskreis seinen Lauf zu nehmen. Die ersten Probleme gab es durch den großen Gewichtsverlust auch schon. Jede Art von Sport fiel mir schwer, da ich kaum noch Kraft hatte. Ich wurde auch sehr lustlos, was Freunde treffen anging, ich wollte nur noch zu Hause sein und in Ruhe gelassen werden. Doch dafür wurde ich immer besser in der Schule, ich opferte all meine Kraft und Konzentration dem Lernen. Meine Mutter bemerkte schnell, dass mit mir etwas nicht stimmte. Mein Vater jedoch wollte es erst nicht wahr haben, er begriff erst nach einiger Zeit, dass mit mir nicht alles stimmte. Mein Vater machte dann auch direkt einen Termin bei einem Bekannten, der Psychotherapeut ist. Ich wehrte mich mit Händen und Füßen, da auch nur einmal hinzugehen. Doch es brachte nichts, ich musste dahin. Als dieser Tag gekommen war, dachte ich nur, dass ich mir das Ganze ja mal anhören kann und meine Eltern geben Ruhe und ich muss nie wieder zu diesem Psycho-Doktor.

Mir gefiel es von Anfang an nicht, das Zimmer roch komisch und dann waren da auch noch diese komischen Fragen, die mir Herr Wrede stellte. Er fing damit an, dass ich ja noch gar nicht so schlimm aussehen würde, wie viel ich wiege und was ich so esse. Als ich daraufhin die entsprechenden Antworten gab, begann er mir auch noch Tipps zu geben, wie ich noch mehr abnehmen könnte. Ich dachte nur, dass er wohl nicht weiß, was er da gerade zu mir sagte. Doch es kamen noch mehr Fragen, warum ich nichts mehr essen wolle und ob ich dadurch wie ein Model aussehen möchte. Doch darauf wusste ich keine Antwort, ich wusste nur, dass ich nicht wie ein Model aussehen wollte. Danach fragte er mich über meine Familie aus, was mir überhaupt nicht passte, da ich bei dem Thema immer sehr sensibel und gereizt reagiere. Herr Wrede skizzierte sogar ein Bild und fragte mich anschließend, ob ich so hungere, weil ich mit der Trennung meiner Eltern nicht zurecht komme. Mir kamen zwar Tränen in die Augen, doch das war für mich nicht der Grund.

Als die Stunde zu Ende war, schwor ich mir, nie wieder einen Schritt in dieses Zimmer zu setzen. Doch ein paar Wochen später saß ich schon wieder in diesem Zimmer, aber diesmal ganz alleine. Die ganze Atmosphäre kam mir viel entspannter vor, und ich begann langsam zu genießen, wie schön es ist, wenn jemand einfach nur dasitzt und zuhört. Herr Wrede fragte mich nochmals über Familie, Freunde und das Schwimmen aus. Stunde für Stunde fand er immer mehr über mich heraus, und ich lernte ihn auch besser kennen. Wir fingen an, eine Freundschaft aufzubauen. Ich konnte ihm einfach alles anvertrauen und fühlte mich bei ihm richtig wohl. Nach jedem Gespräch ging es mir besser, ich fühlte mich durch sein Zuhören erleichtert. Herr Wrede meinte, dass ich von Dämonen gefangen worden bin, ich mich jedoch immer weiter von ihnen los reiße. Als wir beide langsam begriffen, wo mein kleines Problem liegt, so nannten wir meine Orientierungsstörung, legten wir es einzeln auseinander und versuchten es natürlich zu lösen. Mein kleines Problem lag daran, dass ich immer alles für andere tat, aber nie an mich gedacht habe. Das war das Schlimme, manchmal muss jeder mal egoistisch sein und nur an sich denken. Es fing schon beim Schwimmen an, wenn meine Eltern und der Trainer sagten, ich solle da und da schwimmen, dann tat ich das auch. Dadurch, dass ich dann aber so dünn wurde, durfte ich kaum noch trainieren, geschweige denn auf Wettkämpfen schwimmen. Auch bei meinen Freunden war es so, ich habe mir deren Probleme angehört, jedoch nie was von meinen Problemen erzählt.

Dieses Dünnsein gefiel mir auch, weil alle mehr Rücksicht auf mich nahmen und mir all ihre Aufmerksamkeit schenkten. Ich genoss auch, dass ich endlich mehr Zeit für Freunde und besonders für mich selbst hatte. Diese Dinge genoss ich von Tag zu Tag mehr, doch Herr Wrede meinte, auch ohne dass ich hungere, kann ich mir diese Sehnsüchte erfüllen, natürlich nur, wenn ich beginne, mehr an mich zu denken. Ich musste lernen: „Nein" sagen zu können, was mir wirklich schwer fiel. Als ich diese Sachen begriff, kehrte sogar das Lächeln und die Lebenslust zurück. Herr Wrede gab mir das Gefühl, alles zu schaffen, wenn ich es wirklich will. Er konnte mich immer wieder damit aufheitern, wenn er sagte, dass mir ein Lachen viel besser steht als so ein trauriges Gesicht. Er gab mir allein durch sich selbst mehr Willenskraft. Ihm geht es körperlich nicht besonders gut, aber er genießt sein Leben trotzdem in vollen Zügen und hilft dabei noch anderen Menschen, ihr Leben wieder in den Griff zu bekommen. Es gibt niemanden, den ich so bewundere und respektiere wie ihn. Herr Wrede hatte immer den richtigen Rat für mich, auch als ich das Problem hatte, dass, wenn ich etwas aß, mich direkt alle anguckten und komische Kommentare abgaben. Doch Herr Wrede meinte, ich könnte darauf eine genau so doofe Antwort geben, nämlich so: „Habt ihr denn noch nie jemanden etwas essen gesehen?" Oder er hatte den Vorschlag, um mein eingepacktes Butterbrot eine Schleife zu binden und mein Brot dann in vollen Zügen zu genießen. Bei einer meiner letzten Stunden fragte mich Herr Wrede, ob ich mal hypnotisiert werden will. Ich konnte natürlich nicht widerstehen. Nach der Hypnose kam ich mir wie neugeboren vor und stärker denn je. Leider war das eine meiner letzten Stunden. Her Wrede merkte wohl, dass ich darüber nicht sehr glücklich war und schlug mir vor, wann immer ich jemanden zum Reden brauche, kann ich zu ihm kommen, und das werde ich auch tun, ich will so etwas nie wieder durchmachen müssen. Ich bin ihm sehr dankbar dafür, was er alles für mich getan hat. Herr Wrede ist derjenige, dem ich zu verdanken habe, dass ich wieder ein normales Leben führen kann.

# Kommentare

Nachdem Eva und ich uns unsere Berichte über die gemeinsame, sieben Stunden umfassende Arbeit übergeben hatten, befragte ich sie noch über ihre gegenwärtige Situation. Danach kann Eva sechs Monate nach unserem letzten Kontakt als „geheilt" gelten, auch wenn dies eigentlich kein richtiger Begriff ist, weil sie ja nicht krank war, sondern nur „ver-rückt" ... ☺

Eva berichtet, dass ihr das Gymnasium, zu dem sie nach der Realschule gewechselt ist, sehr viel Spaß bereite, auch wenn es sie mehr beanspruche. Die Leute dort seien viel offener und netter. Ihre Berufswünsche sind Management oder Medizin, und sie möchte nach dem Abitur gerne ein Jahr ins Ausland: Australien oder USA. Ihrem Freund hat sie den Laufpass gegeben, da er zu vereinnahmend und begrenzend gewesen sei. Sie hätte mehr Zeit für die Schule und auch für sich selbst gebraucht. Und im Übrigen sei er ohnehin nicht ihr Typ gewesen.

Sie sieht gut aus, hat Busen und eine gute Figur. Sie ernährt sich im Grunde mit allem, was es gibt, außer Fleisch. Ihre Mutter glaube zwar, sie würde wieder Abführpillen nehmen, aber das stimme nicht. In den zurückliegenden Monaten habe sie einmal Pillen genommen.

Insgesamt hat sie erkannt, dass es sehr anstrengend ist, „sich das Angenehme" im Leben selbst wegzunehmen. Sie treibe ihren Schwimmsport, aber sie wolle bald keine Wettkämpfe mehr machen, weil sie dazu keine so große Lust mehr habe. Sie stehe aber unter dem Druck der Eltern und der Trainerin, die darauf bestünden.

Wir besprechen unter dem Aspekt der im Hinblick auf Essen und Jungenfreundschaften gelungenen Selbstbestimmung und Selbst-Inbesitznahme, dass sie auch hier die Möglichkeit der Verweigerung überdenken könne.

Nach diesem Follow-up-Gespräch vereinbarten wir, dass jeder den Bericht des anderen für sich liest und jeder den Kommentar zum Bericht des anderen in zwei Wochen fertig hat.

## Kommentar
*Axel Wrede*

Wenn ich nun die Akzente sehe, die sie gesetzt hat, finde ich es spannend und lehrreich, welche Aspekte sie als hilfreich erinnert. Sie hebt hervor:

1. unsere positive Beziehung, die für sie freundschaftlichen Charakter besaß und dass sie mir Hochachtung und Bewunderung entgegenbrachte,

2. das Gefühl, dass ich zuhöre und sie ernst nehme,

3. dass sie mein Reframing übernehmen und von einem kleinen Problem, einem Orientierungsproblem sprechen konnte,

4. sie sehe ihre Probleme unter dem Blickwinkel der Durchsetzung eigener Interessen und des „Nein"-Sagen-Könnens,

5. dass sie sah, „auch ohne dass ich hungere, kann ich mir diese Sehnsüchte erfüllen",

6. das Gefühl, dass ich an sie und ihre Entwicklungsfähigkeit glaube,

7. die hypnotherapeutische Stunde mit selbstwertfördernden Suggestionen.

Ihre Sichtweise reflektiert auch deutlich meine Haltung ihr gegenüber: sie hat gespürt, dass ich mir das Vergnügen mache, sie unter positiven Vorzeichen zu sehen und ihr an keinem Punkt übel nehme, dass sie die ist, die sie ist. Sehr schön kommt auch die nutzbringende Funktion ihrer „Schwächesymptomatik" zum Ausdruck sowie der Aspekt der begonnenen Selbstaneignung (egoistisch sein).

Das positive und wertschätzende Urteil von Eva hat mich sehr berührt und erfreut.

## Kommentar

*Eva*

Ich kann eigentlich nicht sehr viel zu dem Bericht von Herrn Wrede sagen, nur dass ich das Gleiche auch hätte schreiben können. Er hat die Gedanken, die ich im Kopf habe, aufs Blatt übertragen, als hätte er meine Gedanken gelesen. Herr Wrede hat das geschafft, was noch niemand geschafft hat. Er merkt, ohne dass ich etwas sage, dass es mir gut bzw. schlecht geht. Er versucht, egal um was es auch geht, mich zu verstehen. Durch den Bericht von Herrn Wrede sind mir Dinge bewusst geworden, wovon ich vorher nichts wusste. Auch die Ursache für dieses „Ess-Chaos" hat Herr Wrede praktisch Schritt für Schritt aus mir herausgeholt.

Was ich aber überhaupt nicht gedacht hätte, ist, dass er mich angeblich von Anfang an gemocht hat. Das kam mir gar nicht so vor, weil er mir immer noch Tipps für's weitere Abnehmen gab. Ich war auch anfangs nicht gerade einfach, ich war zickig und auch ungesprächig. Ich hatte einfach den Eindruck, dass Herr Wrede mich nicht ernst nahm, aber nach dem Lesen des Berichts verstehe ich auch warum.

Ich muss aber auch zugeben, dass ich nicht immer, zumindest am Anfang, in Sachen Gewicht ganz ehrlich war. Ich wog bestimmt noch fünf kg weniger, als ich gesagt hatte. Aber das ist ja jetzt vorbei, dank Herrn Wrede. Auch der Bericht hat mir nochmals geholfen, alles zu verarbeiten.

# „Sie hat mir einfach ihr Gehör geschenkt…"
# Ein Beratungsprozess im Kontext von Hörschädigung und CI-Rehabilitation[11] zwischen Intuition und Selbstorganisation

*Cornelia Tsirigotis* und *Carolina Laverda*

> *„Ein professionelles System wird dazu tendieren, die eigene Kausalität zu überschätzen. Wenn das nicht der Fall wäre, würde man vielleicht gar nicht weitermachen. Wenn Sie erkennen würden, wie zufällig Sie handeln, und dass die Frage, welcher Zufall nützlich ist, von dem Patienten-System entschieden wird, würden Sie vielleicht Ihren Beruf aufgeben"*
> (Luhmann 1988, S. 177)

## Perspektiven auf eine Geschichte

Die Geschichte einer Therapie nach-erzählen bzw. nach-schreiben, das könnte unter ganz verschiedenen Aspekten geschehen. Sie könnte unter einem Blickwinkel von Reflexion und Selbstsupervision der Therapeutin als Geschichte von Selbstwürdigung und gutem Therapieprozess erzählt werden. Als Geschichte von guten Eingebungen. Oder als Geschichte von Zufällen und Alltagsschwierigkeiten in einer Einrichtung. Als Geschichte einer Patientin: von schicksalhaftem Leiden, erlittenem Pech und Klage. Als Geschichte von Geleistetem. Als Geschichte von der Wirkung einer therapeutischen Beziehung. Als Geschichte vom „unerschrockenen Respektieren" (Hargens 1995), von therapeutischer Ethik. Ich habe diese Geschichte als Geschichte von Ressourcen begonnen, Ressourcen, die ich zu Beginn vermutete, die im Verlauf entdeckt wur-

---

[11] Ein Cochlea-Implantat (CI) ist eine elektronische Hörhilfe, mit der gehörlose oder hochgradig schwerhörige Kinder bei entsprechender Rehabilitation ein besseres Hörvermögen erreichen können als mit Hörgeräten. Der Preis liegt neben der Operation in einem in den Kopf implantierten Fremdkörper, der lebenslange Vorsicht z.B. vor Stößen und Kopfverletzungen erfordert.

den, Ressourcen der Klientin und ihrer Familie, situative Ressourcen und die einer therapeutischen Beziehung. Und als Geschichte vom Handwerkszeug ressourcenorientierter Beratung[12], wie ich sie für den Rahmen der Elternberatung in der CI-Rehabilitation an anderer Stelle beschrieben habe (Tsirigotis 2002).

Warum habe ich für das Projekt diese Geschichte ausgewählt, diese Klientin angesprochen? Mich haben von Anfang an ihre Kraft, ihr Temperament und ihr Humor beeindruckt, die von außen wahrnehmbaren Stärken und auch die, von denen ich glaubte, dass sie in ihr stecken; dass sie im Gunde eine lebenslustige Frau ist, deren Power durch die Behinderung ihres Sohnes und die Jahre von Krise und Belastung verschüttet bzw. behindert sei. Und weil ich glaube, dass ich in diesem therapeutischen Prozess ziemlich wenig „gemacht" habe, Frau Laverda und ihre Ressourcen haben die Veränderung bewirkt.

Das reicht mir jedoch nicht aus: Woran ist das eigene therapeutische Handeln zu messen? Vieles in diesem Therapieprozess ist „irgendwie von selbst" gelaufen. „Im Grunde ist es [das, was professionelle Helfer traumwandlerisch sicher macht, d.A] jedoch ein eingespieltes grenzgängerisches Koordinieren von Eindrücken aus unterschiedlichen Systembereichen, bei dem das bewusst-steuernde Eingreifen nur noch im besonderen Fall aktiviert wird. Davon dürfen wir uns jedoch nicht blenden lassen" (Loth 2001, S. 236). Auch nicht von einem relativ guten Ergebnis, was die Kundenzufriedenheit angeht. Was hat dieses „wie von selbst" ausgemacht? Intuition? Erfahrung? Doch zuerst: die Geschichte aus meiner Sicht.

---

[12] Ein weiterer Aspekt des Beschreibens von Hilfeprozessen könnte darin bestehen, die Form der Hilfe an Hand nachvollziehbarer Kriterien zu unterscheiden, so dass, wenn von „Therapie" oder „Beratung" die Rede ist, diese Begriffe nicht im wesentlichen synonym gebraucht würden, wie das im vorliegenden Text der Fall ist. An dieser Stelle mag der Verweis auf Ludewig (2002) genügen, der je nach Kontext zwischen Hilfe und Fürsorge unterscheidet, sowie innerhalb dieser Gruppen zwischen Anleitung, Beratung, Begleitung, Therapie und Kontrolle.

# „Pensare positivo" – ich lasse mich nicht verrückt machen"

> „Um Menschen zu verstehen und ihnen möglicherweise in Form von Beratung und Förderung hilfreich sein zu können, bedarf es der Kunst, zur Welt der Bedeutungen des Subjekts Zugang zu finden. Es gilt, die Geschichte(n) der Menschen, mit denen wir arbeiten, zu verstehen, um an deren Veränderungsprozessen teilhaben zu können."
>
> (Hintermair 2002, S. 170)

## Das Setting

Frau Laverda kommt mit ihrem vier Jahre alten Sohn Dario in die Rehabilitationseinrichtung. Er wurde operativ mit einem Cochlea-Implantat versorgt. An die Operation schließt sich eine zweijährige, aus 60 Tagen bestehende Rehabilitationsphase an, die in unserem Zentrum teilstationär erfolgt. In den ersten Monaten kommen die Familien wöchentlich zweimal, dann vierzehntäglich, im zweiten Jahr monatlich. Zum teilstationären Angebot gehören neben Gruppen- und Einzeltherapie für die Kinder, Audiometrie und der kontinuierlichen audiologischen Anpassung des Sprachprozessors ein morgendlicher Elterngesprächskreis sowie das Angebot von einzelnen oder fortlaufenden Beratungsgesprächen für Eltern, die von mir als Familientherapeutin durchgeführt werden. Das Setting des Therapieprozesses ist also bestimmt durch die Gegebenheiten des Rehabilitationskonzepts.

Das Angebot der Elterngesprächsgruppen – von den Eltern gern angenommen – ist von mir initiiert worden im Sinne des „Schaffens von Dialogräumen" (Hintermair 2002). Hier soll Platz sein für die Geschichten: „Beratung und Förderung können nur sehr partiell gelingen, wenn wir nicht in Teilen diesen Fluss der Geschichte verstehen und die darin enthaltenen Verletzungen, Stärken, Schwächen, Wünsche, Hoffnungen etc. begreifen. Wenn es den Fachleuten allerdings gelingt, dann können sie den Eltern wie dem hörgeschädigten Kind ein guter Begleiter beim konstruktiven Fortschreiben ihrer eigenen Geschichte sein" (Hintermair, 2002, S. 171). Themen der Elterngesprächsrunden (ausführlicher Tsirigotis 2002) sind die Geschichten von intensiver und lang andauernder Belastung, unter der die Familien durch den Hörschaden des Kindes stehen. Das beginnt mit der Diagnose und dem damit verbundenen Schock, der Veränderung des familiären Gleichgewichts durch das hörgeschädigte Kind, der Auseinandersetzung mit den Auftragskarussells von ÄrztInnen und TherapeutInnen (s.a. Tsirigotis 2001), der schwierigen Entscheidung zur Implantation (s. a. Tsirigotis 2000). Im weiteren Verlauf der Rehabilitation verändern sich die Themen. Erziehungsfragen rund um den Hörschaden kommen auf. Thematisiert werden Stärken und Persönlichkeiten der Kinder sowie Perspektiven für den weiteren Lebensweg.

Bei Familie Laverda sind die belastenden Umstände besonders hoch. Dario hatte nach der Geburt eine halbseitige Lähmung, die Mutter hat von Anfang an intensiv mit ihm Krankengymnastik gemacht und schon viele Sorgen gehabt, bevor Hörschaden und die Entscheidung zur Implantation das Leben bestimmten. Kurze Zeit nach der Operation und Erstanpassung des Prozessors – also inmitten einer Phase, in der Eltern auf Hörreaktionen ihres Kindes hoffen und eine Bestätigung suchen, dass sich die Implantierung „gelohnt" habe – gibt es bei Dario einen Geräteausfall, der zur Reimplantierung zwingt. Das bedeutet einen vollkommenen Neuanfang mit ungewissem Ausgang.

## In der Gruppe

Frau Laverda ist in den morgendlichen Gruppen sehr engagiert. Sie bringt Themen und Gefühle ein und sorgt für sich. Anliegen, die in der Gruppe besprochen werden:

• Die Angst, dem Kind könnte mit CI etwas zustoßen, macht übervorsichtig und muss in Balance gebracht werden mit dem Wunsch, die Kinder sollen spielen und „normale Veranstaltungen" besuchen können. Der Wert von Selbstständigkeit in der Erziehung scheint unbhängig von CI-Problematik in den mediterranen und muslimischen Kulturen, die in dieser Elterngruppe dominieren, eher ein Wert zu sein, der mit Adaption an hiesige (deutsche) Werte verbunden ist. Eltern müsssen verschiedene Gratwanderungen gehen: zwischen Behüten und Selbstständig-Werden-Lassen, auch zwischen Kind-Sein-Lassen und dem Druck, ständig zu lernen und zu üben. Die hörgeschädigten Kinder werden immer etwas anderes leisten müssen als die anderen und ein bisschen anders sein als andere. Es kostet Eltern und Kinder viel Kraft, selbstbewusst zu werden bzw. die Entwicklung von Selbstbewusstsein zu unterstützen.

• Die Erfahrungen der ausländischen Familien in medizinischen und sonstigen Einrichtungen sind oft negativ bzw. werden so erlebt. Neben den aktuellen Fortschritten und Entwicklungen mit CI geht es auch um die alltagspürbaren Auswirkungen des 11. September 2001.

Frau Gabor formuliert Angst vor verschleierten Frauen und „bärtigen Männern". Frau Khalif, eine verschleierte jordanische Frau, ist sehr betroffen von dieser Äußerung. Frau Laverda rettet die Stimmung durch eine temperamentvolle und humorvolle Bemerkung: was allen gar nicht klar sei, sie sei ja in der Mafia. Alle Italiener seien Mafiosi. Ihr Humor hilft der Gruppe sehr.

- Trotzphasen verlaufen bei hörgeschädigten Kindern manchmal stärker, sei es durch die erschwerte Kommunikation, sei es, dass sie durch durch den Hörschaden ihre „elterliche Stimme verlieren" (Omer, v. Schlippe 2002). Hohe Aggressivität bei den Kindern in Zusammenhang mit mangelnden Ausdrucksmöglichkeiten ist ein immer wiederkehrendes Thema. Ebenso Geduld und Grenzen setzen. Von TherapeutInnen und anderen Eltern wird Frau Laverdas Verhalten gegenüber Dario beklagt, sie behandle ihren Sohn schlecht, fände keinen kommunikativen Zugang zu ihm. Frau Laverda gelingt es, kleine Situationen zu beschreiben, in denen sie Geduld mit Dario hat. Die Beiträge von Frau Schmitz, die auch drei Kinder hat und ihre Situation beschreibt, tun Frau Laverda gut. Herr Bernardo berichtet, wie wichtig es für ihn war, umzudenken in Richtung positiv: „Pensare positivo!"

## Die Einzelarbeit

*Anlass*

Frau Laverda kommt morgens aufgeregt an: sie hat sich mit ihrem Mann im Auto gezankt, er ist der Meinung, sie brauche Therapie, sie wäre verrückt. Ich biete ihr ein Einzelgespräch an, sie nimmt das Angebot an.

*Anliegen und erste Zielformulierung*

Was könne für sie hilfreich sein an einem solchen Gespräch? Zunächst scheint ihr wichtig zu sein, *dass sie sich ausspricht*. Was macht ihrem Mann Sorge? Ihren Mann nervt, dass sie so nervös ist und mit ihren Kindern, vor allem mit Dario, schlecht umgeht. Am liebsten würde sie sich manchmal trennen, ihr Mann wolle viel mehr von ihr, er wolle immer, dass sie rede. Sie würde immer abblocken. Sie sei auch nicht zärtlich, Nähe könne sie zur Zeit nicht ertragen. Wünsche, was sich durch Gespräche verändern könnte: *gelassener werden, gelassener mit Dario umgehen.*

Ihren Mann beschreibt sie als liebevoll, er habe viel Verständnis. Er sei sehr mutig, habe sich in jungen Jahren selbständig gemacht und regele das Geschäft vollkommen allein. Sie ist stolz auf das, was er geschafft hat. Als sie das erzählt, entspannt sich ihr Gesichtsausdruck. Es ist ihr wichtig, über ihre belastenden Umstände zu sprechen, auch wieso sie ihr Mann nervt und sie aus der Beziehung keine Kraft schöpft. Ich würdige die Belastung, in der die junge Familie steckt, seit Dario geboren ist. Die Lebensumstände wurden durch Darios Behinderung ver-rückt. Damit ergibt sich auch eine Markierung: *zur Zeit* ist es so. Was können wir in den zwei anstrengenden Reha-Jahren tun, dass es besser wird?

Fazit dieses Gespräches: Würdigung dessen, was Frau Laverda geleistet hat, das Bewusstwerden der Stärken, Verwandlung der Zuschreibung des Mannes: „Du bist therapiebedürftig", also verrückt, in: „Ich mache mir Sorgen". Sie wird sich der Ressourcen der Beziehung wieder bewusster. Außerdem ein erstes Ziel: *gelassener mit den Kindern umgehen.*

Beim nächsten Gespräch stellt sie fest, dass sie viel ruhiger geworden ist (auf einer Skala von 1-10: von 2 auf 4). Sie kann besser mit ihrem Mann sprechen und bekommt von ihm auch positive Rückmeldung und viel Unterstützung. Sie hat herausgefunden, dass es ihr gut tut, aus der Situation auszusteigen, z.B. zu baden, während ihr Mann mit den Kindern spielt. Außerdem hat sie bemerkt, dass Dario das auch braucht, wenn er aggressiv wird: Ruhe vor den Geschwistern, eine Zeit allein sein. Wir würdigen auch ihren Mann ... Ziele? *Weiter so.* Es bildet sich eine weitere Zielformulierung: *besser mit meinem Mann sprechen.* Wir suchen im Tagesablauf nach Möglichkeiten, in welchem Rahmen zwischen Kindern, Geschäft (er kommt erst nachts spät nach Hause) es überhaupt möglich ist, mit ihrem Mann zu sprechen. Sie findet eine Lösung: morgens, wenn die Kinder gegangen sind, bevor ihr Mann den Einkauf für das Geschäft tätigt. Sie muss dazu ihre Gewohnheit aufgeben, dann zu putzen und aufzuräumen, das kann sie verschieben. Als Einstieg: zum Geburtstag gehen sie ins Cafe. Dort bemüht man sich, nicht temperamentvoll in Streit zu geraten.

Wir stellen fest, dass es schwierig und zugleich wichtig ist, eine gute eigene Lebensform zu finden. Es scheint notwendig zu sein, etwas Neues auszuprobieren. Familien wie unsere (an dieser Stelle erzähle ich der Klientin auch von meiner bikulturellen Familiensituation), die als Kulturgrenzgänger leben, sind doppelt gefragt, eigene Modelle finden zu müssen, weil das, was die Eltern gelebt haben oder leben, nicht mehr passt. Wie könne ihr Modell „Diego und Carolina" aussehen? Aus diesem Gespräch geht sie sehr angeregt nach Hause.

In der Reflexion suche ich nach der Wirkung der Therapie: was hat denn geholfen, dass es besser wurde? Der Blick auf die Ressourcen? Das Setzen des zeitlichen Rahmens: Sie haben eine Belastung durchgemacht, jetzt kann es besser werden? Der Blick auf die Ausnahmen? D.h. die angewandten Bruchstücke lösungs- und ressourcenorientierten Handwerks? Das empathische Verständnis? Das kulturelle Verständnis? Ein bisschen von allem?

## Und immer wieder: „die draußen"

Frau Laverda hat Stress mit Darios Kindergarten gehabt. Die Erzieherin verlange, dass sie mit Dario zu Hause arbeite und dass das vorrangig vor allem anderen sein soll, er sei ja schließlich behindert und brauche mehr Zuwendung. Sie jedoch versuche, ihre Zeit gleichmäßig auf alle Kinder zu verteilen. Sie habe die Situation mit ihren anderen Kindern gut im Griff, Nuntio (der Älteste) macht sich gut in der Schule, braucht keinen Förderunterricht wie die anderen ausländischen Kinder, er dürfe auch Freunde mit nach Hause bringen, das sei wichtig für ihn, und darauf sei er stolz. Alessia (die jüngere) sei gut im Kindergarten, Frau Laverda gehe da genauso zu den Bastelnachmittagen wie in Darios Kindergarten. Einziges Problem ist zu Hause Darios Aggressivität gegenüber seinen Geschwistern. Mich beeindruckt, wie gut sie es schafft, das Gleichgewicht herzustellen in ihrem Engagement für die Interessen der Kinder. Ich würdige ihr Bemühen, allen ihren Kindern gerecht zu werden und dafür zu sorgen, dass jedes das Seine bekommt.

Sie ist auch stolz auf das, was sie geleistet hat. Sie hat für sich selbst viel geschafft, nimmt die Dinge gelassener, schimpft nicht mehr so viel mit Kindern. Sie hat mit ihrem Mann viel geschafft, sie stehen besser zusammen, sie hat mit Dario viel geschafft. **Sie lasse sich nicht verrückt machen.** Verrückt auch nicht im Sinne von therapiebedürftig. Es gibt belastende Situationen, da tut einem ein Kick von außen gut. Sie steht dazu, dass ihr die Gespräche gut tun.

Beim nächsten Gespräch geht es ihr besser, sie ist gelassener. Ein entscheidender Grund ist, dass Dario Fortschritte gemacht hat. Mir ist es wichtig, auf ihre Selbstwirksamkeit hinzuweisen: **sie** hat es geschafft, sich ruhiger zu verhalten (auf der Skala ist sie jetzt auf 6). Was müsse sie tun, um weiter zu kommen, Tipps von der Frau, die auf 6 gekommen ist, an die Frau, die von 6 auf 8-9 kommen will. Ich stelle die Wunderfrage. Ja, es wäre Ruhe über Nacht, sie würde morgens ihre Kinder umarmen, ihrem Mann guten Morgen sagen etc. Fazit in diesem Gespräch ist, dass es ihr in der häuslichen Situation gut gelingt, ihr Ziel, gelassener zu werden, umzusetzen.

## Und wieder das Umfeld: weitergehender Auftrag

Frau Laverda hatte schon in der Elterngruppe gesagt, dass die Ergotherapeutin angeregt hat, in eine Beratungsstelle zu gehen, weil Dario so schwierig sei. Ich frage nach, was eine Beratung in der Beratungsstelle bewirken könnte. Sie beschreibt Situationen vom Vortag und wie chaotisch es zu Hause war. Ihre Mutter war da und hielt ihr Vorträge: sie müsse anders mit Dario umgehen etc. Die Mutter mische sich wieder so viel ein, seit der Bruder nebenan renoviere. Sie sage schlimme Dinge über Dario, die sie ihrem Mann gar nicht erzählen kann, der flippe dann aus (der Behinderte, der Bekloppte etc.). Wir verändern die Zuschreibung von: „Dario sei so schwierig" in „Dario mache oft Schwierigkeiten" und „die Situation mit der Großfamilie ist schwierig". Als konkretere Zielbestimmung formulieren wir: *„Wie kann sie die Tür besser zu bekommen? Was macht sie heute, wenn ihre Mutter wieder da steht?"*

Hier bekomme ich „intuitiv" die Idee, sie die gesamte Großfamiliensituation mit Holzklötzchen aufstellen zu lassen. Zuerst ihre Kleinfamilie, das kommt schnell und mit klarem Gesichtsausdruck und es laufe prima. Sie stellt die Eltern und dann die Brüder mit Freundinnen dazu. Sie legt eine Grenze, so wie sie sich das wünscht.

Aus dem Bild wird deutlich, dass die Generationen vermischt sind: Frau Laverdas Mutter ist zugleich Großmutter mit Enkeln und „junge" Mutter einer sechsjährigen Tochter. Sie ist Grenzgängerin zwischen den Generationen.

Was sich Frau Laverda von ihrer Mutter wünsche: „Ich wünsche mir, dass Du Dario akzeptierst, wie er ist." „Ich wünsche mir, dass Du mein Leben akzeptierst." Könne sie ihr das sagen? Nein. Sie bekommt keinen dieser Sätze über die Lippen. „Sie ist doch meine Mutter". Das einzige, was sie zu sagen schafft, ist „Mama, ich finde mein Leben so in Ordnung". Sie denkt, sie hat kein Recht auf Wünsche an ihre Mutter. Sie kann auch keinen kleinen Wunsch sagen: ich wünsche mir von Dir, zehn Minuten ruhig zu sitzen oder so. Ich würdige an dieser Stelle den Respekt, den sie vor ihrer Mutter hat und der in ihrer sizilianischen Kultur sicherlich ausgeprägter sei. Ich sage ihr, dass ich das von meinem Mann und von Griechenland her auch so kenne.

Nach dieser Sitzung verändern sich die Gespräche in eine neue Richtung, es klappe gut, sie habe geschafft, ruhiger zu bleiben und die Tür vor ihrer Familie mehr zuzumachen bzw. sie konkret für bestimmte abgesprochene Anlässe zu öffnen. Familie Laverda hat danach eine bewegte Phase: ein Familienfest, bei dem sie sich öffentlich mit ihrer Mutter auseinandersetzt, viel Auseinandersetzung mit der Großfamilie überhaupt. In den Gesprächen berichtet Frau Laverda, dass es gut so sei bzw. dass es ihr gut tue, den Mund aufzumachen. Vieles werde klarer, und ihr Mann sei stolz auf sie. Die Musterunterbrechung wird dadurch unterstützt, dass sie im Sommer nach Italien in den Ort ihrer Schwiegereltern fährt und nicht dahin, wo ihre Eltern sind.

Als entscheidende Veränderungen im Laufe der nächsten Zeit, in der die Gespräche durch die Bedingungen des Rehabilitationssettings seltener werden, beschreibt sie:

- Sie hat erfahren, dass sie ruhig bleiben kann. Das macht sie sicherer, dass es ihr auch wieder gelingen kann, selbst wenn sie mal nicht ruhig ist.

- Sie kann „den Mund aufmachen" gegenüber der Familie. Sie lernt, ihre Bedürfnisse zu formulieren und Bedingungen zu setzen.

- Sie ist sich der Unterstützung bewusst: Ihr Mann und sie stehen zusammen gegenüber ihrer Familie. Ihr jüngerer Bruder unterstützt sie in Bezug auf die Mutter.

An diese Phase anschließend gibt es noch monatlich Termine von Frau Laverda in unserer Einrichtung. Wir führen nur kurze Gespräche, sozusagen Stabilisierungsgespräche, deren Inhalt meistens derart ist, dass es ihr besser gehe, dass es zwar Auseinandersetzungen mit der Familie gebe, aber dass sie gut seien, dass das Verhältnis mit Darios Kindergarten gut sei, nachdem es zwischendurch ein Problem wegen der Einschulung gegeben hatte. Auch das löst sich (sie?!) im Guten. Ihr Anliegen für diese Gespräche ist, dass sie *sicher werden möchte, gut klarzukommen*. Die Gespräche haben als Ziel, *noch mal anzugucken, was gut klappt und hilfreich ist*. Mein Anliegen dabei ist, wie ich dazu beitragen kann, dass sich die Klientin ihrer Fähigkeiten und Selbstwirksamkeit bewusst wird bzw. bleibt.

## Noch einmal: Erschütterung und Stabilisierung

Zu dem ursprünglich am vorletzten Rehabilitationstag vorgesehenen Gespräch kommt Frau Laverda mit Mann, beide machen einen zerstrittenen Eindruck. Sie hatten über Karneval einen Streit, der morgens im Auto wieder aufkam. Als er gehen muss, erzählt sie die Geschichte zugleich als Konfliktlösungsgeschichte: wie sie sich durch ihren Mann verletzt gefühlt habe, wie sie ihm das sagen konnte, und wie sie das bereinigt haben. Wir sind beide beeindruckt davon, wie sie es geschafft haben, aus dieser Streitsackgasse herauszukommen und über den Streitanlass ins Gespräch zu kommen.

Wie soll es weitergehen? Sie wünscht sich Stabilisierung und Sicherheit zu bekommen, dass das auch weiterhin klappt, dass sie Lösungen findet etc. Da es für Dario eine Notwendigkeit gibt, in Bezug auf die Prozessoranpassung und Hör-Sprachentwicklung noch eine sichernde stabilisierende Phase zu haben, vereinbaren wir eine Rehabilitationsverlängerung, die Dario eine Begleitung durch die Umbruchphase des ersten Schuljahrs ermöglicht und Frau Laverda das Gefühl gibt, auf den sicheren Rahmen des Gesprächsangebotes zurückgreifen zu können. Ziel: *„Ich möchte sicherer werden, dass ich es schaffen kann"*. An diesem Tag gebe ich ihr auch einen Fragebogen zum Nutzen von Therapiesitzungen (Fragebogen: wie geht's weiter[13]), den sie mit der positivsten Einschätzung bewertet bis auf folgende drei Ausnahmen, bei denen es nur eine Drei gibt:

* Mir ist deutlicher geworden, wie ich meine Ziele erreichen kann.

* Ich fühle mich dabei unterstützt, meine Ziele zu erreichen.

* Wir sind auf einem guten Weg.

---

[13] Weiterentwicklung des Fragebogens „Wie geht's weiter?" von Wolfgang Loth, http://www.kopiloth.de/nutzsess.htm (s. S. 231ff, Anm.d.Hrsg.)

Ich denke, ich muss darauf achten, dass Ziele noch handhabbarer formuliert und erste gute Schritte noch alltagspraktischer bestimmt werden. Es liegt in meiner Verantwortung, dafür zu sorgen, dass Unterstützungswirkungen deutlicher werden.

## „Das eigene Tun nachvollziehbar reflektieren"

*„Es mag uns als professionellen HelferInnen vielleicht gut tun, uns als erfahren zu erleben und vielleicht von anderen für die Sicherheit unseres Tuns bewundert zu werden: entscheidend für das Anerkennen als „professionell" ist die Fähigkeit und die Bereitschaft, das eigene Tun nachvollziehbar zu reflektieren. Auch den intuitiven Zugriff auf prozedurales Handlungswissen nachvollziehbar zu reflektieren!"*
(Loth 2001, S. 236)

Die Reflexion dieses Falles hat für mich etwas damit zu tun, dass ich mich als Therapeutin nur ganz bedingt als Ursache von Wirkung begreife. Ich habe etwas angestoßen – nicht mehr und nicht weniger. Therapie könne, schlägt Günter Schiepek vor, „expliziert werden als dynamisiertes Schaffen von Bedingungen für die Möglichkeit von Selbstorganisationsprozessen in psychischen und sozialen Systemen" (1999, S. 30). Beratung findet auch im o.g. Setting nicht im luftleeren Raum statt, selbst wenn die Anlasser danach klingen mögen: „Wo ich gerade mal hier bin, kann ich ja mit Ihnen sprechen". Innerhalb des professionellen Rahmens, den ich sowohl im Konzept der Gruppen wie im Vorgehen in den Einzelgesprächen anwende – von der Auftragsklärung bis zur Bestimmung von Handlungsschritten und dem Entlassen in den Alltag – bewege ich mich „grenzgängerisch". Ich bedenke diesen Rahmen im Alltag kaum jedes Mal bewusst. Dennoch hat er sich der Prüfung zu unterziehen: „Es geht mir darum, mit dem Unbestimmten/Unbestimmbaren verantwortlich umzugehen. Entscheidend ist für mich die Qualität des Rahmens:

- Ist der Rahmen (soweit als möglich) sicher und zuverlässig?

- Ist in diesem zuverlässigen Rahmen Platz für 'offene' Ergebnisse?

- Sind die Kriterien zum Bewerten des 'Offenen' offen gelegt oder können sie offen gelegt werden?" (Loth 2001, S. 237)

Wenn der Therapieprozess dem o.g. Kriterium, professionell „das eigene Tun nachvollziehbar zu reflektieren", standhalten soll, reicht mir nicht aus, festzustellen, dass die Klientin zufrieden ist und dass trotz schwieriger Bedingungen alles „ganz gut gelaufen" ist. Es reicht mir auch nicht aus, mir auf die Frage, warum ich im Gespräch dieses oder jenes getan oder gefragt habe, selbst zu antworten: „Zufall, ja, irgendwie intuitiv". Die Idee, dem Zufall und der Intuition einen Rahmen zu geben, in denen professionelles Handeln verantwortbar ist, scheint mir dann unumgänglich. „Im Hinblick auf Intuition erscheint es mir praktisch sinnvoll, *sich um einen Rahmen zu bemühen, der es erlaubt, aus dem Bereich des partiell Zufälligen zu schöpfen.* Ich könnte dann beispielsweise zwei Pole einer Dimension definieren, auf dem einen Ende: 'Aktiv dafür sorgen, dass auch Ungeplantes (Zufälliges) wirksam werden kann' und am anderen Ende 'Aktiv dafür sorgen, dass Ungeplantes (Zufälliges) ausgeschlossen ist'" (Loth 2001, S. 234). Rahmen bedeutet für mich einerseits professionelles Setting (was im Rehabilitationsalltag mit Kindern manchmal schwierig ist) und ein solides Handwerkzeug einschließlich anständiger Vor- und Nachbereitung. Rahmen bedeutet andererseits auch, sich therapeutisch in einem Rahmen zu bewegen, dessen Ränder benannt werden sollten, dazu gehören Respekt, ressourcenorientierte Haltungen, Reflexion und Systemkompetenz, Beisteuern als dem **verantwortlichen** Eröffnen von Möglichkeiten (Loth 1998). Wichtig ist mir, dass ein Rahmen eine Grenze setzt für das freie, sich auf positivem Ergebnis ausruhende „wie von selbst", überprüfbar für das eigene aktive therapeutische Handeln. Allzu leicht könnte aus dem Blickwinkel verschwinden, dass es auch bei Selbstorganisationsprozessen auf das „Passen" ankommt: „... und eben in diesem Prozess des passenden Aktivierens und strukturgerechten Anregens (von Selbstheilungskräften) liegt die ganze Kunst, das Expertentum und die Professionalität des Therapeuten" (Schiepek & Kröger 2000, S. 242). Professionell heißt für mich in diesem Therapieprozess, nicht auf meine Intuition (blind) zu vertrauen, die mich ja – je nachdem, unter welchem Blickwinkel ich die Geschichte lese – irgendetwas „Richtiges", besser: hilfreich Weiterführendes hat tun lassen, sondern genau hinzugucken und mich selbst „in die Verantwortung" zu nehmen. „Grenze nicht als Mittel zum Ausschließen, sondern als Orientierung und als thematische Option, die es mir möglich macht, meine Beiträge zu einem Geschehen verantwortlich zu reflektieren, dessen Verlauf ich weder einseitig bestimmen, noch dessen Ergebnis mit Sicherheit voraussagen kann" (Loth 2001, S. 239).

Als Maßstab zur Beurteilung und begrenzender Orientierung dient mir, was ich oben als Ränder für den Rahmen beschrieben habe. Darüber hinaus unternehme ich einen Versuch, das, was ich als „wie von selbst" bezeichnet habe, genauer unter die Lupe zu nehmen. Die generischen Prinzipien (Schiepek & Kröger 2000, Schiepek et al. 2001) dienten mir als Hilfskonstruktionen, um mich für mein (möglicherweise stattgefundenes) Beisteuern nachvollziehbar verantworten zu können. Generische Prinzipien „organisieren und begründen die Auswahl spezieller Methoden und Techniken" (Schiepek et al. 2001). Loth (2003b) weist darauf hin, dass es auch beim für Praxiszwecke nutzbar Machen selbstorganisationstheoretischer Beschreibungen wesentlich auf den Zugang zu Ressourcen ankommt. Seine alltagspraktische Übersetzung in Fragen und Anker (Loth 2003c) regen an, verantwortlich nach dem *eigenen* Beitragen in der gemeinsamen Arbeit mit der Klientin zu suchen. Ich habe die Prinzipien sozusagen als Folie über das Therapiegeschehen gelegt und die Fragen (Loth 2003c, in den folgenden Abschnitten kursiv) zur Selbstsupervision umgewandelt[14]:

> „Generische Prinzipien sollen für diese Prozessgestaltung zugleich Verständnis, Sicherheit und Freiheit ermöglichen, ersetzen aber nicht Erfahrung, Intuition und Kompetenzen des Komplexitätsmanagements."
> (Schiepek et al. 2001)

## 1. Schaffen von Stabilitätsbedingungen

(wie z. B. Maßnahmen zur Erzeugung struktureller und emotionaler Sicherheit, Vertrauen, Selbstwertunterstützung)

• *(Wie) Habe ich dazu beigetragen, dass die Klientin sich sicher genug fühlt, sich auf das Risiko von Veränderungen einzulassen?*

Habe ich das wirklich? Ziel der Therapie war zunächst, gelassener zu werden. Was hat die Klientin verändert? Sie wurde ruhiger. Sie hat gemerkt, dass die Situation belastend ist, nicht dass sie „schuld" ist. Das macht Optionen frei. Sie hat sich von mir stabilisiert und bestätigt und gewürdigt gefühlt. Das hat ihr Vertrauen (zu mir) gegeben und dazu geführt, dass sie sich auch selbstvertrauter auf etwas anderes einlassen konnte.

Im zweiten Schritt, bei dem Thema: „Auseinandersetzung mit der Großfamilie", habe ich weniger dazu beigetragen, dass sie sich sicher fühlte. Nicht die therapeutische Beziehung hat sie sicher ge-

---

[14] Mein besonderer Dank an Wolfgang Loth für das zur Verfügungstellen des Manuskriptes und für die Anregungen und Feedbacks zur Vorfassung des Textes.

111

macht, sondern dass ihr Mann sie unterstützt. Mein Beitrag könnte darin bestanden haben, sie in der Therapie darauf aufmerksam zu machen.

## 2. Identifikation von Mustern des relevanten Systems

Darunter verstehen Schiepek & Kröger (2000) auch Identifikation des relevanten Systems, auf das bezogen Veränderungen beabsichtigt sind sowie die Beschreibung und Analyse von Mustern/Systemprozessen, soweit erforderlich.

- *Wo hat sich die beabsichtigte Veränderung am spürbarsten ausgewirkt? Wo noch?*

Zunächst: anderes Verhalten gegenüber ihrem Mann und ihre Versuche, zu sprechen, haben ihn auch verunsichert. Nuntio bemerkt: Mama schreit nicht so viel.

Im zweiten Schritt: Ihre Mutter reagiert mit verstärkten Beschimpfungen. Die Familie ist destabilisiert.

- *Welche Zusammenhänge sollte man sich genauer anschauen, die von der gewünschten Veränderung betroffen sind?*

Es sind genau diese Zusammenhänge mit der Mutter und der Großfamilie, aber auch: das Umfeld: Kindergarten, Ergotherapie. Sie sucht selbstbewusster aus, was gut tut.

## 3. Sinnbezug/Synergitätsbewertung

(Klären und Fördern der sinnhaften Einordnung und Bewertung des Veränderungsprozesses durch die Klientin; Bezug zum Lebensstil und persönlichen Entwicklungsaufgaben: „Was bringt mir das dafür, wo ich hin will")

- *Was hat der Klientin wie geholfen, das Veränderungsgeschehen so einzuordnen, dass es in ihre Sinnbezüge passte?*

Sie will ja mit ihrer Familie leben, mit der Kleinfamilie. Das Bild von der Grenze hat m.e. geholfen, auch das Bild „Modell Diego und Carolina". Dass eine Würdigung ihres Respekts vor ihrer Mutter stattfindet, ist für ihren Sinnbezug wichtig und die Grundlage für eine Veränderung des Verhältnisses zur Mutter.

- *Wie konnte die Klientin erfahren, dass ihr die Veränderungen bei anstehenden Entwicklungsschritten geholfen haben und welche Bedeutung das für ihren Lebensstil hat?*

In Bezug auf das Ziel „ruhiger mit ihren Kinder umzugehen" war das einfacher. In Bezug auf das Familiensystem musste sie die Bestätigung ihres Mannes und der Schwiegerfamilie spüren. Es gefällt ihr, wenn sie die Tür vor der Großfamilie mehr zumachen kann. Das ist eine Form, den eigenen Lebensstil zu finden und ihn schrittweise, wenn es passt (siehe „Kairos") im Alltag auszuprobieren.

**4. Kontrollparameter identifizieren/Energetisierungen ermöglichen**

(Herstellung ermöglichender Bedingungen; Ressourcenaktivierung; Bezug zu Zielen und Anliegen des Klienten)

- *Wie habe ich dazu beigetragen, dass sich die Klientin leichter auf den Weg machen konnte?*

Mut gemacht? Durch das Feedback, dass ich sie für eine tolle, starke Frau halte? Die Kraft der therapeutischen Beziehung? Dass ich als Therapeutin Hoffnung habe (zur Bedeutung von Hoffnung in der Therapie u.a. Miller et al. 2000). Durch meinen Glauben an sie?

- *Welche Anliegen brachte die Klientin mit? Welche Ziele ließen sich daraus ableiten?*

Das Anliegen: „Ich will mich nicht verrückt machen lassen". Die (ersten) Ziele: Ruhigeren Umgang mit den Kindern, gelassener werden. Der Arbeitsauftrag: wir suchen nach Möglichkeiten, wie das in ihrem Alltag geschehen kann. Bei diesem Auftrag ist es gelungen, die Ziele handhabbar zu formulieren und in erste gute Schritte zu verwandeln.

Das zweite Anliegen. „Hilfe dabei bekommen, die Zuschreibung der anderen abzuwehren" kommt aus der Bedürftigkeitszuschreibung der anderen: eine Beratungsstelle aufsuchen, das Kind sei so schwierig. Diesen äußeren „Anlasser" besprechen wir gar nicht mehr, wir arbeiten am Anliegen der Klientin, dass sich die Situation mit ihrer Mutter entspannt.

**5. Destabilisierung/Fluktuationsverstärkungen realisieren**

(Experimente, Musterunterbrechungen; Unterscheidungen und Ausdifferenzierungen einführen; Ausnahmen; ungewöhnliches, neues Verhalten etc.)

- *Was konnte die Klientin anregen, festgefügt erscheinende Annahmen, Blickwinkel und Routinen zu verlassen?*

Die Erfahrung, dass das Leben nicht festgefügt ist, dass das Migrationsgrenzgängerleben keine Festfügungen zulässt, hat die Klientin bereits gemacht. Die „Das-kenn-ich-Ressource" von anderen Eltern und in Bezug auf das Multikulturelle von mir mag es einfacher gemacht haben. Weiter dazu beigetragen haben könnten: die Gespräche über die Veränderungen durch die Behinderung; die Tatsache, dass man die Dinge akzeptieren muss, wie sie kommen; das „pensare positivo" von Herrn Bernardo. Möglicherweise war es weniger die Therapie, die dafür sorgte, dass die Annahmen, Routinen und Blickwinkel verlassen werden konnten. Vermutlich haben das bereits der Alltag und die Diagnose Hörschädigung besorgt. Wozu ich als Therapeutin beitragen sollte, ist, auf die „Normalität" dieser Fluktuationen hinzuweisen und Suchprozesse und Ausprobieren zu unterstützen.

- *Wie konnte ich dazu beitragen, dass die Klientin aufmerksam wurde für Ausnahmen und Abweichungen?*

Indem ich konkret dran blieb und nachgefragt habe: wann, was war, wie ging das, wer war dabei? Ich habe sie immer wieder gefragt, was **sie** selbst denn anders mache(n könne).

- *Wie konnte ich die Klientin zu ihr zunächst ungewöhnlich erscheinendem Verhalten ermutigen?*

Bei der Geschichte mit der Mutter war ihr klar, dass alles, was ich zuerst anbot, nicht passte. Wichtig war der Versuch, einen kleinen Schritt zu finden, was sie ihrer Mutter sagen kann: „Mein Leben ist gut so". Dass wir auch den Wunsch ihrer Mutter würdigen, die Tochter möge ein besseres Leben haben. Wichtig war auch das Nachdenken über die Frage: wie muss sich denn eine Mutter verhalten, die respektvoll behandelt werden will. Sie muss das Leben der Tochter respektieren.

### 6. „Kairos" beachten/Resonanz und Synchronisation ermöglichen

(zeitliche Passung und Koordination therapeutischer Vorgehensweisen und Kommunikationsstile mit psychischen und sozialen Prozessen/Rhythmen der Klientin,)

- *War ich aufmerksam für das Zeitempfinden und den Lebensrhythmus der Klientin? Habe ich mich auf ihre Vorstellungen vom rechten Augenblick eingestellt?*

Frau Laverda war ungeduldig in Bezug auf die Veränderungen in ihrem Alltag zu Hause. Dass Dario langsam Fortschritte macht, hat sie dann beruhigt und ihr gezeigt, dass sie selbst auch langsam die Dinge verändern kann. Für die Veränderungen mit der Großfamilie hat sie immer ihrem Gespür vertraut, wann ein guter Zeitpunkt sein könnte.

## 7. Gezielte Symmetriebrechung vorbereiten

(Zielorientierung, Antizipation und geplante Realisation von Strukturelementen des neuen Ordnungszustandes)

* *Sind die Ziele handhabbar beschrieben, so dass sich „nächste gute Schritte" ableiten ließen? Konnte ich dazu anregen, sich nächste gute Schritte vorzustellen?*

Was kann sie in einer Situation tun, wenn sie nervös wird und die Kinder anschreit? Wie kann sie mit der Erzieherin sprechen? Wir haben konkrete Schritte ausgemalt. Wie kann sie mit ihrem Mann sprechen: Beispiel Geburtstagskaffee. An diesen Zielen ist es mir besser gelungen. Beim Thema „Streit mit der Familie" war es nicht so leicht, da habe ich das Angucken von nächsten guten Schritten aus dem Auge verloren. Daran sollte ich präziser arbeiten.

## 8. Re-Stabilisierung

(Maßnahmen zur Stabilisierung und Generalisierung neuer Kognitions-Emotions-Verhaltensmuster)

* *Wie konnte die Klientin Veränderungen aufgreifen und sie in ihrem Alltag zuverlässig verfügbar machen?*

Geholfen haben der Blick auf ruhige Ausnahmen und das Herausgehen aus der Situation, um den Kindern gegenüber ruhig zu sein. Zuverlässig bedeutet: durch die Rückmeldung. Sie hat gemerkt, dass die anderen es gemerkt haben (Nuntio: Mama schreit nicht mehr so viel).

Diese Fragestellungen ließen sich noch weiter vertiefen. Besser scheint mir, an dieser Stelle die Klientin selbst zu hören:

# „Sie hat mir einfach ihr Gehör geschenkt ..."

*Carolina Laverda*

Als Dario im Januar 1997 zur Welt kam, war das für mich ein sehr bewegender Moment.

Als wir nach einer Untersuchung erfahren haben, dass Dario taubstumm ist, ist für mich und meinen Mann eine Welt zusammen gebrochen!

Ich habe mich richtig verloren gefühlt mit dem Problem, dachte nur, warum musste es nur mir passieren, auch wenn es sich egoistisch anhört. Dachte auch, dass ich allein bin und dass mir keiner dabei helfen kann. Durch eine Reportage im Fernsehen habe ich von einem Cochlea-Implantat gehört, und wir haben dadurch eine Hoffnung bekommen. Also sind mein Mann, Dario und ich nach Italien gefahren und haben einen Arzt aufgesucht, wie so eine Operation aussieht. Der Arzt in Italien meinte, wir sollten Dario in Aachen operieren lassen, denn die haben die gleichen Möglichkeiten wie wir in Italien. Das Gespräch mit dem Arzt war für mich von ziemlich großer Bedeutung, weil ich Hoffnung bekommen habe, dass Dario wieder hören kann. Nachdem Dario operiert worden ist, habe ich mit der Therapie in Aachen begonnen. Dafür braucht man viel Kraft und darf nie den Mut verlieren, auch wenn es schwer war mit Dario. Jedes Mal nach der Therapie dachte ich immer und gab mir selber immer wieder neue Kraft, dass wir es schaffen werden, mit kleinen Schritten geht's und wird es vorwärts gehen.

Dass ich durch den Aufenthalt in Aachen in der Therapie Leute kennen gelernt habe, die das gleiche „Problem" haben wie ich – Mütter (Eltern), die in dergleichen Situation sind wie wir. Dass die Kinder auch so aggressiv sind, so wie Dario.

Durch die Therapie in Aachen habe ich neue Kraft bekommen, mit der Situation umzugehen und zurecht zu kommen. Das Gefühl zu haben, nicht allein zu sein. Was für mich sehr wichtig war, dass ich sehr gerne über alles gesprochen habe mit der Therapeutin. Das war für mich die Kraft, wieder neu zu leben. Die Welt zu sehen mit anderen Augen. Dass es keine Belastung ist, im Gegenteil, es wird immer besser!

Mit ihr habe ich ein sehr gutes Vertrauensverhältnis aufgebaut. Sie brachte mir bei, dass es wichtig ist zu reden und nicht alles runterzuschlukken!

Sie sagte mir immer, es wird besser. Dario braucht einfach Zeit und es stimmte. Sie hat sich sehr um das Wohl von Dario und mir gekümmert, wenn ich nach Aachen musste. Frau Tsirigotis hat mich aufgebaut, wenn es mal nicht so gut mit Dario etc. lief. **Sie hat mir einfach ihr Gehör geschenkt** und mir immer wieder Kraft gegeben in jeder Hinsicht!

Sie hat uns immer wieder gesagt, dass für jedes einzelne Kind der richtige Zeitpunkt kommt, wo sie eigenständig Schritt für Schritt nach vorne gehen ...

Auch wenn wir unsere Einzelgespräche haben, fragt sie immer, wie es uns ergangen ist, wie es uns geht, auch die Familienmitglieder, welche Fortschritte wir erlebt haben ... Wenn ich nicht über so vieles hätte reden können, wüsste ich nicht, ob ich das je alles geschafft hätte!

## „Gehör schenken"

*Cornelia Tsirigotis*

Als ich den Text von Frau Laverda lese, bin ich sehr berührt und möchte ihn nicht veröffentlichen, weil er so persönlich ist. Der Satz: „Sie hat mir einfach ihr Gehör geschenkt" wird zur tragenden Metapher im Kontext täglichen Umgangs mit Kindern, denen die Eltern durch eine komplizierte Operation und lebensbegleitende Technik ihren Kinder mehr Gehör verschaffen wollen und in dem medizinisch-technische Machbarkeitsphilosophien suggerieren, Gehör sei implantierbar.

Ihr Schreiben macht mir (noch mal) deutlich: es geht nicht um Methoden. Ich lese für mich als wichtige Rückmeldungen heraus:

- Es geht um Glauben und Sicherheit, es zu schaffen, also um Hoffnung und Kraft.

- Es geht um die therapeutische Beziehung.

- Es geht um Empathie.

Ihr Brief fasst sozusagen zusammen, was in den letzten Jahren zur Wirksamkeit von Therapie geforscht wurde: Aus der Wirksamkeitsforschung für Therapie (Asay & Lambert 2001) wissen wir, dass etwa 40% der Verschiedenheit von Therapieergebnissen auf das Konto von extratherapeutischen Faktoren gehen, 30 % auf das der therapeutische Beziehung, je 15 % auf das von therapeutische Techniken sowie von Hoffnungen und Erwartungen. Die „Qualität" der therapeutischen Beziehung wird von KlientInnen u.a. beschrieben durch: Anteilnahme, akzeptierende Haltung, nicht besitzergreifende Wärme, Wertschätzung, Rückenstärkung. Ein weiterer Hinweis auf die Forschungslage zu therapeutischen Beziehungen: „Als 'vielversprechend' gelten: positive Zuwendung, Kongruenz, Feedback, der erfolgreiche Umgang mit Unterbrechungen der therapeutischen Allianz, persönliche Mitteilungen der TherapeutInnen, der Umgang mit Gegenübertragung, sowie der Gebrauch beziehungsrelevanter Interpretationen. Für den Aufbau individuell passender therapeutischer Beziehungen stellen sich als 'vielversprechend' unter ande-

rem das Berücksichtigen der individuellen Ausprägung an Veränderungs-
motivation, das Aufgreifen von Erwartungen und Vorlieben sowie ein
passender Umgang mit dem jeweiligen Copingstil" (Loth 2003a, S. 65).
Letztendlich bin ich beeindruckt, dass Frau Laverda es so auf den Punkt
bringt.

Was mir aber sehr deutlich bewusst wird: nach dieser Rückmeldung achte
ich noch genauer auf die Stabilität des Rahmens, in dem sich die therapeutische Allianz entfaltet und bin mir meiner Verantwortung noch stärker bewusst.

## Abschließend: nimmt das denn kein Ende?

> *„Aber ich möchte keineswegs empfehlen, regellos
> Geschichten zu sammeln. Wenn wir die Postmoderne
> nicht als Beliebigkeit missverstehen wollen, lohnt sich
> m.E. sehr wohl die Orientierung an relativ rationalen
> Kriterien wie Prüfbarkeit, logische Konsistenz, empiri-
> sche Bewährung, Bezug zu theoretischen Vorstellungen
> u.a.m. Davon unabhängig, lohnt es sich zusätzlich, zu
> lernen diese Geschichten überzeugend, spannend,
> gefühlsbetont zu erzählen oder besser noch gemeinsam
> – mit den Klient/inn/en an deren Ursprungsgeschichte
> anknüpfend zu entfalten."*
> *(Kaimer 2003, S. 76)*

Bei Familie Laverda löst das Lesen meines Textes eine ganze Reihe
von Betrachtungen aus, die eine eigene therapieunterstützende Wirksamkeit entfalten und teilweise wie zirkuläre Interventionen wirken:

- Frau Laverda findet die Geschichte „total schön". Sie liest sie als
  Mutgeschichte und fühlt sich selbst in ihrer Kraft und in ihrer Veränderung noch einmal anders und sozusagen „schwarz auf weiß" bestätigt.

- Auch ihr Mann liest den ganzen Text und ist stolz auf seine Frau und
  ihre Veränderung. Er hatte befürchtet, dass sie in ihrem Teil Negati-
  ves über ihn oder die Ehe geschrieben haben könnte.

- Bruder und Schwägerin finden die Geschichte gut und treffend.

- Von ihrer Freundin erhält sie sehr viel positive Rückmeldung über
  das Gelesene und ihren Veränderungsprozess. Sie ist zugleich eine
  gute Zuhörerin und wichtig im unterstützenden sozialen Netzwerk.

- Auch ihrer Mutter gibt sie den Text zu lesen. Sie sagt nichts dazu.

Den Schlusskommentar möchte Frau Laverda selbst gern schreiben, der Alltag mit dem Schaukeln der Dinge holt sie jedoch dabei ein: Ärger mit der Krankenkasse, ein neuer HNO-Arzt bewertet Darios CI-Erfolg negativ, rät zu neuen, ganz anderen Therapien. Wieder einmal stehen ihr Selbstbewusstsein und ihr gutes Gefühl auf dem Prüfstein. Ein Todesfall in der Familie lässt ihr keine Muße zum Schreiben und Gedanken Sortieren. „Die Aufgabe der TherapeutInnen besteht darin, das unvermeidliche 'Schaukeln der Dinge' aufzugreifen und ihm die nötige weitere Aufmerksamkeit zu sichern" (Loth 2000, S. 46). Auch dieses Schaukeln wird bewältigt werden, ein Teil noch in gemeinsamer Arbeit, später vermutlich im Gefühl, das haben wir schon mal erlebt, das schaffen wir. So wie schaukelnde Kinder irgendwann von selbst wissen, durch welche Bewegung die Schaukel wieder nach oben kommt. Und: immer wieder dafür sorgen, dass jemand Gehör schenkt.

# Literatur

Asay, Ted & Lambert, Michael J. (2001). Empirische Faktoren für die allen Therapien gemeinsamen Faktoren: Qualitative Ergebnisse. In: Hubble, Mark A., Duncan, Barry L. & Miller, Scott D. [Hrsg.] (2001): So wirkt Psychotherapie. Empirische Ergebnisse und praktische Folgerungen. Dortmund: modernes lernen, S. 41-81.

Hargens, Jürgen (1995). Kurztherapie und Lösungen – Kundigkeit und Respektieren. Familiendynamik 20 (1): 32-43.

Hintermair, Manfred (2002). Kohärenzgefühl und Behinderungsverarbeitung. Eine empirische Studie zum Belastungs- und Bewältigungserleben von Eltern hörgeschädigter Kinder. Heidelberg: Median

Kaimer, Peter (2003). Story Dealer – ein Versuch zur Selbstbeschreibung von Psychotherapeutinnen. In: Schemmel, Heike & Schaller, Johannes [Hrsg.] (2003). Ressourcen. Ein Hand- und Lesebuch zur therapeutischen Arbeit. Tübingen: DGVT-Verlag, S. 61-80

Loth, Wolfgang (1998). Auf den Spuren hilfreicher Veränderungen. Das Entwickeln Klinischer Kontrakte. Dortmund: modernes lernen

Loth, Wolfgang (2000). Alles im Wunderland? – Notizen von unterwegs. In: Hargens, Jürgen & Eberling, Wolfgang (Hrsg.) (2000). Einfach kurz und gut – Teil 2: Ressourcen erkennen und nutzen. Dortmund: borgmann, pp. 37-57

Loth, Wolfgang (2001). Intuition: Erkunden einer Dauerbaustelle. Systhema 15 (3): 230-242.

Loth, Wolfgang (2003a). Therapeutische Beziehung empirisch gestützt. Forschungskommission legt ihre Ergebnisse vor. Systhema 17 (1): 64-69

Loth, Wolfgang (2003b). Ressourcen bewegen. In: Schemmel, Heike & Schaller, Johannes [Hrsg.] (2003). Ressourcen. Ein Hand- und Lesebuch zur therapeutischen Arbeit. Tübingen: DGVT-Verlag, S. 29-49

Loth, Wolfgang (2003c). Zu hilfreichen Veränderungen beisteuern – Das Entwickeln Klinischer Kontrakte. Unveröffentlichtes Vortragsmanuskript

Ludewig, Kurt (2002) Leitmotive systemischer Therapie. Stuttgart: Klett-Cotta

Luhmann, Niklas (1998). Therapeutische Systeme – Fragen an Niklas Luhmann. In: Fritz B. Simon (Hrsg.), S.169-189

Miller, Scott D., Duncan, Barry L. & Hubble, Mark A. (2000). Jenseits von Babel. Wege zu einer gemeinsamen Sprache in der Psychotherapie. Stuttgart: Klett-Cotta

Omer, Haim & von Schlippe, Arist (2002). Autorität ohne Gewalt. Coaching für Eltern von Kindern mit Verhaltensproblemen. „Elterliche Präsenz" als systemisches Konzept. Göttingen: Vandenhoeck & Rupprecht

Schemmel, Heike & Schaller, Johannes [Hrsg.] (2003). Ressourcen. Ein Hand- und Lesebuch zur therapeutischen Arbeit. Tübingen: DGVT-Verlag

Schiepek, Günter (1999) Die Grundlagen der systemischen Therapie. Theorie – Praxis –Forschung. Göttingen: Vandenhoeck & Ruprecht.

Schiepek, Günter & Kröger, Friedebert (2000). Psychotherapie aus der Sicht der Synergetik. Ein Beitrag zur theoriegeleiteten Rekonstruktion ressourcenorientierter Praxis und Möglichkeiten der empirischen Überprüfung eines synergetischen Therapiemodells. Verhaltenstherapie & psychosoziale Praxis 32(2): 241-252

Schiepek, Günter; Eckert, Heiko, Honermann, Hermann & Weihrauch, Stefan 2001. Ordnungswandel in komplexen dynamischen Systemen: Das systemische Paradigma jenseits der Therapieschulen. Hypnose & Kognition 18: 89-117

Simon, Fritz B. (Hrsg.) (1988). Lebende Systeme. Wirklichkeitskonstruktionen in der systemischen Therapie. Frankfurt: Suhrkamp Taschenbuch

Tsirigotis, Cornelia (2000). Ja oder Nein zum Cochlea-Implantat? Anwendungsmöglichkeiten systemischen Arbeitens in der Frühförderung hörgeschädigter Kinder. Systhema 14 (1): 21-34.

Tsirigotis, Cornelia (2001). Familien mit hörgeschädigten Kindern in der Vernetzung der Institutionen – eine systemisch-familienorientierte Betrachtung. Zeitschrift für Audiologie 2001, Supplementum IV: 210-214.

Tsirigotis, Cornelia (2002). Ankommen im Alltag – Eltern in der CI-Rehabilitation. Überlegungen zu einer lösungs- und ressourcenorientierten Beratung von Eltern im Cochlear-Implant-Rehabilitationszentrum Rheinland in Aachen. Hörgeschädigtenpädagogik 56 (2): 54-65.

# Was ist das, was wirkt in der Paartherapie/Paarberatung?

*Ursula Fuchs* und *das Ehepaar Michele & Silvia*

## Motivation für diesen Beitrag

Es war für mich klar, dass ich gerne bei diesem Buchprojekt mitwirken möchte. Jedoch musste ich mich entscheiden, in welchem Kontext ich die Wirkung meines „Tuns" näher beleuchten will. Da ich in sehr unterschiedlichen Bereichen tätig bin, stellte dies für mich eine Herausforderung dar. Ich arbeite sowohl in der Beratung mit Fokus Paarberatung, Paartherapie wie auch im Coaching und in der Supervision von Einzelnen, Gruppen und Teams. Zudem bin ich in der Aus- und Weiterbildung tätig.

Grundsätzlich hätte es mich in all diesen Tätigkeitsbereichen sehr interessiert, mehr darüber zu erfahren, was denn nun letztendlich Klientinnen und Klienten sagen lässt: „Das war wirklich nützlich für uns". Aufgrund folgender Überlegungen habe ich mich entschieden, zusammen mit einem Paar das von Jürgen Hargens initiierte Experiment durchzuführen.

- Es schien mir die grössere Herausforderung, ein Paar für die Mitarbeit zu gewinnen.
- Ich wollte von „Laien" hören, was sie als hilfreich erfahren haben.
- Meine These war, dass die Rückmeldungen von Personen, die selber nicht in der Beratung tätig sind, klarer, offener, deutlicher und nicht zuletzt auch herzhafter daher kommen.
- Ich wollte erfahren, wie ein Paar, das sich nicht täglich mit Reflexion beschäftigt und nicht so gewohnt ist, seine Empfindungen auszudrücken, die Wirkung einer Therapie beschreibt.
- Mich interessierten die Unterschiede zwischen dem, was die Partnerin und dem, was der Partner als hilfreich bezeichnet.

## Stellenkontext

In einem Teilzeitpensum von 30% arbeite ich in einer ökumenischen Eheberatungsstelle. Die Stelle steht selbstverständlich allen Paaren (auch

123

nicht verheirateten) sowie Einzelpersonen mit Beziehungsfragen zur Verfügung und ist politisch und konfessionell neutral. Unsere Klientel ist sowohl vom Alter, vom Status wie auch vom wirtschaftlichen Hintergrund her sehr durchmischt. Da die Stelle von den beiden Landeskirchen und vom Kanton Zürich finanziell getragen wird, haben wir die Möglichkeit, bei niederen Einkommen einen Sozialtarif einzusetzen.

Das Leitbild der ökumenischen Eheberatung hält folgendes fest:

„Sie berät Menschen, unabhängig von deren Zivilstand, Konfession und Nationalität, in Partnerschafts-, Ehe- und Beziehungsfragen. Sie leistet Öffentlichkeits- und Bildungsarbeit im Bereich Partnerschaft, Ehe und Familie sowie bei der Rollenfindung von Mann und Frau. Sie setzt sich ein für Verständnis und Gerechtigkeit in Partnerschaft und Familie."

## Klientensystem/Überweisungskontext

Das Paar, mit dem ich das Projekt angehe, beschreibe ich nach Rücksprache wie folgt:

Sie ist 25 Jahre alt, hat keinen Beruf erlernt und ist als Hilfskraft in mehreren Teilzeitjobs tätig. Der Mann ist 26jährig und übt einen handwerklichen Beruf aus. Als das Paar vor rund anderthalb Jahren das erste Mal unsere Beratungsstelle aufsuchte, kannten sie sich seit zwei Jahren und lebten seit anderthalb Jahren in einer gemeinsamen Wohnung. Ihr gemeinsamer Sohn war damals drei Monate alt.

Der Anlass, eine Partnerschaftsberatung zu machen, waren häufige Konflikte aufgrund unterschiedlicher Sichtweisen zu verschiedenen Themen. Dazu kam das Empfinden, dass sie nicht gut miteinander reden können und sie suchten die Abgrenzung gegenüber den Herkunftsfamilien. Es gab immer wieder Unstimmigkeiten zwischen den Partnern, weil sich die Eltern der beiden in ihre Angelegenheiten mischten, wobei das bei den Eltern des Mannes wesentlich häufiger vorkam. In dieser Sichtweise war sich das Paar einig.

Das Paar meldete sich aus eigener Initiative. Daraus resultiert der Vorteil, dass vom ersten Moment an eine Kundenbeziehung besteht. Ich kann also davon ausgehen, dass die Ehepartner eine Veränderung anstreben, die Motivation zur Mitarbeit sehr hoch ist und beide bereit sind, ihren Beitrag für die Veränderung in die von beiden gewünschte Richtung zu leisten. Zudem dürfte hilfreich sein, dass beide gemeinsam den Entscheid, eine Beratung in Anspruch zu nehmen, getroffen haben.

# Beratungsverlauf

Verteilt sind die bis zur Niederschrift geführten elf Gespräche über einen Zeitraum von anderthalb Jahren.

*Erstgespräch im Juli 2000*

Steve de Shazer hat in verschiedenen Workshops, die ich bei ihm besucht habe, immer wieder geäußert, es gehe in der Therapie/Beratung nur darum, heraus zu finden, was die KlientInnen wollen. In diesem Sinne stelle ich jeweils die *guten Gründe*, die ein Paar eine Beratung aufsuchen lassen, im Erstgespräch in den Vordergrund. Und natürlich das, was für beide ein gutes Ergebnis einer Paartherapie darstellt.

Beim vorgestellten Paar ist für mich sehr beeindruckend gewesen, wie klar beide ausdrücken können, was sie verändern wollen. Gerade die Frau kann klar benennen, dass sie lernen will, mit ihrem Partner zu sprechen und dass sie mehr Gelassenheit entwickeln will. Er hat zu Beginn des Prozesses etwas mehr Schwierigkeiten, seine Wünsche auszudrükken. Formuliert jedoch schlussendlich klar, dass er vermehrt mit seiner Frau etwas unternehmen und generell Spaß mit ihr haben möchte. Zudem will er lernen, auch wenn er sich ärgert, Ruhe zu bewahren.

Auf die Wunderfrage im Erstgespräch erhalte ich Antworten, die das bereits formulierte Ziel „lernen miteinander zu reden" noch konkreter darstellen. Es wird deutlich, was der Beitrag des einzelnen Partners zum guten Gelingen sein kann. Sollte es künftig Anlass zum Streit geben, wird sie sich überlegen, was helfen könnte, einen besseren Zeitpunkt für das Gespräch abzuwarten. Und er wird beobachten, was helfen könnte, seine Gesprächsbereitschaft zu erhöhen.

Dabei wird klar, dass nicht immer Zeit für ein Gespräch ist, sondern dass es manchmal auch darum geht zu akzeptieren, dass in diesem Moment die Bereitschaft für den Austausch untereinander nicht vorhanden ist.

Ich erhalte ganz klare, bildhafte Beschreibungen des Wunders und es wird deutlich, dass beide ein bisschen Wunder in der gleichen Situation erfahren und erlebt haben, nämlich auf dem Zeltplatz in den Ferien. So ist es ein Leichtes für mich zu sagen, sie sollten doch einfach dieses „ein bisschen Wunder" wieder initiieren und vielleicht ein verlängertes Wochenende auf dem Zeltplatz organisieren.

# Nützliche Aspekte im Erstgespräch

Als nützliche Aspekte der ersten Sitzung würde ich zuallererst das Gestalten der Begegnung nennen und folgend das Erarbeiten der Beratungsziele.

## Zur Beziehungsgestaltung

In keinem Therapieansatz wie im lösungsorientierten wird die Wertschätzung so sehr als eines der grundlegenden Elemente des BeraterInnenverhalten genannt. Bereits Carl Rogers hat die Verhaltensweisen von „guten" BeraterInnen benannt, die unabdingbar sind, um einen guten Kontakt mit dem Klientensystem herzustellen: Positive Wertschätzung, Empathie und Kongruenz.

Insoo Kim Berg und Peter de Jong nehmen in ihrem Buch „Lösungen (er)finden" gerade diese Verhaltensweisen von TherapeutInnen auf wunderbare Weise wieder auf. Für mich heißt Wertschätzung, dass ich den Klienten zu verstehen gebe, dass ich sie als Personen so willkommen heiße, wie sie mir begegnen. Es ist ein tiefer Respekt vor dem anderen Menschen und eine grundsätzliche Bejahung von dem, was sie *sind* – was nicht zu verwechseln ist mit dem, was sie *tun*.

Gerade bei diesem jungen Paar schien es mir sehr wichtig, die beiden als Personen zu bejahen, sie ernst zu nehmen, ihre Beiträge wertzuschätzen. Also grundsätzlich zu schätzen, was sie sind und was sie ausmacht. Dies war meines Erachtens besonders wichtig, weil das Paar doch in einigen Fragen unsicher schien. Durch die wertschätzende Haltung konnten sie an Sicherheit gewinnen.

Wertschätzung zeigen, bedeutet für mich ebenfalls, dem Konzept der Kundigkeit, das Jürgen Hargens beschrieben hat, nachzuleben. Dies heißt für mich, das junge Paar als kundig zu nehmen – für sich selber, für ihre Paarbeziehung, für ihre Fragen, für ihre bisherigen Lösungsversuche, usw. Das heißt weiter, ich bin nicht die Expertin, die weiß, was für das Paar gut ist und welches nun die richtige Lösung ist. Sondern das Paar weiß selber am Besten, was nun ein nützlicher Schritt in die wünschenswerte Richtung darstellt.

## Zur Zielorientierung

Das Erarbeiten von wohlformulierten Zielen wird in verschiedensten Büchern und Artikeln sehr ausführlich beschrieben. Es ist selbstverständlich, dass die Ziele

- positiv,

- konkret,

- klar,

- realistisch

- und auf der Verhaltensebene

formuliert und terminiert werden. Zudem sollten die Ziele im Kontrollbereich der Betroffenen liegen und diesen auch wichtig sein.

In der Arbeit mit Paaren scheint mir die Zielformulierung vor allem aus folgenden Gründen wichtig: Beide Partner hören vom anderen, was dieser verändern möchte und was sein eigener Beitrag zu dieser Veränderung sein kann. Durch das genaue Nachfragen beim Erarbeiten der Ziele entsteht ein ganz konkretes Zielbild, auf das die Beteiligten ihre Aufmerksamkeit richten können. Damit wird meines Erachtens die Energie der Klientin und des Klienten in die für sie wünschenswerte Richtung gelenkt. Sie hängen nicht mehr dem nach, was nicht gut ist, sondern richten ihre Aufmerksamkeit auf das, was sie anstreben. Statt der „weg von"- kommt es zu einer „hin zu"-Bewegung, was meiner Meinung nach sehr viel mehr Zugkraft gibt und mehr Energie frei setzt.

*Sitzungen 2-4*

In der zweiten Sitzung geht es dem Paar sehr gut. Sie haben alles umgesetzt, was sie sich nach dem Erstgespräch vorgenommen haben. So haben sie miteinander das Gespräch gesucht, vor allem der Ehemann hat sehr viel mehr von sich erzählt als zuvor. Dies hat seine Partnerin mit Freude und Wertschätzung wahrgenommen.

Zudem haben sie zusammen mit ihrem Sohn ein Wochenende auf dem Zeltplatz verbracht, was allen sehr viel Spaß gemacht hat. Mein Nachfragen ergibt nicht viel: sie hätten einfach umgesetzt, was besprochen wurde. Das Paar entscheidet sich dafür, die Beratung zu beenden. Sie hätten nun Ideen bekommen, was sie tun könnten, wenn das Gespräch versiege, die Streitigkeiten zunähmen.

Fünf Monate später meldet sich das Paar wieder, und wir vereinbaren einen weiteren Gesprächstermin. Im folgenden Gespräch wird vor allem die Abgrenzung von der Herkunftsfamilie thematisiert. Immer wieder ist es zu Streitigkeiten gekommen, weil sich die Eltern in ihre Beziehung eingemischt haben. Auch in der vierten Sitzung wird nach neuen Ideen gesucht, wie sie besser auf die eigenen Bedürfnisse eingehen und sich weniger auf ihre Eltern konzentrieren können. Respektive wie es ihnen vermehrt gelingt, für die Bedürfnisse der eigenen „neuen" Familie einzustehen und sich gegen die Einflüsse von Außen abzugrenzen.

*Sitzungen 5-7*

Wir arbeiten weiter an den ereichten Fortschritten, was die Ablösung von den Herkunftsfamilien respektive der Bildung des neuen Familiensystems betrifft.

Deshalb fragt sich das Paar auch in der sechsten Sitzung, wie sie die eigenen Bedürfnisse anbringen können. Dies vor allem gegenüber den Herkunftsfamilien, aber auch gegenüber dem Partner und sich selbst. Es wird dem jungen Paar sehr bewusst, dass das in der aktuellen Familienphase eine große Herausforderung darstellt. Die Klientin entscheidet für sich, dass sie in einem ersten Schritt wieder Energie und Kraft schöpfen muss, bevor weitere Vorhaben ins Auge gefasst werden können. Sie meldet sich zu einer kinesiologischen Behandlung an, die sie früher schon einmal als sehr hilfreich erfahren hat. Der Ehemann findet, sein Beitrag könne sein, dass er zuhöre, den Ärger seiner Frau zulasse und dass er aufnimmt, was sie sagt. Im Moment schalte er manchmal einfach ab. Ich unterstütze das Paar darin, sich als Familie zusammen zu tun.

In der siebten Sitzung wird die Wertschätzung thematisiert, sprich: „Wie drücken wir unsere Wertschätzung dem Anderen gegenüber aus?" Generell geht es dem Paar wesentlich besser. Die Ehefrau ist mittels einiger Kinesiologie-Sitzungen zur Ruhe gekommen und hat Energie getankt. Zudem hat das Paar ein Gespräch mit den Eltern des Mannes geführt, konnte vieles klären und die Frau fühlte sich von ihrem Mann unterstützt. Das hat dem Paar sehr gut getan.

Im Verlaufe dieser Phase werden weitere Themen, die in einer Paarbeziehung zentral sind, immer wieder tangiert:

- Wie kriegen wir in der Kleinkinderphase alle Bedürfnisse unter den Hut?

- Wie schaffen wir es, uns in dieser Phase ausreichend um unsere Paarbeziehung zu kümmern?

- Wie halten wir das Gespräch in Gange?

- Wie schaffen wir es, die Existenzsicherung zu gewährleisten?

- Und all dies, ohne dass wir ausgelaugt sind, unter Dauerstress stehen?

*Sitzungen 8-11*

In den folgenden vier Sitzungen stellten beide fest, dass sie inzwischen gelernt haben, mehr miteinander zu reden und dass sie sich heute klar gegenüber den Eltern und Schwiegereltern abgrenzen können.

Auffallend ist, dass die Befindlichkeit des Paares zusammen noch immer sehr unstabil ist. So erzählen sie beispielsweise in der achten Sitzung, dass es ihnen sehr gut gehe. Es sei ihnen sehr toll gelungen, in den vergangenen sechs Wochen den anderen zu respektieren und wertzuschätzen. Auch über die Auswirkungen dieser Veränderung kann das Paar sich sehr klar äußern: Die Atmosphäre zwischen ihnen sei harmonisch, sie könnten zusammen lachen, sie seien sich einig bezüglich der gemeinsamen Unternehmungen.

Dann aber kommt auch wieder der „Rückfall", wo beide feststellen, dass im Moment das Negative im Vordergrund steht. Es bereite Mühe, die Meinung des Anderen aufzunehmen, diese stehen zu lassen. Die Frau beklagt sich vor allem über mangelnde Unterstützung bei ihren häuslichen Aufgaben. Sie äußert auch den Eindruck, sie selber und was sie zum Meistern des Alltages beitrage, werde zu wenig geschätzt. Im Gegenzug fühlt sich der Mann nicht ernst genommen in seinem Bedürfnis nach Ruhe, wenn er von einem stressigen Arbeitstag nach Hause kommt. Und wenn er seiner Frau bei den Hausarbeiten helfen möchte, mache er es ihr nicht recht und sie kritisiere ihn nur.

Das Paar ist stets sehr kreativ, und es mangelt ihnen keineswegs an Einfällen, ihre Differenzen zu bereinigen. Gerade in den letzten vier Sitzungen beobachte ich immer wieder, dass der Humor eine besondere Fähigkeit dieses Pares darstellt. Die beiden können auch mal herzhaft zusammen über sich als Paar lachen und finden gemeinsam: „Eigentlich müssten wir uns das Leben nicht so schwer machen, und wir haben uns doch gern".

# Zentrale Aspekte in den Folgesitzungen

Jede Sitzung starte ich mit der Klärung des Auftrages für die dann folgenden 75 Minuten. Und mein Vorgehen ist immer das Gleiche.

1. Ich frage nach dem Ziel, dem Thema für die heutige Sitzung. Meistens formuliere ich das so, dass ich frage „Was wäre heute nützlich

für Sie, miteinander zu besprechen?" Das Paar wählt dann das Thema oder entscheidet sich aus mehreren Themen für eines.

2. Dann erkundige ich mich danach, was für sie ein gutes Ergebnis wäre oder was sie beide am Schluss der Sitzung zu diesem Thema getan, gehört, erfahren haben müssten, damit sie sagen könnten, es habe sich gelohnt. Möglichst genau erarbeite ich also das Ziel für die jeweilige Sitzung. Dabei begegne und begleite ich die KlientInnen mit Respekt und Achtung in ihrem Such- respektive Entscheidungsprozess.

Im Paarsetting ist meines Erachtens dieser 1. und 2. Schritt ein sehr wichtiger, weil das Paar eingeladen wird, das Thema für die jeweilige Sitzung auszuhandeln, sich auf ein Gesprächsthema zu einigen.

Die Eröffnungsfrage zur Thematik der Sitzung erlebe ich als sehr nützlich und hilfreich. Sie gibt mir Struktur, ermöglicht mir den so genannten „roten Faden". Es wird deutlich, was das Paar erarbeiten will und folglich welches ein hilfreiches und nützliches Ergebnis wäre. Beide werden aufgefordert, ihre Erwartungen an das nun beginnende Gespräch zu formulieren. Wie ich immer wieder erfahre, ist dies gerade in der Paarberatung ein wichtiger Punkt. „Ich weiß nicht genau, was meine Partnerin, meinen Partner gerade bewegt, beschäftigt", sind häufige Aussagen. Für beide Partner ist mit der Einstiegsfrage somit Zeit und Raum geöffnet, um auf diese Fragen Antworten zu erhalten. Beide können im gleichen Maße ihr Lieblingsthema für die Sitzung bekannt geben.

Als weiteren wichtigen Aspekt würde ich in den Folgesitzungen jeweils das Überprüfen der Fortschritte erachten. Also sich folgende Fragen zu stellen:

- Was ist gut gegangen?
- Was konnte mühelos ausprobiert und umgesetzt werden?
- Wo haben wir entdeckt, dass es harzt mit den vereinbarten Vorgehensweisen?
- usw.

Um Fortschritte deutlich zu machen, erlebe ich die Skalierungsfragen als äusserst hilfreich. Sie geben mir ein Bild darüber, wie jemand etwas bewertet und sie können gerade in der Paartherapie zur Unterschiedsbildung nutzbar gemacht werden. Dabei stelle ich immer wieder fest, dass es leicht ist für Paare, über das zu sprechen, was nicht gut läuft.

130

Schwieriger scheint es zu sein, die Dinge zu formulieren, die gelungen sind. Natürlich schätze ich es, wenn es gelingt, den Fokus auf die Entwicklungen zu richten, die in Richtung Ziel gehen.

Grundsätzlich versuche ich mittels Fragen die Aufmerksamkeit des Paares auf das zu richten, was ihnen im Moment gut gelingt. Und im weiteren lade ich das Paar ein, den Fokus darauf zu richten, wie sie es schaffen, dass es ihnen zurzeit so gut gelingt. Also das Paar immer wieder dazu einzuladen, den erstrebenswerten Zustand zu leben, respektive zu definieren, was ihr Zielbild ist und wie sie es genau schaffen, dieses zu leben.

Nimmt das Negative überhand, wird eine Veränderung der Aufmerksamkeit angestrebt. Das mache ich, indem ich Fragen in Richtung der Veränderung stelle, respektive das Paar immer wieder dazu einlade, darüber nachzudenken, was sie denn anstelle des eben erlebten unguten Zustandes erfahren möchten. Also was sich denn verändern müsste, damit sie ihre Gedanken in eine andere Richtung lenken könnten und was ihr Beitrag zu dieser Veränderung sein könnte.

Immer wieder lasse ich sie kurz zusammengefasst sagen, was sie möchten und folglich ihr Zielbild beschreiben. Ich fördere, dass sie das Erstrebenswerte sinnesspezifisch konkret benennen und frage nach, was denn nun der nächste kleine Schritt in diese Richtung sein könnte.

*Wesentliche Aspekte dieser Beratung oder:*
*Was meine ich, das nützlich war*

# Die respektvolle Haltung

Als ich mit dieser Arbeit gestartet bin, dachte ich, es ist bestimmt die lösungsorientierte Gesprächsführung, die es ausmacht, dass dieses Paar ganz schnell Lösungen für die anstehenden Fragen findet. Und natürlich hätte ich gerne untermauert, dass vor allem das lösungsfokussierte Interview ausmacht, dass das Paar gerne in die Therapie kommt. Je länger unsere Zusammenarbeit jedoch dauert, um so mehr habe ich mich von diesem ersten Gedanken getrennt.

Ich denke heute, es ist überhaupt nicht die Art der Gesprächsführung, also die *Methode*, welche für das Paar hilfreich gewesen ist. So können wir das ja auch in verschiedener Fachliteratur, die sich mit der Wirkung von Therapie auseinandergesetzt hat, nachlesen. Vielmehr denke ich, es ist die *Haltung*, mit der ich dem Paar begegne bin. Die Haltung von Wertschätzung, Respekt, Achtung. Und dann natürlich auch das von Jürgen Hargens benannte „unerschrockene Respektieren", in dem ich mich auch getraue so genannte unangenehme Fragen zu stellen, weil ich darauf vertraue, dass das Paar sich selber vertritt, eigenverantwortlich handeln kann und kundig ist für seine eigene Lösung.

## Gesprächsbereitschaft

Beide erlebe ich von Beginn an sehr bereit, in meiner Anwesenheit ihre offenen Fragen anzusprechen und auch Themen anzugehen, die normalerweise daheim zu Disharmonie führen oder bei denen überhaupt die Bereitschaft eines Partners zum Austausch fehlt. Das Einstellen auf die Gespräche in der Eheberatungsstelle erhöht offensichtlich die Bereitschaft zur Auseinandersetzung. Vielleicht ist es auch die Anwesenheit einer Drittperson, die grundsätzlich einfach zuhört, das Gesagte aufnimmt, Fragen stellt, allenfalls Übersetzungsdienste leistet (wenn beispielsweise Formulierungen unklar oder unverständlich scheinen). Die Bereitschaft, eine Beratungsstelle aufzusuchen und hier in diesem Setting Gespräche zu führen, zeigt sich auch darin, dass die Partner während des Gespräches oft ausdrücken: „Das habe ich noch nie von dir gehört" oder dass es ihnen im begleiteten Setting besser gelingt, zuzuhören und aufzunehmen, was die Partnerin, der Partner ausdrückt.

## Der Faktor Zeit

Es handelt sich bei diesem Fall um ein Paar in der Kleinkinderphase. Das Paar ist einerseits beschäftigt, die Existenz zu sichern und steht immer wieder unter großem finanziellen Druck. Andererseits gilt es, die neue Familie aufzubauen, eigene Strukturen für die junge Kleinfamilie zu entwickeln, den Übergang von der Paarbeziehung zur Kleinfamilie zu meistern und die Ablösung von den Herkunftsfamilien zu schaffen. Bei den vielen Herausforderungen, denen sich das Paar aufgrund der Lebens- und Familienphase zu stellen hat, scheint es mir nützlich zu sein, sich bei regelmässigen Besprechungen Zeit zu nehmen für Fragen, die anstehen. Zeit, die das Paar sich im Alltag oft nicht oder zu wenig nimmt oder es schlichtweg nicht schafft, sich diese zu nehmen.

In den Gesprächen in der Beratungsstelle schenken die Partner einander der Zeit oder sie nehmen sich Zeit für einander. Zeit um hinzuhören, inne zu halten, sich einer anstehenden Frage in der Beziehung zu widmen, sich miteinander auseinander zu setzen. Ich glaube, gerade für die Paare mit Kleinkindern ist es enorm wichtig, diese Zeit auch einzuplanen. Das heißt, Zeit zu zweit zu reservieren. Ist es doch schwer genug, im Alltag all die Herausforderungen unter einen Hut zu bringen, eine nützliche Balance zu finden zwischen Partner, Kind, Beruf, Familie, Freunde, Bekannte, Freizeit.

## Die Konzentration auf den Anderen

Die Gespräche helfen dem Paar, sich auf den Anderen ganz einzulassen, sich dem Anderen zu widmen. Und sich auf ihn einzulassen – und das in einem Rahmen, der Ungestörtheit garantiert. So analysiert auch Erich Fromm die Kunst des Liebens als „Konzentration auf den Anderen".

Michael Lukas Moeller beschreibt in seinem Buch „Gelegenheit macht Liebe" einen Versuch, der mich sehr beeindruckt hat: Irgendein Objekt wird ausgesucht, welches fünf Minuten beobachtet wird. Verlangt ist, dass ungestört und ungeteilt der Blick und die Aufmerksamkeit auf ein Bild, eine Statue, einen Baum, usw. gerichtet wird. Interessant ist das Ergebnis: Bei diesem Experiment können wir feststellen, wie die Kontinuität und Konzentration das beachtete Ding immer schöner erscheinen lassen! Ich kann mir auf diese Weise erklären, dass es das Paar immer wieder geschafft hat, am Schluss der Sitzung gelöst und zufrieden zu sein. Sie waren nämlich einander zugewandt, lachten sich manchmal gar zu, und dies auch, wenn beim Start des Gespräches Disharmonie und Gehässigkeit im Vordergrund standen.

## Das Beisein einer Drittperson

Zusammen das Wesentliche im Beisein einer Drittperson zu besprechen, kann generell sehr nützlich sein. Vor allem die Frau hat zu Beginn der Therapie als Ziel formuliert: „Ich möchte meinen Mann kennen lernen, möchte von ihm hören, wie er das oder jenes erlebt, was seine Gedanken und Gefühle dazu sind." In der vom Paar gewählten Paartherapie haben sie sich meines Erachtens ein Setting ausgesucht, das geholfen hat, diesem Ziel näher zu kommen. Durch das Begleiten oder vielleicht Moderieren des Gesprächs durch eine Drittperson ist es möglich gewesen, über Wesentliches zu sprechen. Der Austausch konnte so stattfinden. Es brauchte auch Mut, von einander zu erfahren, wie jeder die Beziehung, das Leben und das Universum überhaupt erlebt. Dieser Herausforderung konnte sich das Paar im geschützten (begleiteten) Rahmen unbeschwerter stellen.

In diesem Setting kann sich so jeder öffnen, sich zeigen. Bei diesem Paar habe ich als Auswirkung eine tiefe Verbundenheit erlebt. Gerade durch das miteinander Sprechen wird das Verständnis für einander in hohem Masse geweckt und dadurch auch das Einfühlungsvermögen bei dem Partner sehr entwickelt und gefördert.

Im Gespräch zu dritt besteht meines Erachtens die besondere Chance, Paare darin zu unterstützen, ihre verschiedenen Sichtweisen und Standpunkte auszutauschen, zwei Erlebniswirklichkeiten einander näher zu bringen, wobei ich wenig dazu sagen kann, welche Rolle das Geschlecht der Beraterin gespielt hat.

## Die Transparenz

Schon aus dem Kommunikationsmodell von Schulz von Thun wissen wir, dass der Empfänger einer Nachricht bestimmt, wie die Botschaft lautet – nämlich immer so, wie er (der Empfänger) sie versteht und nicht unbedingt so, wie der Sender sie gemeint hat. Und das heißt, dass das vom Empfänger Verstandene eben deshalb nicht unbedingt dem entsprechen muss, was von der Senderseite kommuniziert werden wollte. Ich verstehe deshalb meine Arbeit immer wieder als Übersetzungshilfe oder als Unterstützung, die jeweils eigene Wirklichkeit oder Wirklichkeitskonstruktion offen zu leben. Somit wird in der Paartherapie Transparenz zwischen dem Paar, zwischen den beiden verschiedenen Sichtweisen geschaffen.

## Das Aushandeln der Balance zwischen Selbst- und Partnerzuwendung

Die Kunst jeder Paarbeziehung ist es, eine gute Balance zwischen der Beziehung zu sich selber und der Beziehung zur Partnerschaft zu finden. Nach Möglichkeit sollte die Zuwendung gleichermaßen verteilt sein. Gerade in Beziehungen in der Anfangsphase nimmt das Verhandeln der Partner um diese Anteile der Zuwendung erfahrungsgemäß viel Raum ein und es wird immer wieder neu verhandelt. Nützlich in der Beratung fand ich hier, das jeweils Gesagte in den Raum zu stellen. Sicher zu stellen, dass die eigenen Bedürfnisse, aber auch die Bedürfnisse für die Beziehung aufgenommen und gegenseitig gehört sind.

Gerade bei Partnerschaften mit Kleinkindern hat auch die Organisation des Alltags eine wichtige Priorität. Mich hat immer wieder beeindruckt, wie kundig das Paar seine eigenen Bedürfnisse eingebracht hat. Wie kundig aber auch die Weichen neu gestellt wurden, um der Partnerschaft mehr Raum, mehr Aufmerksamkeit zukommen zu lassen.

Nach eigener Einschätzung hat das Ehepaar noch nicht abschließende Lösungen gefunden – die es schlussendlich ja gar nicht gibt. Wie aufgrund der Lebens- und Familienphase nur jeweils für den Moment stimmige Lösungen erarbeitet werden können. Das Paar hat aber deutlich erkannt, dass Bereitschaft und Zuversicht in hohem Masse vorhanden sind, immer wieder neue Verhandlungen aufzunehmen. Das habe ich ihnen immer wieder gesagt, und darauf hingewiesen, dass sie in der aktuellen Familienphase auch besonders hohe Ansprüche stellen. Dies hat meine Erachtens entlastend auf das Paar gewirkt und ihnen Mut gemacht, mit der Herausforderung sich immer wieder aufs Neue auseinander zu setzen. Ich hatte den Eindruck, sie können versöhnt und mit Geduld einfach den nächsten Schritt in die wünschenswerte Richtung gehen. Eine Richtung, die sie gemeinsam suchen und wählen. Und eine Richtung, die immer wieder neu formuliert und definiert werden muss.

# Zwischenerzählungen

## Vom Mann, Michele

*Respektiert werden*

Ich finde, dass Silvia sich schon verbessert hat, sie respektiert mich. Teilweise weiß sie noch nicht, wie mit mir umzugehen. Das heisst, sie ist fest mit einer Idee verbunden und lässt sich manchmal nicht von mir führen. Das Ruhigbleiben in prickelnden Situationen fällt uns schwer.

## Von der Frau, Silvia

*Ernst nehmen*

Das Gespräch war gut für mich, weil ich sagen konnte, was mich beschäftigt und damit unsere Ehe einen Sinn hat. Meine Meinung ist, dass eine Ehe durch Ernstnehmen wachsen kann. Es ist auch gut zu wissen, dass er merkt, dass er mir wichtig ist. Michele gibt sich Mühe, mich ernst zu nehmen, aber es gelingt ihm nicht immer. Ich möchte das Gespräch in Taten umsetzen, indem ich meinen Mann besser verstehe.

# Schlusserzählung

Ich war erst mal so glücklich, dass ich meinen Mann überreden konnte, in die Eheberatung zu gehen. Wir wollten beide unsere Ehe retten, weil wir uns lieben. Und so trafen wir die sympathische Frau Fuchs, bei der wir uns wohlfühlen.

Die jeweiligen Sitzungen, die wir hatten, haben es uns leicht gemacht, unsere Probleme zu verstehen. Nach jeder Sitzung nahmen wir beide unseren Vorsatz, das, was wir besprochen hatten, auch zu Hause in die Tat umzusetzen. Aber es gelang uns nicht immer, trotzdem gaben wir nicht auf – wir erinnerten uns auch gegenseitig an den Vorsatz. Unsere Gespräche sind in den Sitzungen manchmal sehr heftig, aber wenn wir draussen waren, fühlten wir uns viel leichter ums Herz, und wir verstanden uns viel besser, als wenn wir zu Hause alleine gesprochen hatten. Jeder macht dem anderen Vorwurf, und so hatten wir immer einen Teufelskreis. Aber immer wieder kommen wir aus dem Teufelskreis, weil wir uns aussprechen und lieben. Wir sind froh, zur Eheberatung zu gehen.

# Weitererzählungen

*Ursula Fuchs*

Ich schätze sehr, dass ich überhaupt diesen Beratungsverlauf beschreiben durfte und auch, dass das Paar sich bereit erklärt hat, eine Rückmeldung zu geben, was es denn genau als hilfreich und wirkungsvoll erfahren hat. Wenn ich den Kommentar des Paares lese, gehen mir natürlich verschiedenste Gedanken, aber auch Bilder von Gesprächssequenzen durch den Kopf.

Gefreut hat mich, dass Michele sehr wertschätzend wahrnimmt, inwiefern Veränderungen bei seiner Frau stattgefunden haben. Ebenfalls, wie offen er sagen kann, was seines Erachtens immer wieder einen Stolperstein im Alltag darstellt. Für mich bestätigt sich damit ein Eindruck, den ich schon im Erstgespräch gewonnen hatte. Nämlich, dass beide Partner sehr klar formulieren können, was sie verändern möchten und dass in der Beratung offensichtlich dieses „es einfach sagen können" bereits nützlich sein kann.

Die gleiche Wertschätzung für die Bewegungen, die der Partner macht, finde ich im Kommentar von Silvia. Es wird ebenfalls deutlich, dass das „Zeit haben für das Gespräch", die Bereitschaft zur Auseinandersetzung und das „sich ernst genommen wissen" zentrale Aspekte zum Gelingen der Beratung darstellen.

Natürlich freut mich das Feedback des Paares, dass sie gerne in die Paarberatung kommen, dass das Paar findet, sie erhalten Erleichterung und Entlastung. Herzlichen Dank dem Paar für die Mitarbeit!

Aus den Rückmeldungen hat sich für mich bestätigt, dass die respektvolle, wertschätzende Haltung ein wesentlicher Aspekt ist. Ich meine, diese Wertschätzung macht es dem Paar möglich, gerne in die Paarberatung zu kommen, obwohl doch öfters auch unangenehme Themen angesprochen werden, einzelne, vom Partner kritisierte Verhaltensweisen im Brennpunkt stehen. Zudem denke ich, in einem Klima von Wertschätzung fällt es leichter, über die ganze Palette von menschlichen Erfahrungen und Gefühlen zu sprechen. Allerdings gehe ich bei dieser Äußerung wohl sehr von meinem persönlichen Empfinden aus.

Ebenfalls bestätigt fühle ich mich bei der These, dass im Beratungssetting die Gesprächsbereitschaft erhöht ist. So interpretiere ich die Aussagen des Paares, „die Gespräche seien hilfreich gewesen, die Probleme zu verstehen." Die Übersetzung durch die anwesende Drittperson im Beratungssetting, das Nachfragen bei Unklarheiten, vielleicht auch das manchmal hartnäckige „beim Thema bleiben" ist offensichtlich hilfreich für das Verständnis.

Deutlich geworden ist für mich, dass ein Aspekt – die Hoffnung – von mir im ersten Teil nicht genannt wurde. Beim Satz „Es gelang nicht immer, die Vorsätze in die Tat umzusetzen, aber wir gaben nicht auf", wurde das für mich sehr deutlich – ein Aspekt, den ich künftig besser im Auge behalten werde.

# Literatur

de Jong, Peter & Berg, Insoo Kim (1998, 2003⁵). Lösungen (er-)finden. Dortmund: modernes lernen

Friedman, Steven (1999). Effektive Psychotherapie. Dortmund: modernes lernen

Fromm, Erich (1981). Die Kunst des Liebens. Frankfurt/M.: Ullstein

Gottmann, John M. (1994). Lass uns einfach glücklich sein! München: Heyne

Hargens, Jürgen (1993). KundIn, KundigE, Kundschafterln – Gedanken zur Grundlegung eines „helfenden" Zugangs. Z.system.Ther. 11(1): 14-20

Hargens, Jürgen (1995). Kundigkeit und Respektieren. Familiendynamik 20(1): 34-42

Hubble, Mark A., Duncan, Barry L. & Miller, Scott D. (2001). So wirkt Psychotherapie. Dortmund: modernes lernen

Madelung, Eva (1996): Kurztherapien – Neue Wege zur Lebensgestaltung. Kempten: Kösel

Moeller, Michael Lukas (2000). Gelegenheit macht Liebe. Reinbek: Rowohlt

Radatz, Sonja (2000). Beratung ohne Ratschlag. Wien: Inst. für systemisches Coaching und Training

Rogers, Carl R. (1975). Partnerschule. Frankfurt: Kindler

Rogers, Carl R. (1995). Person-zentriert. Mainz: Grünewald

Schulz von Thun, Friedemann (1981). Miteinander Reden 1. Reinbek: Rowohlt

Schulz von Thun, Friedemann (1989). Miteinander Reden 2. Reinbek: Rowohlt

Welter-Enderlin, Rosmarie (1992). Paare - Leidenschaft und lange Weile. Frauen und Männer in Zeiten des Übergangs. München: Piper

Wicki, Werner (1997). Übergänge im Leben der Familie. Bern: Huber

# Aus dem Alltag einer Beratungsstelle

## Hausaufgaben, Skalen, Wertschätzen und mehr

*Andrea Lück* und *Frau J.*

### Zur Orientierung

Bevor ich beginne über Frau J. zu schreiben, möchte ich mich kurz vorstellen: Ich, Andrea Lück, bin 30 Jahre alt und arbeite seit 7 $\frac{1}{2}$ Jahren in der Beratungsstelle für Eltern, Kindern und Jugendliche, in der ich Frau J. auch beraten habe.

Im Folgenden beschreibe ich chronologisch all die Anteile, von denen ich glaube, dass sie für Frau J. hilfreich gewesen sein könnten. Die Beschreibungen sind oft sehr ausführlich, weil ich denke, dadurch wird das Zusammenspiel vieler Interventionen deutlich. Dennoch versuche ich, mich wirklich auf die hilfreichen Momente zu beschränken. Der Einfachheit halber schreibe ich auch nicht jedes Mal, warum ich denke, was daran geholfen haben könnte.

*Frau J.*

Frau J. war bereits vor einigen Jahren bei mir in Beratung. Sie kam wegen ihrer damals dreijährigen Tochter. In den Gesprächen ging es auch um sie, Erziehungsfragen und ihre Ehe.

Es hatte sich soweit alles ganz gut entwickelt und so wurde die Beratung abgeschlossen. Dennoch hatte ich das Gefühl, die Ehe würde so nicht lange gut gehen, wenn sie sich so weiter entwickelte, wie sie es tat.

### 1. Stunde

Letztes Jahr im Sommer meldete sich Frau J. erneut an. Mittlerweile war sie von ihrem Mann getrennt, lebte nun mit den zwei Kindern alleine. Sie hatte eine einjährige Beziehung hinter sich mit einem Mann, der sie nur für sich wollte, was sich so nicht umsetzen ließ, da ihre zwei Kinder bei ihr lebten. Sie war zwar von diesem Mann mittlerweile auch getrennt, doch sie kam nicht von ihm los, wie sie beschrieb. Ihren Erzählungen nach brachte er sie zu Dingen, die sie sonst nie tun oder sagen würde. Es machte den Eindruck, als habe er unheimlich viel Macht über sie. Weinend und sehr belastet erzählte sie mir von ihrer Geschichte, die sich in der letzten Zeit ereignet hatte.

Für die erste Stunde definiert Frau J. die Ziele, einen Anfang zu machen und den Wunsch, nach der Stunde erleichtert zu sein.

Ziele für die Beratung sind:

- sie möchte es schaffen alleine zu leben,
- sie möchte unabhängig sein können,
- sie möchte selber ihren Weg finden, glücklich sein zu können ohne andere,
- sie möchte sich alleine einen schönen Tag machen und das auch genießen können. Sie möchte eine Beziehung als Ergänzung, aber nicht als Abhängigkeit.

Nun kommen wir zum ersten Punkt, der, glaube ich, hilfreich gewesen sein könnte, nämlich nachdem sie mir ihr ganzes Leid detailliert geschildert hat, habe ich sie gefragt, was denn bei ihr alles gut läuft, von dem sie sich auch wünscht, dass es so bleibt. Da kam sie ans Nachdenken und konnte mir eine ganze Menge aufzählen, nämlich, dass die Beziehung zu ihrem Exmann okay sei, sie gute Absprachen bezüglich der Kinder treffen können. Ihre Tochter, die mittlerweile in der Schule war, habe sich dort gut zurecht gefunden und komme sowohl in der Schule als auch im Hort gut klar. Ihr Sohn komme im Kindergarten gut zurecht. Sie verbringe nachmittags viel Zeit mit ihren Kindern. Sie habe Freundinnen. Mit ihrer Mutter verstehe sie sich super, sie haben eine gute Beziehung zueinander und auf ihrer Arbeit sei auch alles okay.

Als „Hausaufgabe" gebe ich ihr folgendes mit auf den Weg:

Ich lade sie ein, jeden Abend aufzuschreiben, was an dem Tag gut gelaufen ist. Weiter biete ich ihr an, 'mal einen Abend alleine zu Hause zu bleiben ohne jegliche Kontakte und sich auf sich selber zu konzentrieren. Dabei sollte sie schauen, wie sie es sich an dem Abend schön machen kann.

Im ersten Gespräch bittet Frau J., wöchentlich kommen zu können, was ich ihr ermögliche. Für diese Zeit der Krise war der Turnus von einer Woche ebenfalls ganz hilfreich, denke ich. Ich vermute, dass auch schon hilfreich war, dass Frau J. mich bereits kannte und schon Vertrauen zu mir hatte.

## 2. Stunde

In der zweiten Stunde berichtet Frau J. von vielen positiven Erfahrungen, die sie in der Woche gemacht hat. Sie beschreibt, viel mehr Ruhe gehabt zu haben, was ihr gut getan habe. Es ist ihr auch gelungen, abends das Positive vom Tag zu reflektieren. Nachdem sie von ihren guten Erfahrungen der Woche berichtet hat, überkommen sie viele Themen, die sie erneut traurig machen und ihr Blick richtet sich schnell wieder auf ihr Leid. Sie beschreibt viele Gefühle, die sie ihrem Exfreund gegenüber empfindet und sie weint auch diese Stunde wieder darüber.

In der Stunde höre ich ihr viel zu, zeige Verständnis und bringe ihr Wertschätzung für die Dinge, die gut laufen, entgegen. Während sie erzählt, stelle ich ihr immer wieder Fragen, die anbieten, auch noch einmal in eine andere Richtung zu denken und die ihr die Möglichkeit bieten, die Situation zu reflektieren. Ich versuche immer wieder, neue Aspekte und Sichtweisen mit einzustreuen.

Am Ende der Stunde biete ich ihr erneut eine Hausaufgabe an und frage, ob sie die möchte, was sie bejaht. Da die Stunde emotional geleitet war, entstand bei mir der Eindruck, das helfe ihr nicht weiter. Ich hatte das Gefühl, je mehr sie auf ihr Leid schaut und je mehr sie davon redet, umso schlechter ging es ihr. Als sie zu Beginn der Stunde jedoch auf die Dinge geschaut und sich damit auseinander gesetzt hat, was gut läuft, ging es auch wesentlich besser.

So überlegte ich, wie ich sie eher zu den positiven Gedanken bringen kann, damit sie sich besser von den negativen lösen kann.

Also formulierte ich als Hausaufgabe: Sie möge für das nächste Mal Ziele festlegen und sich vorstellen, wie sie gerne wäre und wie ihr Leben laufen sollte, wann sie zufrieden wäre. Und wenn sie sich das vorstelle, dann solle sie 'mal spüren, was dann anders ist als jetzt.

## 3. Stunde

Ab der dritten Stunde lasse ich sie jedes Mal zu Beginn der Stunde skalieren, wie es ihr momentan geht, d.h. ich bitte sie auf einer Skala von 1-10 zu skalieren, wie es ihr geht, wenn 1 bedeutet, mir geht es ganz schlecht, schlechter geht es gar nicht mehr und wenn 10 bedeutet: mir geht es supergut, es kann gar nicht besser sein. Ich bin der glücklichste Mensch der Welt.

Sie ist auf der sechs. Frau J. berichtet, dass es auf der Arbeit gut laufe und sie es gut hierher geschafft habe. Sie habe sich viele Gedanken in der Woche gemacht und habe festgestellt, dass sie oft nicht wisse, was sie wolle. Auch dieses Mal hat sie ihre Hausaufgabe wieder sehr gewissenhaft gemacht und viele Ziele aufgeschrieben:

- sie wünscht sich mehr Selbstbewusstsein. Sie möchte wissen, was sie kann und will und möchte das auch vertreten können,

- sie möchte gelassener werden,

- sie möchte zufriedener werden,

- sie möchte entscheidungsfreudiger werden,

- sie möchte mehr spüren, was sie will und was ihr gut tut. Sie möchte ihre und andere Grenzen akzeptieren lernen.

Eine ganze Menge. Frau J. hat sich viel vorgenommen. Das kann ich erst einmal wertschätzen.

Hier habe ich Frau J. ebenfalls skalieren lassen, wie sie sich jeweils im Moment einschätzt und danach lasse ich sie skalieren, wo sie gerne hin möchte von 1-10.

Um das Ganze noch mit „Fleisch" zu füllen, frage ich sie, wie sie dann wäre, wenn sie selbstbewusster, gelassener usw. wäre. Was dann anders wäre als jetzt. Ich denke, dass das auch hilfreich gewesen sein könnte, denn so war Frau J. dem Ziel schon ein Stück näher. Ich glaube, je genauer wir wissen, wo wir hinwollen und wie wir sein möchten, umso leichter fällt es uns, dorthin zu kommen und so zu werden.

In dieser Stunde könnte noch eine so genannte Umdeutung von mir für sie wichtig gewesen sein. Sie erzählte mir von einer Rückmeldung, die sie von einer Freundin bekam und die sie einerseits toll fand, aber an einer Sache stieß sie sich und war unheimlich enttäuscht. Es war übrigens auch eine Idee, die ich ihr mit gegeben habe, sich von ihren Freundinnen einmal sagen zu lassen, was sie an ihr schätzen. Eine Freundin schrieb ihr, sie sei hilfsbereit bis an ihre Grenzen. Wow – was für ein Kompliment, dachte ich, doch Frau J. konnte das nicht so sehen, denn sie fand das „bis an ihre Grenzen" eine Einschränkung und das reichte ihr nicht. Sie wollte ohne Einschränkung hilfsbereit sein. Ich habe ihr gesagt, wie ich diese Rückmeldung auffasse, nämlich, dass ich finde, das ist das Optimale: bis zur Grenze gehen und nicht weiter. Darüber hinaus fand ich die Freundin sehr ehrlich und melde auch das Frau J. zurück. Frau J. ist ganz überrascht und überlegt, denn so hatte sie das noch gar nicht gesehen.

An dem Beispiel wurde deutlich, welch hohe Ansprüche sie hatte und wie sie mit Grenzen umging.

Zum Thema Grenzen biete ich eine Hausaufgabe an, nämlich aufzuschreiben, was sie will und was sie nicht will, also darauf zu achten, wo ihre Grenzen sind. Diese Hausaufgabe ist erst einmal begrenzt auf ihren Exfreund. Eine weitere Hausaufgabe ist, aufzuschreiben, was sie gut kann.

In dieser Stunde benennt sie den Exfreund nicht, und sie wirkt wesentlich freier und handlungsfähiger in jeder Hinsicht.

## 4. Stunde

Die nächste Stunde redet Frau J. sehr viel, sie ist kaum zu stoppen. Sie beschreibt, dass ihre Gedanken ihr zuviel werden und sie so sehr belasten. Sie redet soviel, dass ich fast gar nicht mehr mitkomme und bei mir entsteht der Eindruck, dass, wenn das die ganze Stunde so geht, die Stunde nicht hilfreich sein würde. Um sie aus dem Gedankenchaos herauszuholen, stelle ich ihr die Wunderfrage, indem ich sie bitte sich vorzustellen, sie gehe nach der Stunde nach Hause, beschreibe noch, wie der Tag verlaufen könnte und sie ins Bett geht und in der Nacht ein Wunder passiere, ohne dass sie es merke. Das Wunder geschieht und all ihre Gedanken sind weg. Ich frage sie, was dann anders ist, wenn sie am nächsten Morgen aufwacht und woran sie merkt, dass das Wunder geschehen ist. Damit nimmt das Gespräch einen ganz anderen Verlauf an. Ihre Haltung, ihre Gedanken und ihr Gesichtsausdruck verändern sich, und sie kann ganz toll beschreiben, was dann anders wäre. Ihre Gedanken werden wieder viel strukturierter und klarer.

Sie hat tolle Ideen. Sie ist sicher, dass ihre beiden Kinder merken würden, dass das Wunder geschehen ist, aber auch ihr gesamtes Umfeld würde merken, dass sie gelassener ist.

Alles, was sie gesagt hat, schreibe ich mit. Bis zur nächsten Stunde schreibe ich es noch einmal ab, um es ihr mit zu geben.

Für diese vielen Gedanken mache ich mindestens ein Kompliment, wahrscheinlich aber mehrere.

## 5. Stunde

Eine Woche weiter beginnt die Stunde wie immer mit der Skala. Frau J. beginnt sofort zu weinen und sagt, sie stehe auf 1-2.

Sie habe ein schlechtes Gewissen, weil sie ihre Hausaufgabe nicht gemacht habe. Daraufhin erkläre ich ihr, dass sie meinetwegen kein schlechtes Gewissen haben muss, da die Hausaufgabe ein Angebot ist, das sie annehmen kann, wenn sie es für sich passend findet oder nicht. Ich habe das Gefühl, dass sie das entlastet und sie spürt, was ihr gut tut und was nicht und dass sie die Dinge für sich tut und nicht für andere.

In der Stunde weint sie sehr viel. Es geht wieder um ihren Exfreund. Sie würde so gerne wieder mit ihm zusammen sein, weiß aber auch, dass ihr das nicht gut tun würde.

Ich habe durch Fragen versucht herauszufinden, was ihr helfen könnte und sie kam auf die Idee nach einem Mantra zu suchen, nach einem Satz, den sie sich immer wieder sagen kann. Sie findet nach einigen Überlegungen den Satz: „Ich bin eine starke Frau." Gegen Ende der Stunde wirkt sie wieder gefasster und entlasteter.

Wie schon erwähnt, bekommt sie heute ihre Antworten auf die Wunderfrage mit und keine Hausaufgabe.

## 6. Stunde

Nach der Stunde voller Leid und Tränen erscheint Frau J. in der nächsten Stunde wesentlich gefasster. Sie skaliert sich auf der 4. Daraufhin frage ich sie, was nun anders ist als letzte Woche: Sie hat viele Fortschritte zu berichten, nämlich, dass sie ihre Gedanken stoppen kann. Sobald sie merkt, dass ihre Gedanken kreisen, unterbricht sie diese.

Sie hat mehrfach die Leute angesprochen, wenn sie ein schlechtes Gewissen hatte und hat auf diese Weise erfahren, dass sie gar kein schlechtes Gewissen haben muss. Dadurch hat sie gemerkt, dass sie sich das schlechte Gewissen oft macht, aber die Situation für ihr Gegenüber okay ist. Diese Erfahrung hat sie bestärkt.

Frau J. beschreibt, sich nicht mehr so hilflos zu fühlen. Ihr ist klar geworden, dass Männer in ihrem Leben wichtig sind und sie immer einen Mann braucht. Das kann sie so besser akzeptieren, und sie wehrt sich nicht mehr gegen ihr Verlangen.

Sie berichtet, sich in der letzten Woche immer ihren Satz gesagt zu haben. Das habe ihr gut getan. Sie ist wesentlich klarer und sagt, sie sei nicht mehr bereit, soviel zu leiden.

Frau J. berichtet erneut von ihrem Exfreund. Sie hat sich wieder mit ihm getroffen. Wenn sie bei ihm ist, fühlt sie sich gut. Sie hatte ausgiebigen Sex mit ihm und das auch genossen.

Sie erzählt von einem Kollegen ihres Exmannes, der sich sehr um sie und ihre Kinder bemühe, den sie aber nicht männlich findet.

Nachdem Frau J. von einem weiteren Mann erzählt, den sie zum dritten Mal gesehen hat und ihn als guten Freund bezeichnet und sie sich immer wieder wundert, dass die Männer ihre Grenzen nicht achten, gebe ich ihr meinen Eindruck wieder und sage ihr, dass ich denke, sie verhalte sich möglicherweise so, dass sie schnell Vertrauen und Nähe herstellt. Hinzu kommt nach meiner Einschätzung noch, dass sie selber z.T. grenzenlos und grenzüberschreitend ist und möglicherweise damit Signale sendet, die sie gar nicht senden möchte.

Dies kann ich ihr sagen, da ich denke, unsere Beziehung ist so stabil, dass sie das von mir annehmen kann, was sich im Nachhinein auch bestätigt. Toll finde ich, wie sie meine Sichtweise zum einen annimmt und zum anderen, wie ernst sie diese nimmt und sich Gedanken dazu macht.

Ich glaube, solche Rückmeldungen sind für sie ganz wichtig.

Als Hausaufgabe biete ich ihr an, auf Grenzen, Grenzüberschreitungen und Grenzbeachtungen bei sich und bei anderen zu achten.

Ich muss gestehen, in den Stunden, in denen sie mir erzählt, wie sie sich wieder mit ihrem Exfreund eingelassen hat, fällt es mir schwer, nichts dazu zu sagen. Für mich ist sehr deutlich, dass es besser wäre, den Kontakt komplett abzubrechen, aber was ich für „besser" halte, muss ja nicht für Frau J. besser sein. Ich glaube, dass es auch hilfreich ist, sich nicht moralisierend oder wertend einzubringen.

Das Gute bei Frau J. ist, dass sie immer 'mal wieder nach meiner Meinung fragt, dann habe ich die Möglichkeit, meine Gedanken los zu werden, was manchmal auch ganz entlastend ist. Dabei habe ich allerdings immer sehr deutlich gemacht, dass das meine ganz persönliche Meinung ist.

Wenn sie aber nicht fragt und ich meinen Kopf wieder frei kriegen möchte, dann frage ich sie zwischendrin, ob sie meine Meinung dazu hören möchte.

Frau J. macht auf mich den Eindruck als sei sie auch an meiner Person und an meinem Leben interessiert und so habe ich auch alle Fragen beantwortet, die sie mir über mich gestellt hat. Auch das hat, glaube ich, dazu beigetragen, dass wir eine so gute Beziehung aufbauen konnten. Mich als „Mensch" zu erleben und nicht nur als Beraterin, ist oftmals für Klienten sehr wichtig, glaube ich.

## 7. Stunde

Wie immer, frage ich nach ihrem heutigen Wohlbefinden auf der Skala von 1-10. Meine Phantasie ist, dass solche Rituale auch für die Klienten hilfreich sein könnten.

Sie ist auf 4. Laut Frau J. habe die Hausaufgabe sie wieder weiter gebracht. Ich denke, es war hilfreich, da sie sensibler für Grenzen und Grenzüberschreitungen geworden ist. Sie berichtet, gemerkt zu haben, dass andere irritiert sind, wenn sie ihre Grenzen deutlich macht, andere es okay finden und wieder andere sich abgrenzen. Ihr wird deutlich, dass der Kollege ihres Exmannes, mit dem sie sich häufiger trifft, ihr keine Grenzen setzt.

Sie gibt auf einer Skala an, weniger abhängig von ihrem Exfreund zu sein und formuliert als nächsten Schritt, sich wieder ein bisschen mehr abzugrenzen. Auch diese Fragen nach dem nächsten kleinen Schritt könnten hilfreich gewesen sein, weil Frau J. dadurch nur auf den nächsten kleinen Schritt und nicht auf den „ganzen Weg" schaut.

Ein weiteres Thema in der Stunde sind ihre Entscheidungen. Sie beschreibt wie sehr sie unter dem >sich nicht entscheiden< können leidet. Dazu gebe ich ihr die Hausaufgabe: sie soll etwas Positives daran finden, sich nicht entscheiden zu können.

In der Stunde meldet Frau J. mir zurück, dass ihre meine klare Art helfe, sie aus ihren festgefahrenen Überlegungen zu bringen.

## 8. Stunde

Es geht ihr auf unserer Skala 4-5. Toll, $1/2$ Schritt besser als zu Beginn der letzten Stunde.

Sie hat etwas Positives daran gefunden, sich ewig nicht entscheiden zu können, wie sie selber sagt. Wenn sie lange genug wartet, bis sie sich entscheidet, dann erledigt es sich oft, weil andere für sie entscheiden oder es ist zu spät.

Als ich sie daraufhin frage, ob sie das möchte, überlegt sie und sagt sehr überzeugend: nein, natürlich nicht.

Frau J. fragt mich, was sie dagegen tun könne. Ich schlage folgendes Experiment vor:

Es besteht aus 3 Stufen:

1. Phase:  sie soll sich Entscheidungen bewusst abnehmen lassen und beobachten, wie es ihr damit geht

2. Phase:  sie soll sich schnell und bewusst entscheiden (max. 3 Min.)

3. Phase:  sie soll die Münze entscheiden lassen, wenn sie sich nach einer Minute nicht entschieden hat. Sie ergänzt den Punkt allerdings, indem sie sich nach dem Münzwurf sofort umentscheiden darf

Bis wir uns wieder sehen, soll sie Phase 1 durchziehen. Das reicht ihr, und sie signalisiert, dass ihr das zu dem Thema heute reiche.

Sie möchte am Thema Grenzen weiter arbeiten. Dazu reden wir über sie und alles, was ich tue, ist, nachfragen … immer wieder nachfragen und am Ende eine zweite Hausaufgabe ableiten: Sie kann aufschreiben, wo sie Grenzen setzt oder nicht setzt, möglicherweise aus Angst ihr Gegenüber zu verlieren oder zu enttäuschen. Meine Hoffnung ist dabei, dass sie die Erfahrung macht, dadurch eher die Leute zu gewinnen.

Übrigens könnte ich statt von Hausaufgaben auch von Interventionen sprechen, was sich natürlich fachlicher anhören würde, aber ich wähle bewusst den Terminus Hausaufgabe, weil Frau J. den auch immer so benutzt und ich die Hausaufgaben in der Beratung mit Frau J. für einen sehr wesentlichen Bestandteil halte.

## 9. Stunde

Auf der Wohlbefindensskala geht es ihr weiterhin 4-5. Gut, nicht schlechter geworden.

Frau J. berichtet von vielen Einsichten, Erkenntnissen und Beobachtungen durch die Hausaufgabe. Ihr wurde deutlich, dass sie sich viel abnehmen lässt und merkt, eigentlich gehe es ihr ganz gut damit, aber inhaltlich fände sie das nicht gut.

Durch die zweite Hausaufgabe wurde ihr klar, dass sie ihren Kindern gegenüber sehr gut Grenzen setzen kann, aber alles andere schaffe sie nicht gut. Diese Grenzsetzungen sowie ihre Männerbeziehungen sind dann weiterhin Themen der Stunde. Dabei habe ich das Gefühl, es ist für sie hilfreich und entlastend, dass sie mir immer wieder erzählen kann, was sich mit den Männern getan hat, was sie erlebt hat, wie sie sich fühlt und was sie sich für Gedanken macht. Manchmal fragt sie mich auch nach meiner Meinung dazu. Neben dem Erzählaspekt spielt die Reflektion für sie noch eine große Rolle. Ich denke, es tut ihr gut, so konzentriert ihre Woche, ihre Gefühle zu reflektieren. Das ist übrigens etwas, was Frau J. richtig gut gelernt hat. Und nicht nur mit mir in unserer Stunde, sondern ich denke, sie kann das jetzt auch besser alleine für sich.

Frau J. fragt schon nach einer Hausaufgabe. Sie meldet mir zurück, dass sie die Hausaufgaben „total klasse" findet und sie immer viel mit ihr machen. Sie benennt auch, dass sie merkt, dass sich bei ihr etwas tue, dass es vorwärts gehe. Sie sei nicht mehr so verletzlich. Sie könne vieles jetzt wesentlich wertfreier annehmen.

Diese Rückmeldungen tun mir gut und machen mich auch wiederum sicherer in meiner Arbeit, da mir das zeigt, wir sind auf einem „guten" Weg. Das wiederum kommt Frau J. auch zu Gute, weil ich mich immer mehr bei ihr traue, ihr viel zutraue und auch zumute.

In Anknüpfung an die letzte Stunde biete ich ihr Phase 2 als Hausaufgabe an:

Sie soll sich schnell und bewusst entscheiden (max. 3 Min.). Die Zeit hat sie selber festgelegt.

Um wieder klarer auf den Weg zu kommen, empfehle ich ihr, ihre Ziele, die sie mir erneut nennt, zu konkretisieren:

1. Sie möchte entscheidungsfreudiger werden.

2. Sie möchte ihre Grenzen akzeptieren lernen.

3. Sie möchte sich gut abgrenzen können.

## 10. Stunde

Sie schätzt sich bei 4-5 auf der Wohlbefindensskala und berichtet von ihrem Gefühl der Veränderungen und Fortschritte, was sie weiterbringe.

Durch die Hausaufgabe, sich schnell zu entscheiden, habe sie viel Zeit und Energie gespart, wie sie berichtet. Um sich immer wieder zu erinnern, dass sie sich schnell entscheiden soll, sucht sie sich ein Symbol aus, das sie in der Wohnung überall hinlegt. Ein Kreuz!

Sie hat sich selber vorgegeben, eine Münze zu werfen (also Phase 3 ), wenn sie sich nicht schnell entscheidet. Allerdings lässt sie sich die Option offen, sich direkt nach dem Münzwurf um zu entscheiden. Das Thema Entscheidungen ist seitdem nicht mehr in den Stunden aufgetreten.

Die Hausaufgabe, ihre Ziele zu konkretisieren, führt dazu, dass sie ganz viele Ziele benennt, die mich fast erschlagen. Und nicht nur das: ich habe den Eindruck, dass sie da auch gar nicht mehr durchblickt. Sie erklärt sehr viel dazu, so dass mir (ich glaube sagen zu dürfen: uns) nicht klar ist, was jetzt tatsächlich ihr Ziel ist.

In der Stunde lässt sich das auch nicht mehr sortieren, von daher leite ich eine Hausaufgabe daraus ab: sie soll ihre Ziele überprüfen, sich festlegen oder ein Ziel auswählen.

## 11. Stunde

Ihr Wohlbefinden skaliert sie bei 4.

Sie nennt ein Ziel: Sie möchte mehr Klarheit. Auf die Frage was sie dann anders macht, fallen ihr sehr konkrete Dinge ein, die sie alle benennt. Dabei kreisen ihre Gedanken schon in ihrem erwünschten Zustand, was ihr den Weg dahin, glaube ich, leichter macht. Ich lege eine Skala von 1 bis 10 auf dem Boden aus und bitte Frau J., die Pole zu definieren. Sie sagt, 1 heißt „scheiße", „hilflos", „versumpfen", „tierisches Selbstmitleid" und 10 heißt: „Klarheit, absolutes Wissen, was man will, Ziele vor Augen, einfach, die Sachen realistisch sehen und das Beste draus machen." Meine Phantasie ist, dass es gut für sie sein könnte, selber die Pole zu benennen, da es dann ihre Worte sind und sie genau ihren Vorstellungen entsprechen.

Nun bitte ich sie, sich auf der Skala da zu platzieren, wo sie sich zurzeit sieht. Sie geht hin und her und überlegt, wo es für sie passt und schließlich stellt sie sich auf die 3 und sagt, da fühle sie sich wohl. Sie war schon auf der 1 nach ihren Angaben. Durch meine Frage, wie sie es von der 1 auf die 3 geschafft hat, sammelt sie all ihre Ressourcen und die hilfreichen Erfahrungen. Wir experimentieren weiter mit der Skala. Mal soll sie sich auf das Ziel stellen, überlegen, wie es dort wäre, dann soll sie sich auf ihr Ziel für nächste Woche stellen und den ersten Schritt in die Richtung überlegen, usw. Mit der Skala zu spielen und vor sich zu sehen, hat, glaube ich, noch eine andere Qualität, als sie nur in Gedanken durch zu gehen.

Am Ende der Stunde steht die Frage im Raum, welchen Preis es kostet, das Fernziel zu erreichen. Dieser Gedanke wird zur Hausaufgabe.

Nachdem ich frage, ob wir an der Stelle einen Punkt machen können, schreibt Frau J. sich ihre Hausaufgabe auf, redet danach aber weiter. Das ist übrigens etwas, was sie in all den Stunden gemacht hat. Die Stunde war beendet und statt sich zu verabschieden, begann sie wieder zu reden und es war oft schwierig, zum Ende zu kommen. In dieser Situation habe ich Frau J. darauf aufmerksam gemacht und gesagt: „Wir haben einen Punkt gemacht", woraufhin sie pikiert wirkte und nachdenklich ging. Das sind Momente, die ich als Beraterin nicht gerne erlebe, aber dennoch denke ich, war es sinnvoll und hilfreich, dass ich ihr so deutlich eine Grenze gesetzt habe. Seitdem läuft es in diesem Punkt völlig problemlos. Sie kann von dieser Situation an gut ein Ende finden.

## 12. Stunde

Auf der Skala des Wohlbefindens ist sie wieder bei 4,5 angekommen und auf der Skala der Klarheit bei 2-2,5.

Sie kann nicht beantworten, was für einen Preis sie zahlen müsste, um auf die 8 zu kommen. Durch Nachfragen kommt sie zu dem Schluss, dass sie es gar nicht wissen will und deshalb sei ihr nichts eingefallen. Auf die Frage nach dem Ziel der Stunde möchte sie dann doch ihren „zu zahlenden Preis" wissen. Sie hätte gerne, dass ich ihr die Fragen beantworte: Von welchem Traum sie sich verabschieden müsse und wie sich davon verabschieden könne. Nachdem ich sie frage, ob ihr das helfe, kommt sie ans Nachdenken und zu dem Schluss, dass sie selber die Antwort finden muss.

Was in dieser Stunde hilfreich gewesen sein könnte, weiß ich, ehrlich gesagt, nicht. Sie erzählt, wie gut es mit den Kindern läuft und dass ihr Exfreund sich nun so verhalte, wie sie es sich immer gewünscht habe. Sie erzählt viel, ich höre zu und frage nach.

Als Hausaufgabe gebe ich ihr fünf Aufgaben mit.

Ich bin unsicher, ob wir noch auf dem richtigen Weg sind und ob die Beratung Frau J. hilft. Deshalb kündige ich an, in der nächsten Stunde unsere Arbeit zu reflektieren und den Standort zu bestimmen. Das löst bei Frau J. Angst aus, ich könnte sie wegschicken.

## 13. Stunde

Wie immer bewegt sie sich auf der Skala des Wohlbefindens auf der 4.

In der Reflektion dachte ich erst, fünf Aufgaben können nicht hilfreich sein. Diese Aufgaben spiegelten die Stunde wieder, in der ich mich selber nicht als hilfreich erlebt habe. Doch interessanterweise berichtet Frau J. ganz fröhlich, sie habe **fast** alles von der Hausaufgabe einfach vergessen. Verständlich bei so vielen Aufgaben. Besonders gut daran fand ich, dass Frau J. das so fröhlich berichtete und kein schlechtes Gewissen hatte. Sie hat gespürt, das ist nicht hilfreich und deshalb mache ich es auch nicht. Für sie ist das ein großer Fortschritt, denn das war vor einigen Wochen noch ganz anders. Besonders toll finde ich diese Leistung nach ihrer Angst, ich könnte sie wegschicken. Sie hat **fast** alles vergessen, aber nicht alles. Sie hat eine, eigentlich sogar zwei Aufgaben gemacht und zwar die, bei der sie auf die positiven Ereignisse gukken sollte. Davon hat sie berichtet. Und das wusste ich noch aus der ersten Beratung mit ihr, wie schwer ihr das fiel. Von daher fand ich das eine besonders starke Leistung von ihr.

Ohne es bewusst wahrzunehmen, hat sie aber auch die Aufgabe erfüllt, auf sich zu gucken, zu spüren, was sie wirklich will. Indem sie die Hausaufgaben, die sie nicht machen wollte, vergessen hat, hat sie automatisch auf ihre Bedürfnisse geschaut. Das melde ich ihr positiv zurück.

Sie berichtet, in der letzten Woche die positiven Seiten viel besser sehen und annehmen zu können.

Wie angekündigt, blicken wir zurück auf die vier Monate, die wir miteinander gearbeitet haben. Sie hat es auf der Skala geschafft, von der eins auf die vier zu kommen und sich auf der vier zu halten. Wir sammeln, was sie in der Zeit alles in ihren „Rucksack" gepackt hat:

- sie könne sich besser um sich selber kümmern,

- sie strukturiere ihren Tagesablauf gut,

- sie suche sich ihre Freunde besser aus,

- sie könne ihr schlechtes Gewissen aus Distanz betrachten,

- sie stürze sich nicht mehr so ins Selbstmitleid. Stattdessen lenke sie sich ab und ermutige sich selber,

- sie unterdrücke negative Emotionen und motiviere sich mit positiven.

Um einen weiteren Schritt zu machen, bräuchte sie:

- mehr Konsequenzen,

- mehr innere Ruhe,

- mehr Sachlichkeit und einen realistischeren Blickwinkel,

- und sie müsste mehr an die Gefühle ihres Gegenübers denken und ihre Naivität ablegen.

Ich bin erstaunt, wie klar sie auf einmal ist, in der Reflektion, aber auch im nächsten Schritt. Anscheinend war dieser Schnitt gut und hat einiges bewegt. Insgesamt erlebte ich Frau J. in der Stunde viel fröhlicher, ausgeglichener und klarer. Das Schwammige war plötzlich weg.

Nach der Stunde habe ich Frau J. zum Jahresende einen Brief geschrieben.

## 14. Stunde

Nach den Weihnachtsferien ist Frau J. immer noch auf der 4, doch sie wirkt fröhlicher und entspannter.

Ihr ist es wichtig, mich erst wieder auf den neuesten Stand der Dinge zu bringen. Sie ist nun mit dem Kollegen ihres Exmannes zusammen. Durch ihn sei sie ganz ruhig und ausgeglichen. Er sei ein absoluter Genießer und davon möchte sie auch etwas übernehmen. Ihr Ziel ist, das Essen mehr zu genießen.

Sie gibt sich selber eine Hausaufgabe, nämlich dieses Ziel mit ihrem Freund zu besprechen, so dass er sie erinnert, langsamer zu essen.

## 15. Stunde

Ein halber Schritt mehr ... sie ist bei 4,5 auf der Skala und kommt in dieser Stunde schon von sich aus mit klaren Zielen:

Sie möchte ihre Hausaufgabe besprechen und in ihrem Kopf etwas sortieren.

Zwischendrin geht es immer 'mal wieder um Erziehungsfragen. Dazu nehme ich Stellung, und ich habe den Eindruck, dass Frau J. die Ratschläge und Empfehlungen gut umsetzen kann. Sie berichtet heute z. B., dass es gut war, mit den Kindern über ihre neue Beziehung zu sprechen und deren Fragen und Ängste, die dadurch entstanden sind, zu besprechen und den Kindern zu erklären, was sich durch die Beziehung verändert und was so bleibt wie vorher.

Frau J. berichtet, dass es ihr schon oft gelungen ist, das Essen mehr zu genießen und ich ermutige sie, so weiter zu machen und es noch öfter zu tun.

In ihrem Gefühlschaos ihrem Exfreund gegenüber helfen möglicherweise meine Fragen, ihre Gedanken wieder etwas zu sortieren und sich etwas klarer über die Situation zu werden.

Sie klagt über ihre Chefin, die sie auf dem Kieker habe und berichtet von ihren entmutigenden Erlebnissen auf der Arbeit. Hier ist es, glaube ich, wichtig, dass ich dazu meinen Eindruck, der bei mir entsteht, ehrlich wiedergebe. Die Bestätigung tut ihr gut, und ich habe das Gefühl, sie macht sich auch viele Gedanken, wenn ich ihr sage, was ich in ihrer Situation tun würde.

Ritualisiert bekommt sie eine Hausaufgabe.

## 16. Stunde

Frau J. hat eine Pechsträhne, sie ist krank, hat die Grippe, ihre Heizung ist kaputt, sie hat das Auto von ihrem Freund kaputt gefahren, und sie hat einen Schaden auf der Terrasse. Trotzdem skaliert sie sich bei 4 ein. Ihr Ziel für die Stunde ist, die Hausaufgabe zu besprechen, was wir auch tun. Frau J. beschreibt dann, dass sie gar nicht mehr zur Ruhe komme, sogar in der Sauna konnte sie sich nicht richtig entspannen.

Es steht an, ihrem Exfreund die Schlüssel zurück zu bringen und klaren Tisch zu machen. Davor hat sie Angst, weil sie befürchtet, er erwarte von ihr, dass sie sagen muss: sie liebe ihn nicht mehr. Durch fragen, was sie wirklich will, fühlt sie sich nach der Stunde gestärkt und vor allem stark genug, ihrem Exfreund zu begegnen und die letzten Dinge zu regeln.

Auf Probleme mit ihrem Freund biete ich ihr sehr konkrete Lösungen an, die sie probieren möchte.

Als Hausaufgabe biete ich Frau J. an sich vorzustellen, sie sei ganz ruhig. Dann soll sie 1. überlegen, woran sie das merke und 2. was sie dann anders mache.

## 17. Stunde

Wieder auf der 4 berichtet Frau J., sie konnte sich nicht in die Hausaufgabe, sprich in den Ruhezustand hinein versetzen.

Sie wirkt heute sehr unzufrieden und redet sich den Alltag schlecht. Sie lenkt den Blick auf all die Dinge, die momentan nicht gut laufen. Sie erzählt von ihrer Mutter, die früher so extrem harmoniebedürftig war, dass sie über alles einen Mantel gedeckt habe und oft die Augen vor der

Realität verschlossen habe. Auf Nachfrage stellt sie fest, dass sie sich dadurch oft nicht ernst genommen fühlte. Das möchte sie auf keinen Fall wiederholen, denn sie möchte ihre Kinder ernst nehmen. Als sie das erzählt, entsteht bei mir der Eindruck, dass sie nun ins Gegenteil umschlägt und alles negativ sieht, was ich ihr sage. Mir kommt es so vor, als mache sie die Dinge extrem schlecht, obwohl sie gar nicht so schlecht sind. Das bringt sie zum Nachdenken, und sie schätzt das Verhältnis Disharmonie: Harmonie auf 80:20, wobei sie auch 100 % schaffe, meint sie.

Ihre Motivation, das Verhältnis zu verändern, liegt bei 5, was mir zu wenig ist, um mit ihr daran zu arbeiten und daraus entwickle ich die Hausaufgabe, mich in der nächsten Woche davon zu überzeugen, warum es sich lohnt, bei einer mittleren Motivation daran zu arbeiten.

## 18. Stunde

Heute gehe es ihr ganz gut, d.h. 4 $^1/_2$. Interessant finde ich übrigens die Einschätzungen von Frau J., sich auf 4 $^1/_2$ einzustufen. Für mich persönlich würden die Aussagen von ihr ganz andere Werte auf der Skala bedeuten und von daher finde ich die Skala zur Orientierung so hilfreich.

Frau J. berichtet, wie gut das letzte Treffen mit ihrem Exfreund gelaufen ist.

Meine Erziehungsratschläge habe sie umgesetzt, und sie ist von dem Ergebnis ganz begeistert.

In einer Auseinandersetzung mit ihrem Freund haben sie eine gute Lösung gefunden, auf die Frau J. stolz ist und mit ihrer Chefin klappt es auch etwas besser. Für all ihre erfolgreichen Erfahrungen lobe ich sie kräftig.

Wenn es ihr gelingen würde, ihr Harmonieverhältnis zu verändern und zwar so, dass 30 – 40% Harmonie entstünden, dann ginge es ihr insgesamt auf der Skala 5,5-6.

Frau J. hat die Hausaufgabe dieses Mal schriftlich erledigt. Sie hat die Hausaufgabe etwas anders verstanden als ich. Sie schreibt auf, warum ich mit ihr weiterarbeiten soll. Um die Notwendigkeit deutlich zu machen, schreibt sie ihr Leid auf und wie wichtig es ihr ist, mit mir zu arbeiten, weil ihr das helfe, sich selber besser zu verstehen und mit sich klar zu kommen.

Als Hausaufgabe kann sie aufschreiben, wie es zu ihren „Erfolgserlebnissen", von denen sie berichtet hat, gekommen ist und die zweite Hausaufgabe besteht darin zu überlegen, was ihre Mutter wohl davon gehabt haben könnte, so „harmoniesüchtig" gewesen zu sein.

## 19. Stunde

Auf der Skala hat sich nichts verändert. Wie letzte Woche ist sie auf 4,5, jedoch mit der Tendenz nach oben.

Frau J. berichtet, dass ihr das schriftliche Fixieren der „Erfolgserlebnisse" hilft, diese bewusster wahrzunehmen.

Zum zweiten Teil der Hausaufgabe fielen Frau J. einige gute Gründe ein, warum ihre Mutter so extrem auf Harmonie aus war. Sie vermutet, dass die Mutter dadurch mehr Zeit und Ruhe hatte, die Stimmung zu Hause angenehmer und ruhiger war und sich die Mutter wahrscheinlich auch sicherer fühlte, wenn sie in der Beziehung zu ihrem Mann Frieden hatte. Dieser Blickwechsel auf das Gute der „Harmoniesucht" führt dazu, dass Frau J. ihre Mutter besser verstehen kann und sie könne dem Wunsch nach totaler Harmonie nun etwas abgewinnen.

Um wieder den Bogen zu sich zu bekommen, frage ich Frau J. erneut nach ihrem Ziel und sie möchte weiter das Ziel verfolgen, zu Hause mehr Harmonie her zu stellen. Durch meine hypothetischen Fragen, wie z.B. „Angenommen, Sie hätten das Harmonieverhältnis 70:30 erreicht, was wäre dann anders?", beschreibt sie ihren gewünschten Zustand. Während sie das so phantasiert, frage ich nach und es wird deutlich, wie sehr ihre Laune von Dingen beeinflusst wird, an denen sie gar nichts verändern kann, z.B. vom Wetter, roten Ampeln.

Meine Frage, ob sie ihre Laune von solchen Faktoren abhängig machen möchte, gibt ihr sehr zu denken.

Als Hausaufgabe empfehle ich ihr, einmal zu überlegen wie bei ihr ein Tag aussehen müsste, damit sie abends sagen kann, dass ihr Harmonieverhältnis bei 70:30 ist. Ich bitte sie, es konkret und kurz zu notieren.

Frau J. fragt, ob wir die Abstände vergrößern können, da sie das Gefühl hat, ihr reiche mittlerweile ein Abstand von zwei Wochen aus.

## 20. Stunde

Unter Tränen sagt Frau J. den Termin ab, da ihr Freund einen Unfall hatte und sie ins Krankenhaus möchte. In dieser Situation könnte ich mir vorstellen, dass es einfach hilfreich war, dass ich ihr zugehört, Mitleid und Verständnis gezeigt habe.

## 21. Stunde

Ihr Wohlbefinden skaliert sie bei 5-5,5.

Sie berichtet, über der Hausaufgabe gebrütet zu haben. Ihr sei aufgefallen, dass es viel harmonischer bei ihnen zu Hause ist, als sie dachte und wahrgenommen hatte. Sie habe gute Erfahrungen gemacht. Sie könne ihren Alltag nun besser strukturieren. Frau J. ist zufrieden mit ihrem Harmonieverhältnis. Ich denke, dass dabei besonders hilfreich war, die harmonischen Momente und Situationen bewusst wahrzunehmen und dass Frau J. „Harmonie" nicht mehr abwerten musste, sondern positiv sehen konnte.

Sie macht es mir leicht, denn ich brauche heute gar nicht nach dem Ziel zu fragen, da sie es von sich aus formuliert. Sie will wissen, was sie – bezogen auf Männer – will. Sie erzählt von ihrem Exfreund und von ihrem Freund und hier ist wieder mein Eindruck, dass ihr wichtig ist, dass ich ihr zuhöre und zwischendrin Fragen stelle, die sie zum Nachdenken bringen.

Frau J. schätzt sich nun so ein, dass ihr die Beratung einmal im Monat ausreicht und so vergrößern wir erneut die Abstände zwischen unseren Terminen.

## 22. Stunde

Ihr Wohlbefinden skaliert sie bei 5.

Nachdem sie kein Ziel für die Stunde hat, frage ich sie, welche Frage ich ihr nun am besten stellen sollte. Und darauf weiß Frau J. genau, was sie braucht. Hier denke ich, war für sie wichtig, dass ich akzeptiere, dass sie kein Ziel formulieren kann und dass ich ihr zutraue, die richtige Frage, die sie nun braucht, zu kennen. Sie möchte nach den „Erfolgserlebnissen" gefragt werden, was ich dann auch tue.

Sie berichtet von ihren „Erfolgserlebnissen", wofür ich ihr Wertschätzung, Anerkennung und Komplimente entgegen bringe.

Mir wird deutlich, wie gut Frau J. mittlerweile differenzieren kann. Sie berichtet auch von Misserfolgen, kann diese aber trotzdem von den erfolgreichen Situationen trennen und diese vor allem auch gut stehen lassen. Das versuche ich ihr mehrmals zu vermitteln.

Sie möchte in dieser Stunde von ihren Männerbeziehungen berichten und eine gute Hausaufgabe erarbeiten. Die Hausaufgabe gibt sie sich selber, nämlich täglich sportliche Übungen zu machen. Wenn sie sich nicht daran hält, müsse sie am nächsten Tag doppelt soviel machen, ansonsten müsse sie Geld spenden.

Am Ende der Stunde fragt sie mich, ob Menschen eine Ruhephase der totalen Stille brauchen und sie möchte wissen, wie das bei mir ist. Ich beantworte ihr ehrlich diese Fragen und habe den Eindruck, dass ihr das wichtig ist.

## 23. Stunde

Zum ersten Mal skaliert sie sich bei 6-6,5.

Frau J. wirkt heute sehr zufrieden und stabil. Sie möchte mir von ihren positiven Erlebnissen berichten und trägt diese sehr strukturiert vor. Es kommt mir so vor, als liefere sie mir eine Zusammenfassung mit dem Blick überwiegend auf das Positive von der Zeit, in der wir uns nicht gesehen haben.

Sie habe ihre sportlichen Übungen regelmäßig gemacht, worauf sie ganz stolz ist. Mit ihren Kindern, ihrem Exmann und auf der Arbeit lief es ganz gut. Sie kann sich ihrem Exfreund gegenüber gut abgrenzen, und es ist ihr gelungen, sich ihn auf Distanz zu halten. Frau J. ist entschlossen, mit ihrem Freund Schluss zu machen und sie kann sich nun vorstellen auch ohne Mann zu leben, was ja ursprünglich ihr Ziel für die Beratung war.

Sie bietet mir viele Anlässe, sie zu loben.

Frau J. sagt mir, sie denke, auf dem richtigen Weg zu sein. Sie brauche unsere Treffen, weil ihr wichtig ist, dass ich nachfrage und mit ihr reflektiere.

Da wir aus verschiedenen Gründen erst nach zwei Monaten wieder einen gemeinsamen Termin finden und ihr das zu lange dauert, biete ich Frau J. an, in der Zwischenzeit alleine eine Beratung durchzuführen. Meine Fragen kenne sie ja mittlerweile und dann könne sie mir ein Ergebnisprotokoll von der Stunde schicken, was sie auch tut.

## 24. Stunde

Laut Protokoll hat Frau J. in dieser Stunde ihre Zeit reflektiert. Sie beginnt auch mit der Skala, wie es ihr geht und das schwankt zwischen 5 und 6.

Frau J. schreibt u.a., sie habe über meine Worte nachgedacht und sie meint, ich habe Recht, dass es ihr nicht gut tue, immer wieder auf ihren Exfreund zu hoffen und immer wieder Kontakt zu ihm aufzunehmen.

Sie schreibt mir ihre Gedanken und Gefühle auf, was für mich einen großen Vertrauensbeweis darstellt.

## 25. Stunde

Wieder ein Rekord. Frau J. ist auf der Skala bei 7 angekommen.

Nachdem ich mich für ihr Ergebnisprotokoll bedankt habe, fasst Frau J. ihre letzte Zeit zusammen. Sie hat es geschafft, den Kontakt mit ihrem Exfreund ganz abzubrechen. Mit ihrem Freund, bzw. nun Exfreund Nr. 2, führe sie eine freundschaftliche Beziehung, was auch gut laufe, sie sei realistischer geworden, sie könne gut dosieren zwischen Arbeit und Entspannen und habe gelernt, objektiver zu sein, sie könne wertfreier sein und sie könne wichtige Punkte weitergeben.

Um das zu festigen, frage ich, was sie dahin gebracht hat und sie antwortet:

– dass sie gelernt habe, kleine Schritte zu gehen ... Schritt für Schritt,

– dass sie ihren Blick auf das Positive richte,

– dass sie ein ausgewogenes Verhältnis zwischen Arbeit und Entspannung lebe.

Ich rate ihr, das alles schriftlich fest zu halten, damit sie in Situationen, in denen ihr das nicht gelingt, darauf zurückgreifen kann. Diesen Rat macht sie sich zur Hausaufgabe.

Ebenfalls könnte in der Stunde noch hilfreich gewesen sein, dass ich sie gefragt habe, was sie tun kann, damit sie das festigen kann. Darauf lautet ihre Antwort: heute leben und so weiter machen.

## Brief

Sie schickt mir aus ihrem Urlaub einen Brief, in dem sie festhält, wodurch es ihr besser gehe.

Dazu schreibt sie mir noch ein paar nette Zeilen.

## 26. Stunde

Ihr Wohlbefinden hat sich auf 7 gehalten.

Sie möchte die Zeit reflektieren. Sie hatte einen Durchhänger, da sei es ihr schlechter als fünf gegangen, doch sie habe es selber wieder auf die sieben geschafft. Dafür bekommt sie von mir Anerkennung und ein dikkes Kompliment, woran sich meine Frage anschließt, wie sie das alleine geschafft hat. Sie sagt, sie überlege immer, was ich wohl dazu sagen würde und so komme sie oft selber auf Lösungen.

Sie berichtet wieder von den Dingen, die gut laufen, wie z.B. dass sie einen neuen Freund habe, ihre Tochter das beste Zeugnis der Klasse hatte, sie die Einsamkeit manchmal genießen konnte und sie eine neue Freundin habe, die ihr zurückgemeldet habe, wie sehr Frau J. ihr Leben bereichert habe.

Zum Abschied bedankt Frau J. sich bei mir, sie habe soviel von mir gelernt und ihr gefalle meine Art zu vermitteln. Sie sagt, sie würde mich dafür am liebsten mal drücken, aber das dürfe sie ja nicht. Für die Komplimente bedanke ich mich bei ihr und „erlaube" ihr, mich zu drücken. Danach wirkt sie total glücklich. Ich glaube, dass es wichtig war, die Distanz zwischen Beraterin und Klientin für ihr Bedürfnis zu unterbrechen. Das macht mich vielleicht menschlicher.

## 27. Stunde

Frau J. hat einen kleinen Durchhänger, wie sie sagt. Sie befindet sich auf der Skala des Wohlbefindens auf 5,5 und ihr Ziel ist es, aus dem Durchhänger wieder raus zu kommen.

Sie ist eifersüchtig auf die Exfreundin ihres Freundes.

Ich äußere eine Hypothese, nachdem sie die Situation geschildert hat. Mein Eindruck ist, dass sie sich in eine Spirale begibt. Aus Eifersucht fragt sie ihren Freund aus, kontrolliert ihn und macht ihm Stress bezogen auf die Exfreundin, was zur Folge haben könnte, dass er immer weniger von ihr erzählt. Das wiederum könnte dazu führen, dass sie skeptisch wird, weil er nichts erzählt und er traut sich nicht, mehr zu erzählen, weil sie sofort Stress macht. Diese Idee findet Frau J. interessant und macht sich Gedanken darüber.

Ich rate ihr, wertfrei nachzufragen und erst einmal vom Positiven auszugehen und ihm nicht sofort etwas Schlechtes zu unterstellen. Für die Ratschläge zeigt sie sich dankbar und will es probieren.

## 28. Stunde

Frau J. sagt sofort, ihr Wohlbefinden sei auf 6, ohne dass ich frage.

Bis zu einem gewissen Grad habe es gut geklappt mit dem wertfreien Fragen. Sie berichtet von Teufelchen, gegen die ich heute etwas tun soll.

Ich frage nach, wie viele es sind, wie sie heißen und wie groß sie sind. Frau J. muss lachen, gibt aber an, es seien drei Teufelchen, die Karl-Heinz, Otto und Hans heißen und ungefähr die Größe eines Gartenzwerges haben. Sie seien schon lange da, aber sie habe die jetzt erst richtig kennen gelernt.

Die Teufelchen lassen sie eifersüchtig werden. Ich bitte Frau J., die drei Teufelchen auf einen freien Stuhl zu setzen und sich mit ihnen zu unterhalten. Wenn die Teufelchen antworten, dann soll sie sich auf den Stuhl der Teufelchen setzen. Nach dem Gespräch kommt Frau J. zu dem Ergebnis, dass die Teufelchen gar nicht so böse sind. Anfangs wollte sie die Teufelchen wegschicken, doch dann kommt sie zu dem Schluss, dass das nicht hilfreich sei. Besser wäre, sich mit ihnen zu verbünden.

Sie gibt sich selber die Hausaufgabe, mit ihren drei Teufelchen weiter zu reden.

**Brief**

Zum Jahresende schreibe ich Frau J. eine Weihnachtskarte.

## Zum Abschluss

Den Beitrag beende ich an dieser Stelle, da ich weiß, dass Frau J. auch ungefähr bis zu dieser Zeit geschrieben hat, was ihr geholfen hat. Frau J. wird voraussichtlich noch einige Termine mit mir machen, wobei ich das Gefühl habe, sie kommt ganz gut zurecht und ihr geht es ganz gut.

Zum Schluss möchte ich noch die Aspekte beschreiben, die ich ebenfalls für hilfreiche Elemente erachte, die aber nicht in die chronologische Abfolge passten.

Ich könnte mir vorstellen, dass die Offenheit von Frau J., sich auf meine Art und meine Ratschläge einzulassen, hilfreich gewesen sein könnte. Ebenfalls denke ich, war der Wille von Frau J., etwas zu verändern, sehr entscheidend, denn sonst hätten all meine Bemühungen nicht fruchten können.

Ihr Mut, Neues auszuprobieren und sich auf meine Methoden, z.B. die Teufelchen zu externalisieren, einzulassen, war auch eine wichtige Grundlage für ihre Entwicklung.

Nicht zu unterschätzen, ist meiner Meinung nach unsere Beziehung. Ich denke es ist hilfreich, dass wir uns gegenseitig sympathisch sind.

Abschließend kann ich nur sagen, dass ich gerne mit Frau J. gearbeitet habe und gespannt bin, was Frau J. als hilfreich erlebt hat.

# Was mir in der Therapie geholfen hat?

*Frau J.*

Als Einführung erst mal, wer ich bin und in welcher Lebensphase ich gesteckt habe. Ich bin allein erziehende Mutter von zwei Kindern. Lena ist 8 und Sven ist 5 Jahre alt. An meinem kritischen Punkt war ich gerade ein Jahr von meinem Mann getrennt und alle Hoffnungen für mein weiteres Leben, die ich in diese Trennung gelegt hatte, waren wie Seifenblasen zerplatzt. Ich fühlte mich seit langem ungeliebt, da mein Mann nur Zeit und Augen für die Kinder hatte. Nun glaubte ich, eine neue Beziehung würde mich beflügeln. Diese hat mich allerdings fast zerbrochen. Der neue Partner wollte nichts von Kindern oder Problemen wissen, hat aber stets meine Hoffnung genährt, dass sich das ändert.

Ein Jahr lang habe ich dieses „Spiel" durchgehalten, dann war ich so fertig, dass ich mit meinem Alltag und erst recht mit den Kindern überhaupt nicht mehr klarkam. Auch an den Hoffnungen konnte ich mich nicht mehr festhalten. Ich musste mir eingestehen, dass mich Verständnis und Mitleid meiner Freundinnen, so gut sie es auch meinten, nicht weiterbringt. So kam ich zu Frau Lück.

Die ersten Gespräche waren sehr hart. Ich war an Mitleid gewöhnt und musste mich nun mit Realitäten auseinandersetzen, musste mir eingestehen, dass ich nicht nur Opfer war, sondern meinen Teil dazu getan habe.

Tränen flossen in Strömen, aber nur so konnte ich mich öffnen. Nicht, dass es mir jetzt plötzlich gut ging, ich fühlte mich zunächst schuldig am weltweiten und meinem persönlichen Elend. Ich hatte jedoch jetzt jemanden, der mich wirklich ernst genommen hat und mir ganz unparteiisch helfen wollte.

Frau Lück fragte mich immer wieder, wie ich mich fühle ... schlecht ... und wodurch ich mich besser fühlen könnte. Ich sollte mich also nicht weiter in mein Schicksal ergeben, sondern selber etwas tun?!? Schritt für Schritt ... an mich denken ... es nicht allen Recht machen ... mit mir Geduld haben ...

Sehr effektiv war, nicht zu analysieren und zu sezieren, z.B. meine Kindheit oder was ich falsch gemacht habe, sondern Lösungen für schwierige Situationen im Hier und Jetzt zu suchen. Diese Lösungen müssen allerdings aus einem selbst kommen.

Frau Lück hat aufgepasst, dass ich den Weg zu dieser Lösung nicht verlasse, sie hat mich gelenkt, manchmal auch in die richtige Richtung geschubst, aber den Weg gehen ... musste ich selbst.

Sie hat mich immer wieder gefragt, was ich fühle, wie andere darüber denken und ob mich das belasten muss. Welche Handlungsmöglichkeiten habe ich überhaupt?

Dabei sind Hausaufgaben ein gutes Mittel. Es hört sich vielleicht banal an, aber durch diese Aufgabe beschäftige ich mich mehr mit mir, sprich mit meinem Seelenleben. So lasse ich mich nicht so Schicksal ergeben fallen. Das war für mich ein wichtiger Punkt. Da ich eingefahrene Gewohnheiten ändern wollte und immer noch ändern möchte, brauche ich eine gedankliche Hilfestellung, um an mir zu arbeiten, Besonders gut finde ich dabei alles Positive – und ist es noch so nichtig – zu notieren. Das ist unglaublich schwer. Erstmal scheint gar nichts Positives da zu sein.

Dann fällt auf, was „Mensch" so alles als selbstverständlich hinnimmt. Auch im „Kleinen" liegt viel Positives. Ein Streit mit oder zwischen den Kindern, der nicht eskaliert, ein gemeistertes Problem auf der Arbeit, selbst ein zwitschernder Vogel kann einen erfreuen, wenn man dafür offen ist. So war eine wichtige Hausaufgabe, all diese Sachen zu notieren. Zusätzlich hat Frau Lück mir diese vielen Dinge im Leben vor Augen geführt, ich hatte sie alleine nie so bewertet oder überhaupt gesehen.

Ich verstehe mich heute gut mit dem Vater der Kinder, wir tauschen uns aus und teilen die Verantwortung. Wer kann das schon so positiv von sich sagen?

Allerdings hat mir Frau Lück auch immer wertfrei vor Augen geführt, wie sich mein Exmann fühlen könnte oder welche Sichtweise er haben könnte, wenn ich beispielsweise eine neue Beziehung eingehe und er diesen Mann, der ja nun mal Kontakt zu seinen Kindern hat, noch nicht mal kennt. Über seine Angst, seine Vormachtstellung, seinen „Papastatus" zu verlieren, habe ich mir keine Gedanken gemacht.

Ein weiterer Punkt ist, sich neue Ziele zu überlegen. Es gibt Momente, in denen ich gar nicht weiß, wie es weiter gehen soll, geschweige denn, was ich will. Im Alltag gehen solche Fragen unter, es bleibt nur ein bohrendes Gefühl im Bauch. Rückt ein Gesprächstermin näher, so mache ich mir immer intensiver Gedanken.

Die ersten beiden Fragen sind immer:

1) Wie fühlen Sie sich, von 1-10?

2) Welches ist das Ziel der heutigen Stunde?

Die Antworten auf diese Fragen kann ich jetzt schon sehr zügig geben, da ich sie mir im Vorfeld stelle.

Ich gehe jetzt nur noch alle 4-5 Wochen zum Gespräch, aber ich weiß, dass ich weiter arbeiten muss. Alleine wäre ich zu dieser Erkenntnis nicht gekommen.

## Kommentar

*Andrea Lück*

Mir gefällt die Art, wie Frau J. über unsere hilfreichen Momente der Beratung geschrieben hat. Ich finde, sie bringt die hilfreichen Aspekte auf einen Punkt und schreibt sehr lebendig und authentisch.

Besonders bemerkenswert finde ich, dass wir zwar ganz unterschiedlich die hilfreichen Momente dargestellt, aber im Wesentlichen doch die gleichen Interventionen und Momente hilfreich erlebt haben. Es freut mich, dass es viele Übereinstimmungen in der Wahrnehmung gibt und gleichzeitig bin ich überrascht über einige Ratschläge oder Interventionen, die Frau J. hilfreich erlebt hat, die ich in den Situationen weniger deutlich als solche erlebt habe.

Für mich ist es eine Bereicherung zu erfahren, was Frau J. hilfreich erlebt hat und es bestätigt und motiviert mich in meiner Arbeit. Das bestärkt mich gleichzeitig so weiterzuarbeiten.

* * * * *

## Glaubwürdigkeitsfragen oder: Wer glaubt an wen und wie lange ...

*Andrea Lück* und *Frau M.*

Bevor ich zum eigentlichen Thema komme, nämlich was ich denke, was in der Therapie geholfen haben könnte, möchte ich kurz etwas zum Hintergrund der Jugendlichen schreiben.

M. war mir schon seit einiger Zeit aus dem Team bekannt, da sie bei einem Kollegen mit ihrer Mutter und ihrem Stiefvater in Beratung war. Es ging um Vorwürfe des sexuellen Missbrauchs, die sie ihrem Stiefvater gegenüber machte, dann aber wieder abstritt. Die Familie hatte zur damaligen Zeit die Beratung abgebrochen.

Die Mutter meldete sich mehrere Monate später erneut an. Im Erstgespräch formulierte sie den Wunsch, dass ihre Tochter jemand haben sollte, mit dem sie über den möglicherweise stattgefundenen Missbrauch sprechen könne. Gleichzeitig sagte sie aber voller Überzeugung, dass kein Missbrauch stattgefunden habe.

Ich lernte das Mädchen kennen, als sie zwölf Jahre alt war. Sie war ein sympathisches Mädchen, die vernünftig wirkte und sich sehr schnell auf unser Gespräch einließ.

Sie lebte zu der Zeit nach einem mehrmonatigen Heimaufenthalt wieder zu Hause bei ihrer Mutter und ihren drei Geschwistern. Sie selber wollte wieder zurück in die Familie. Es war ihr von der Mutter (durch Auflage des Jugendamtes) auch zugesichert worden, dass der Stiefvater eine eigene Wohnung habe und sich dort aufhalten werde, insbesondere nachts.

Die erste Zeit war das auch so, doch die Mutter fragte M., ob es ihr etwas ausmache, wenn der Stiefvater bei ihnen bleibe. Und so geriet M. in einen starken Konflikt: sagte sie „ja", dann ging die Mutter zu ihm und sie musste sich um ihre zwei jüngeren Geschwister kümmern und mit ihrem älterem Bruder auskommen. Wenn sie „nein" sagte, musste sie erneut mit ihrem Missbraucher unter einem Dach schlafen, was dazu führte, dass sie mehr und mehr Angstzustände bekam und immer mehr verzweifelte bis zu dem Zeitpunkt, an dem sie weinend und zitternd bei mir in der Beratung saß und nicht mehr leben wollte.

An dieser Stelle ist, glaube ich, etwas sehr Wesentliches passiert, was M. geholfen hat. Zum einen habe ich sie mit ihren Suizidgedanken ernst genommen und für sie gekämpft, dass sie nicht mehr nach Hause musste. Die Mutter wehrte sich, dass ich M. in eine Kinder- und Jugendpsychiatrie bringen wollte und so kam sie sofort in die Beratungsstelle und erpresste M. massivst. Sie drohte ihr, den Kontakt für immer abzubrechen, wenn sie nicht mit nach Hause komme

Nach langem Hin und Her blieb mir und meinem Kollegen, der inzwischen als Unterstützung dazu gekommen war, nichts anderes übrig, als die Polizei zu rufen, die M. dann in eine Jugendschutzstelle mitnahm.

Diese Krisenintervention begann um 14.00 Uhr mit ihrem Termin und endete gegen 23.00 Uhr.

Ich glaube, da hat M. gespürt, dass sie meinem Kollegen und mir nicht egal ist und dass wir uns wirklich für sie und ihr Wohl einsetzen, auch noch, wenn es wirklich unangenehm wird. Mein Kollege versuchte, während ich mit der Mutter redete, sie zu beruhigen. Von der kumpelhaften Art erzählt sie heute noch. Das hat ihr wohl gut getan.

Nach einer Nacht in der Jugendschutzstelle wurde M. wieder in ein Heim eingewiesen, welches in der gleichen Stadt wie die Beratungsstelle war. Dort hatte sie es nicht leicht.

Sie kam meistens regelmäßig und pünktlich zu den Terminen. Sie hatte viele Themen zu besprechen:

Immer wieder verlor sie die Lust zu leben, doch es ist uns gemeinsam jedes Mal gelungen, diese Lust zurückzuerobern. Das war oft nicht leicht mit der großen Last, die sie zu tragen hatte.

Ich glaube das Wichtigste war, dass unsere Beziehung zueinander stimmte. M. hatte Vertrauen zu mir, und ich habe fest an sie geglaubt und immer ihre Ressourcen gesehen und versucht, diese zu mobilisieren. Bei mir war ein Raum, in dem M. keine Tadel erhielt, wenn sie „mal wieder etwas verbockt hatte". Egal, ob sie sich im Heim nicht an die Regeln gehalten hatte oder ob sie abgehauen war und von der Polizei gesucht wurde oder ob sie jemanden zusammen geschlagen hatte oder, oder, oder … Sie hatte immer das Vertrauen, zu mir zu kommen und mir die Dinge zu erzählen, weil sie sich sicher gefühlt hat.

Egal, was war, ich habe mich bei M. immer erst für das Vertrauen bedankt, was sie mir entgegen brachte, wenn sie mir die Dinge, die sie „angestellt" hatte, anvertraute. Ich habe ihr keine Moralpredigt gehalten, sondern sie immer erst gefragt, ob sie meine Meinung dazu hören möchte. In den meisten Fällen wollte sie das. Wenn nicht, habe ich, auch wenn es mir schwer fiel, nichts dazu gesagt. Heute denke ich, sie wusste inzwischen schon, was ich sagen würde.

Das Gute daran war, dass **sie** sich entschieden hatte, meine Meinung zu hören. So konnte sie sich nachher nicht beschweren, wenn ich etwas sagte, was sie vielleicht doch nicht hören wollte. Natürlich kam das dennoch vor, aber dann habe ich sie erinnert, dass sie mich ja darum gebeten hatte, meine Meinung zu sagen. Meistens musste M. daraufhin lachen, und wir konnten auf einer anderen Ebene darüber reden. Es hatte aber keinen Charakter einer Moralpredigt und das war, wie gesagt, ganz entscheidend. Denn Moralpredigten kannte M. bestens, von Lehrern, Erziehern, Heimleitung, usw.

Dadurch, dass M. entschied, ob sie meine Meinung hören wollte, bekam das Gespräch jeweils eine andere Ebene und Qualität.

Über die Zeit entwickelte sich bei uns dadurch folgendes:

Ich hatte das Gefühl, dass M. sich gelegentlich das Leben doch schwerer machte, als vielleicht notwendig.

Auch das formulierte ich, wenn M. es hören wollte. Eines Tages gab M. mir dann sogar den Auftrag, sie immer dann zu erinnern, wenn ich meine, dass sie sich das Leben schwer macht.

Wenn ich glaubte, nun könnte M. sich das Leben vielleicht etwas leichter machen, leitete ich meinen Hinweis ein mit der Erinnerung an ihren Auftrag und dann sagte ich ihr, was ich glaubte, wie sie sich das Leben an gerade dieser Stelle möglicherweise leichter machen könnte. Es war toll, wie gut M. das annehmen konnte, und nicht nur das. Es gab zahlreiche Situationen, in denen sie sogar meinen Rat in die Tat umsetzen konnte. Und dafür konnte ich M. natürlich gar nicht genug loben.

Ich glaube, das Lob und die Wertschätzung, die ich ihr entgegengebracht habe, waren wichtige Punkte.

Ebenfalls hilfreich könnte gewesen sein, dass ich M. überwiegend die Entscheidung der Themen in den Stunden überlassen habe. M. hat weitgehend die Stundeninhalte bestimmt, was ich zwar für selbstverständlich halte, dennoch möchte ich es erwähnen, da das in meinen Augen für M. wichtig gewesen sein könnte.

Für M., die keinen Halt hatte, die kein zu Hause hatte, war, glaube ich, wichtig, dass ich im Rahmen meiner Möglichkeiten immer für sie da war und mich für sie eingesetzt habe. Hatte sie beispielsweise grundlegende Konflikte mit den Erziehern im Heim, dann habe ich ihr angeboten, gemeinsam mit einem Erzieher zum Gespräch zu kommen, damit wir gemeinsam Lösungen erarbeiten konnten.

Wenn M. nicht zu dem vereinbarten Termin kam, habe ich sie angerufen und gefragt, was los ist oder ich habe ihr geschrieben. Ich glaube, M. hat gespürt, dass sie mir nicht egal ist und dass der Kontakt weiter besteht, auch wenn es Schwierigkeiten gab.

Durch meine konstante Zuneigung und meinen konstanten Einsatz sowie durch kleine Aufmerksamkeiten zu Weihnachten oder Briefe hat M. auch die Bestätigung bekommen, dass ich sie mag, egal wie sie sich verhalten hat. Mein Eindruck war, dass das für M. etwas Neues war.

Ihr wurde auch klar, dass sie für mich eine besondere Klientin war. Sie hat mich mit ihrem Schicksal sehr berührt, so dass ich mich über meinen „normalen Arbeitsalltag" für M. eingesetzt habe.

Ganz entscheidend war in meinen Augen auch, dass ich M. den Vorwurf des sexuellen Missbrauchs gegen ihren Stiefvater geglaubt und kein bisschen daran gezweifelt habe.

Ebenfalls grundlegend war möglicherweise, dass ich an M. geglaubt habe. Auch wenn ich manchmal enttäuscht wurde, es mir schwer fiel und ich das Gefühl hatte, ich bin die einzige, die noch an M. glaubt, so war genau das „an sie glauben" wichtig. Wenn M. Tage lang verschwunden war oder ein Lehrer sie in einer ihrer Klassenkonferenzen mit dem jugendlichen Täter von Erfurt verglich, wenn sie permanent wegen ihres aggressiven Verhaltens auffiel, wenn sie von Alpträumen ihrer Missbrauchserlebnisse berichtete, wenn sie sich selbst verletzte oder wenn sie keinen Sinn mehr in ihrem Leben sah, habe ich nie die Hoffnung aufgegeben, dass M. ihren Weg gehen wird. Ich gebe zu, manchmal ist meine Hoffnung minimal geworden, aber es ist mir immer wieder gelungen, sie größer werden zu lassen und ich habe versucht, das M. zu vermitteln und ihr dies mit auf den Weg zu geben.

In Krisen, in denen sie nicht mehr leben wollte, habe ich mit ihr nach Gründen gesucht, die ihr wieder Mut gaben, doch weiter zu leben und die ihr Leben wieder lebenswert machten.

M. hatte Zweifel, ihren Stiefvater anzuzeigen. Ihn anzuzeigen bedeutete, den Kontakt zu ihrer Mutter ganz zu verlieren und somit auch zu ihren Geschwistern. M. hatte die Hoffnung, ihre Mutter würde ihr endlich glauben, wenn der Stiefvater vom Gericht verurteilt würde und alles würde gut werden. Mir schien das eher unrealistisch, was ich ihr auch gesagt und erläutert habe. M. wurde, wie sie mir anvertraute, vor dem Termin ihrer Aussage von ihrer Mutter stark beeinflusst, indem die Mutter sie abfing, ihr Kleidung schenkte und ihr versprach, sie könne wieder nach Hause, wenn sie die Aussage verweigere. M. war bereits zum zweiten Mal an diesem Punkt. Als sie vor Jahren vor dieser schweren Entscheidung stand, hatte ihre Mutter es geschafft, sie von der Aussage abzuhalten. Doch nun hat M. ihre Aussage durchgezogen, trotz der Beeinflussung ihrer Mutter.

Ich habe M. nie zu einer Entscheidung geraten, aber ich habe ihr vermittelt, egal, wie sie sich entscheidet, ich akzeptiere diese und stehe hinter ihr.

In vielen Stunden habe ich ihr genau erklärt, wie ein Gerichtsverfahren abläuft und was auf sie zukommen wird. All ihren Fragen, die ihr dazu in den Kopf kamen, habe ich Raum gegeben und sie beantwortet. Das Verfahren läuft noch, und bis heute war M. so stark durchzuhalten.

Neben diesen elementaren und sich ständig wiederholenden Faktoren, die möglicherweise hilfreich für M. gewesen sein könnten, gab es eine ganze Menge Ratschläge, die ich ihr immer aktuell gegeben habe und die für die entsprechende Situation dann vielleicht hilfreich waren.

Heute ist M. vierzehn Jahre alt und lebt in einer Pflegefamilie, in der sie sich, wie sie mir schildert, gut eingelebt hat und sich wohl fühlt. Die Pflegemutter, mit der ich schon mehrfach telefoniert habe, macht einen kompetenten und sympathischen Eindruck auf mich. Das freut mich sehr für M.

Wir haben weiterhin telefonischen Kontakt und ich bin ganz optimistisch und guter Dinge, dass M. ihren Weg gehen wird.

# Mein Erlebnis bei der Beratungsstelle

*M.*

Mein Name ist M., und ich wollte euch etwas von meinen Beratungsstunden erzählen. Dafür müsst ihr viel über meine Lebensgeschichte erfahren. Ich war etwa fünf Jahre alt, als meine Mutter sich von meinem Vater trennte. Somit blieben mein Bruder und ich mit meiner Mutter allein. Wir zogen um in einen andere Kleinstadt in eine Dreizimmer-Wohnung. Als mein Vater weg war, lernte meine Mutter einen neuen Mann kennen. Erst kam er uns regelmäßig besuchen, nach zwei Jahren zogen wir alle wieder um. Da war ich gerade sieben und mein Bruder acht Jahre alt. Meine Mutter heiratete ihn, und wir waren eine glückliche Familie.

Gute zwei Jahre später ging meine Mutter wieder arbeiten. Als meine Mutter abends zur Arbeit ging, kam mein Stiefvater in das Zimmer meines Bruders und mir (wir hatten ein Jugendzimmer, auf der einen Seite er und auf der anderen ich). Mein Stiefvater legte sich neben mich und zog mir das Nachthemd hoch, und strich mit seiner rechten Hand über meinen Körper. Als er irgendwann gegangen war, befürchtete ich, dass er jeden Moment wiederkommen werde. Mit sehr großer Angst schlief ich endlich ein.

Am nächsten Morgen wachte ich auf, und habe gedacht, es wäre alles ein böser Traum. Ich zog mich an, aß eine Kleinigkeit und ging um kurz nach sieben mit meinem Bruder zur Bushaltestelle. Wir fuhren zur Schule. Als ich im Unterricht war, konnte ich mich gar nicht konzentrieren. Ich war am Überlegen, ob ich mich meiner Grundschullehrerin anvertrauen soll!

Als der Unterricht zu Ende war, ging ich zum Bus und fuhr nach Hause. Wie ich ankam, räumte ich mein Zimmer auf und danach den Rest der Wohnung. Als ich fertig war, überlegte ich, ob ich es meiner Mutter sagen sollte oder ob ich lieber warten soll, um zu schauen, ob mein Stiefvater wieder kommen würde.

Als meine Mutter die Tür öffnete, ist mir mein Herz fast in die Hose gesprungen! Meine Mutter schaute, ob die Wohnung richtig aufgeräumt war, dann sagte sie: „Die Schule hat mich angerufen wegen deiner Mathenoten und Arbeiten." Ich wollte antworten, doch da schlug meine Mutter schon mit dem Kochlöffel auf mich ein. Ihr müsst wissen, dass meine Mutter uns viel geschlagen hatte, da sie dachte, dass das uns vielleicht besser erziehen würde.

Als der Tag soweit um war, hab ich mich fertig fürs Bett gemacht. Als wir viertel nach acht hatten, hab ich dann noch gute Nacht gesagt, weil ich noch was nachdenken wollte über das, was gestern Abend passiert ist.

Irgendwann schlief ich dann vor Angst ein; ich träumte davon, ein normales Leben zu leben.

Ich hatte mir fest vorgenommen, wenn er wiederkommen würde, erzähle ich es am nächsten Morgen meiner Lehrerin.

Er kam wieder, ich hatte fürchterliche Angst. Mein Stiefvater nahm meine Hand und ging mit ihr über sein Glied. Ich hätte mich übergeben können, wenn ich nicht an meinen Bruder gedacht hätte. Ich fühlte mich so dreckig, weil mein Körper beschmutzt war. Er nahm meine Beine und klammerte diese um seine. Der Ehemann von meiner Mutter zog mich von oben bis unten aus. Seine Beine waren immer noch mit meinen umschlungen, so dass ich mich nicht wehren konnte. Ich hätte ihn am liebsten umgebracht.

Jetzt stand für mich fest, dass ich mich nicht weiterhin beschmutzen lasse.

Nachdem er seine Umklammerung gelöst hatte, legte er meine Beine so hin, dass er mit dem Oberkörper auf mir lag. Ich wollte schreien, aber es ging nicht, weil er sagte: „Sagst du ein Wort, dann machst du die Familie kaputt!" Daraufhin hab ich alles mit mir machen lassen, weil ich unsere Familie nicht kaputt machen wollte. Dann sagte er: „Geh ins Bett!" Als er das gesagt hatte, ging ich auch. In dieser besonderen Nacht habe ich nur max. drei Stunden geschlafen.

Am nächsten Morgen ging ich zur Schule und wollte dort vom dritten Stockwerk springen. Ich war schon auf der anderen Seite des Balkons, als meine Grundschullehrerin kam und mich sah. Ich wollte einfach nicht mehr leben. Sie fragte mich, was mit mir los sei, ich sagte nichts.

Wie ich nach Hause fuhr, gingen mir viele Sachen durch den Kopf, z.B was soll ich machen, wenn ich meiner Mutter weggenommen werde? Diese Frage hab ich mir die ganze Zeit gestellt.

Er kam die Nacht wieder, doch dieses Mal war es schlimmer. Er steckte sein Glied zwischen meine Beine und stöhnte ziemlich laut. Ich fand es so widerlich, dass ich mir die Kotze zurückhalten musste. Als er irgendwann gegangen war, konnte ich meinen Körper nicht mehr spüren vor Ekel. Ich hatte mir fest vorgenommen, es meiner Mutter am nächsten Tag zu erzählen. Wir hatten Wochenende, das hieß, meine Mutter müsste nicht arbeiten. Ich hatte mir genau überlegt, wie ich es ihr sage. Ich ging zu ihr und sagte: „Mama kann ich mal mit dir alleine reden?" Gegen Mittag hatte sie Zeit. Ich erzählte meiner Mutter, was ihr Mann mit mir gemacht hat. Sie sagte darauf hin in einen merkwürdigen Ton. „Ich werde mit ihm darüber reden."

Ich war erleichtert, dass meine Mutter es wusste. Ich ging ziemlich früh die Nacht schlafen, weil ich keine Lust hatte auf irgendwelche Erklärungen oder Moralpredigten von ihr. Doch dann klopfte es an meiner Tür. Ich erschrak mich zu Tode, doch es war nur meine Mutter. Sie setzte sich neben mich ins Bett und sagte: „Ich habe mit ihm geredet. Er sagte, dass du dir das vielleicht nur ausgedacht hast, weil du ihn loswerden möchtest. Stimmt das?" Mir liefen die Tränen über die Wangen – meine eigene Mutter glaubt mir nicht. Für mich ging ab diesen Tag die Welt unter.

Am nächsten Tag ging ich zur Schule, mein Kopf überschlug sich mit Gedanken, z.B. WARUM? Warum glaubt sie mir nicht. Als meine eigene

Mutter mir nicht glaubte, wollte ich nicht mehr leben. Ich ging zu dem Balkon in dem zweiten Stockwerk, kletterte auf die andere Seite und wollte zum Sprung ansetzen, als ein paar Mitschüler von mir kamen. Ich sagte, sie sollen gehen, ich möchte alleine sterben. Darauf hin blieben ein paar Schüler, andere wiederum holten meine Lehrerin. Sie versuchte, mit mir zu reden, doch ich wollte nicht! Sie redete so lange auf mich ein, bis ich den Balkon verließ. Wir gingen gemeinsam ins Lehrerzimmer und unterhielten uns. Ich sagte nicht, warum ich springen wollte, daraufhin sagte sie, sie müsse mit der Schulpsychologin reden. Sie verließ mich und ging ins Sekreteriat, um mit der Psychologin zu reden. Nach zehn Minuten kam sie wieder und sagte, dass eine Frau kommen würde und sich mit mir unterhalten möchte. Gemeinsam warteten wir. Nach kurzem traf sie ein. Und stellte sich mit dem Namen Frau S. vor. Sie fragte mich z.B. warum ich springen wollte. Ich antwortete ihr, dass meine Mutter mir nicht glauben würde. „Was glauben?", fragte Frau S. Ich fing nur an zu weinen. Sie nahm mich in die Arme und ich erzählte ihr, was passiert war. Sie sagte: „Ich komme gleich wieder, Spring aber nicht!" Ich machte mir ein paar Bilder, wie es weiter gehen würde. Es dauerte nicht lange, bis sie wieder kam, allerdings sah sie so aus, als würde sie mir etwas verheimlichen. Ich fragte sie, was los sei. Die Schulpsychologin erzählte mir kurz, dass sie mit dem Jugendamt telefoniert hatte.

Sie sagte: „Du kannst keinen Tag länger in dieser Familie bleiben!" Ich fühlte mich in diesem Moment so, als würde mein Herz in tausend Stükke zerspringen. Ich sagte nur, wenn es keine andere Möglichkeit gäbe, würde ich die Familie verlassen. Plötzlich klopfte es an der Tür, ich zuckte zusammen. Es war das Jugendamt, mit meiner Grundschullehrerin. Sie traten auch in das Lehrerzimmer ein. Wir setzten uns alle auf die dort vorhandenen Stühle und überlegten, wie es weiter gehen sollte. Wir kamen zu dem Entschluss, dass es am besten sei, wenn ich vorübergehend zu meiner Grundschullehrerin ziehen würde, bis ein Platz im Kinderheim frei wurde. Das Jugendamt rief meine Mutter an und teilte ihr mit, dass ich erst einmal zu meiner Grundschullehrerin ziehen würde, bis ein Platz im Kinderheim frei würde. Meine Mutter war davon nicht begeistert, weil sie nicht wusste, wie es mit ihrem Mann und ihren Kindern weitergehen würde. Als meine Mutter auflegte, kam das Jugendamt zurück und berichtete das Vorgefallene.

Das Jugendamt fuhr zu meiner Mutter und holte einige Sachen von mir und wir anderen warteten, bis diese wiederkamen. Als sie da waren, vereinbarten wir, dass wir noch mal einen Termin machen würden und dann verabschiedeten wir uns von einander. Ich fuhr gemeinsam mit meiner Lehrerin zu ihr nach Hause und hab auf der ganzen Autofahrt kein Wort gesprochen, weil ich an meine Familie denken musste. Ich wollte meinen Stiefvater doch nicht verletzen oder enttäuschen, sondern ich wollte ihm nur zeigen, dass ich nicht alles mit mir machen lasse! Ich war auf eine Art und Weise froh, weg zu sein, aber es war doch meine Familie.

Als ich knapp eine Woche dort war, wurde mir klar, wie sehr mir meine Familie fehlte, deshalb beschloss ich, meine Puppe und meinen Koffer zu nehmen und zu gehen. Ich ging so leise wie möglich zur Tür und rannte raus. Der Mann von meiner Grundschullehrerin hatte mitbekommen, dass ich das Haus verlassen habe. Er lief mir hinterher und schrie: „Bleib doch hier!" Als er das sagte, bin ich stehen geblieben und er kam, nahm meine Hand und sagte: „Lass uns zurück gehen." Ich war ziemlich überrascht und mir liefen die Tränen. Er fragte mich, warum ich gegangen bin. Ich sagte, dass ich zu meiner Mutter möchte, weil ich starkes Heimweh hatte.

Als der Tag der Abreise kam, fühlte ich mich hilflos und wollte diese Familie nicht verlassen. Meine Grundschullehrerin sagte: „Wenn was ist, ich bin immer für dich da."

Als ich ins Kinderheim ging, kam ich in eine Kleinkindergruppe zum Übergang mit zehn Jahren. Ich hatte euch vergessen zu erzählen, dass ich vorher schon bei der Beratungsstelle war, allerdings nicht bei Frau Lück, sondern beim Herrn S., die im selben Gebäude arbeiten. In der Gruppe konnte ich mich schnell einleben. Nachdem ich einen Monat schon in der Gruppe lebte, besprachen wir im Hilfeplangespräch (HPG) Erzieher, Jugendamt und meine Mutter, ich, dass ich noch nicht aufhören sollte mit der Beratung allerdings nicht beim Herrn S., sondern bei Frau Lück.

Eine Woche nach dem HPG ging ich regelmäßig zu Frau Lück (einmal oder je nachdem zweimal die Woche). Mit Frau Lück verstand ich mich von Anfang an. Die Beratung ging eigentlich nur 45 Minuten, aber bei uns wurde meistens eine Stunde draus. Wie ich mit ihr ins Büro ging, fragte sie mich, wie es mir geht, das hieße, dass sie gesagt hat, Skala von 1-10 und ich habe dann eine Zahl genannt, wie es mir ging, z.B. 5 und dann haben wir gemeinsam überlegt, was wir tun können, dass ich auf sechs komme.

Am meisten hat mir geholfen, dass ich wusste, ich kann mit ihr über alles reden als auch, dass sie mich dran erinnert hat, wenn ich mir das

LEBEN schwer mache und dass war leider nicht nur einmal. Wenn ich aus der Beratung kam, ging es mir meistens besser, weil ich wusste, ich soll die Hoffnung nicht aufgeben nur wegen meinen Problemen.

Ich fuhr zum Kinderheim und überlegte mir, wie ich meine Situation ändern könnte. In der Gruppe war ich sehr zurückhaltend, meistens hab ich meinen Tag mit Hausaufgaben und Aufräumen verbracht. Ich habe sehr oft lange Gespräche mit den Erziehern über meine Vergangenheit geführt, ob ich Schuld sei, dass meine Mutter mir nicht glaubt und ob ich meine Geschwister jemals wieder sehen werde. Die Erzieher haben immer gesagt, dass ich nicht Schuld hätte an der Vergewaltigung und meine Geschwister hoffen, sie sehen mich auch bald wieder, aber sie können es mir nicht versprechen. Ich habe oft geweint, weil ich sehr an meinen Geschwistern hänge, auch heute noch. Ich habe nie verstanden, warum mein Stiefvater mich so sehr verletzt hat. Die meiste Frage, die ich mir seit diesem Tag gestellt hab, warum gibt es so welche Menschen, die anderen Menschen Leid zu fügen? Ich glaube, auf diese Frage werde ich nie eine Antwort finden.

Nachdem ich in der ersten Gruppe war, hatte ich mir überlegt, meinen Stiefvater anzuzeigen. Ich hab mit den Erziehern darüber geredet. Sie sagten, dass es kein einfacher Weg werden würde und fragten mich, ob ich mir 100 % sicher bin, diesen schweren Weg auf mich zu nehmen. Ich antwortete immer nur mit „ja, ich bin mir 100 % sicher". Die Erzieher und die Heimleitung brachten alles in Bewegung, dass ich mit meinen Vorsätzen auch nicht ins Schwanken gerate.

Als meine Mutter beim Hilfeplangespräch (HPG) erfahren hat, dass ich meinen Stiefvater anzeigen möchte, hat sie vorübergehend den Kontakt zu mir abgebrochen, um sich erst mal klar zu werden, wem sie wirklich glaubt. Nach dem HPG lief ich in mein Zimmer und weinte. Ich konnte es nicht verstehen, dass sie mir nicht glaubt, ich bin schließlich ihre Tochter und nicht irgendeine Bekannte. Meine Mutter hat sich sehr verändert, seitdem sie mit meinem Stiefvater zusammen lebt. Wie meine Mutter, mein Bruder und ich noch alleine waren, konnte meine Mutter sich keinen Urlaub leisten und jetzt waren wir schon in Bayern.

Als ich in meinem Zimmer so da lag und weinte, kam es mir den Kopf, dass ich um meine Familie kämpfen werde, egal was passiert. Ich hatte mich beruhigt und sagte den Erziehern Bescheid, dass ich rausging und um 18.00 Uhr wieder zurück sei. Ich ging raus in den Wald und nahm einen Stock, pfefferte ihn mit voller Wucht gegen einen Baum und weinte. Ich verstand die Welt nicht mehr.

Einmal die Woche ging ich zur Frau Lück, um ihr zu berichten, was ich für Gedanken habe und wie ich mit diesen Gedanken fertig werden würde. Meistens half mir bei der Beratungsstelle, wenn Frau Lück mich fragte: Skala von 1-10. Das heißt, wie ich mich fühle. 1 heißt „ganz schlecht", 10 heißt „super gut, könnte gar nicht besser laufen". Und wenn ich z.b „fünf" sagte, dann haben wir gemeinsam geschaut, wie ich während der Stunde auf sechs kommen würde. Ich fand aber am besten von Frau Lück, wenn sie mich daran erinnerte, wenn ich mir das Leben schwer machen würde. Das war mir eine große Hilfe. Denn ich habe eine Person gefunden, die mich so akzeptiert, wie ich bin. Inzwischen hab ich mit meiner Mutter wieder Kontakt, wir hatten einmal die Woche miteinander telefoniert. Ab und an besucht sie mich dann auch mit meinen Geschwistern. Wenn sie ging, dachte ich dann noch oft an sie. Die Erzieher sagten mir ungefähr eine Woche später, dass ich einen Termin beim Jugendamt hätte und morgen einen bei der Staatsanwaltschaft.

Ich glaube, dass ihr jetzt genug von meiner Lebensgeschichte wisst. Ich wollte euch nur noch sagen, dass ich jetzt in einer Pflegefamilie lebe. Die Verhandlung läuft immer noch. Ich danke Frau Lück und meinen Freunden, dass sie so oft da waren, wenn ich sie brauchte. Frau Lück, bei ihnen in der Beratungsstelle hat mir geholfen: dass sie den Leuten Tipps geben, wie sie etwas an der Situation verändern können, aber ihnen freigestellt ist, wie sie es machen. Mir hat besonders geholfen, wenn sie sagten, ich soll mir das Leben nicht mehr schwerer machen, wie es sowieso schon ist. Ich danke ihnen und dem Herrn S. und Herrn M. sehr.

# Kommentar

*Andrea Lück*

Erst einmal finde ich mutig und toll, dass M. es geschafft hat, in ihrem Alter und in ihrer Situation so offen über ihre Erfahrungen zu schreiben. Das sehe ich als große Leistung an. Neben dem Durchhaltevermögen und der Auseinandersetzung mit dem Thema gehört da sicherlich viel Mut zu.

Durch M.s Buchbeitrag habe ich auch Informationen erhalten, die für mich neu waren, da wir in der Beratung nicht über die Einzelheiten des Missbrauchs geredet haben, was für einige LeserInnen sicher schwer nachvollziehbar ist. Für M. stand zu der Zeit der Beratung jedoch keine Aufarbeitung, sondern eine Alltagsbewältigung an.

Es freut mich, dass die hilfreichen Momente, die M. beschreibt, mit meinen Einschätzungen übereinstimmen.

Das Verhältnis in M.s Beitrag von dem Erlebten und der Einschätzung, was ihr geholfen hat, macht mir auch noch einmal deutlich, wie präsent wahrscheinlich die Missbrauchserfahrung in ihrem Kopf sein wird. So kann ich ahnen, wie schwer es für sie sein könnte, sich auf ihren Alltag zu konzentrieren.

Ich bin beeindruckt, wie M. über ihre Gefühle, über ihr Erleben, über ihre Erfahrungen und über ihre Reflexion unserer gemeinsamen Arbeit geschrieben hat.

# Familiäre Begegnungen Erziehungsbeistandschaft

*Michael Delorette* und *Frau Herbst*

## Äußerer Rahmen

Als Erziehungsbeistand arbeite ich für das Jugendamt Wuppertal. Diese erzieherische Hilfe (Erziehungsbeistandschaft, § 30 Kinder und Jugendhilfegesetz) wird durch die Bezirkssozialdienst-KollegInnnen des Jugendamtes vermittelt, durch Hilfeplanung initiiert und mit den Familien auf Sinnhaltigkeit hin überprüft. Bezirkssozialdienst-KollegInnen, Familienmitglieder und Erziehungsbeistand verabreden in diesen Hilfeplangesprächen Aufgaben, Ziele und vorläufige Dauer der Hilfe.

Ich habe für das Buch die Familie Herbst ausgewählt, da ich die bisherige Beratung als sehr spannend empfinde und als Berater immer wieder an Grenzen stoße. Einerseits gelingen mir meiner Meinung nach immer wieder gute Interventionen, andererseits merke ich jedoch auch, dass es keinen Automatismus in der Beratung gibt. Außerdem ist mir die Familie sehr sympathisch.

## Beginn der Hilfe

Als ich Frau Herbst kennen lerne, ist ihr zweitältester Sohn Robin in einer heilpädagogischen Einrichtung. Mit ihrem ältesten Sohn Kevin gibt es schulische Schwierigkeiten. Sie wünscht sich eine Besserung der familiären Situation und ist bereit, mit mir, ihrem Mann und Pascal darüber nachzudenken, wie sich die schulische Situation ein wenig verbessern kann. In den Gesprächen lasse ich stets durchblicken, dass ich allen Familienmitgliedern zutraue, das derzeitige Problem lösen zu können. Auch spare ich nicht mit Komplimenten, wenn mir Frau Herbst erzählt, was die gesamte Familie alles schon an Problemlösungsversuchen geleistet hat.

Mir gefällt ihr Humor sehr gut und dementsprechend leicht laufen die Beratungsgespräche. Trotz ihres Humors macht sie sehr ernsthaft deutlich, dass sie eine Änderung der familiären Situation wünscht. Auch ihr Sohn Kevin scheint an einer Verbesserung der schulischen Leistung interessiert und ist bereit, mit mir darüber zu diskutieren. Wir reden über Ziele und wie man diese möglichst so setzt, dass man sie auch erreichen kann. Kevin ist dabei sehr schwungvoll und möchte gerne innerhalb kürzester Zeit seine schulischen Leistungen um mindestens zwei Noten verbessern. Am besten soll dies noch in jedem Fach möglich sein und das alles in den nächsten zwei Monaten.

Zur Verdeutlichung der Situation stelle ich Gegenstände, die sich im Raum befinden so hin, damit sie Ausgangsposition und Ziel gut darstellen können. Die Strecke zum Ziel gestalte ich bewusst so, dass hierdurch eine steile (gedachte) Linie entsteht, eben genau so, wie Kevin es haben will, innerhalb kürzester Zeit ein hohes Ziel erreichen. Wir finden beide, dass es ganz schön steil ist.

Schon nach einigen Wochen verbessert sich die schulische Situation von Kevin enorm. Die Familie hat in ihrem Bekanntenkreis eine Person gefunden, auf deren Unterstützung Kevin zurückgreifen kann. Eine Studentin in der Nachbarschaft hat sich bereit erklärt, Kevin Nachhilfe zu geben. Die dörfliche Wohnsituation kommt der Familie zugute. Man kennt sich halt. Auch Kevin ist sehr motiviert, die Hilfe anzunehmen. Somit hat sich das erste Problem fast schon „in Luft aufgelöst".

Nun bekommt die Beratung einen anderen Fokus. Jetzt soll das Thema Rückführung ihres Sohnes Robin aus der heilpädagogischen Einrichtung angegangen werden, da dort die Hilfemöglichkeiten ausgereizt sind. Bei allen Familienangehörigen besteht der Wunsch, wieder zusammenzuleben, jedoch verschlechtert sich die familiäre Situation kurz vor der Rückführung zunehmend, sodass eine Rückführung erst einmal nicht möglich erscheint. Der Ehemann von Frau Herbst trinkt wieder exzessiv, und das Familienleben ist sehr unruhig. Robin ist an den Besuchswochenenden gegenüber seiner Mutter respektlos und verhält sich auch in der Gruppe zunehmend unruhiger. Er nässt wieder vermehrt ein und stellt seine Eltern bei Besuchen in der Gruppe bloß, was diese natürlich sehr verärgert.

Frau Herbst entscheidet sich nun, die Beratungssituation für sich alleine zu nutzen, um sich über die Rückkehrmodalitäten von Robin klar zu werden. In diesen Gesprächen will sie mit mir zusammen einen „Rückführungsplan" entwerfen. Dabei ist ihr trotz der insgesamt schwierigen Situation klar, dass Robin auf jeden Fall zurückkehren soll.

Um zu diesem Ergebnis zu kommen, frage ich Frau Herbst, wie denn ihr Sohn die notwendigen Kriterien für eine endgültige Rückkehr erkennen könne und was er tun müsse, damit er diese erfüllt. Dabei erscheint es sinnvoll, so konkret wie möglich zu fragen, um die Kriterien transparent zu machen. Als wichtigstes Kriterium nennt Frau Herbst den Respekt vor Erwachsenen. Dabei sollen die von ihr genannten Verbesserungen Robins ihrer Meinung nach mindestens drei Monate anhalten, damit sie sich sicher sein kann, dass eine Rückkehr wirklich erfolgreich sein wird.

Diese Kriterien werden schriftlich auf einem großen Blatt Papier festgehalten und in einem Hilfeplangespräch der Bezirkssozialdienst-Kollegin, den anderen Familienangehörigen inklusive Robin, vorgestellt. Außerdem wird verabredet, dass Frau Herbst vonseiten der Familie alleine bestimmt (es ist ein Kind aus einer anderen Beziehung), wann ihr Sohn wieder nach Hause kommt. Das Jugendamt erklärt sich bereit, die Maßnahme in der heilpädagogischen Einrichtung zu beenden und die Unterbringung in einer Kinder-Wohngruppe zu ermöglichen.

Während der Unterbringung in der Wohngruppe kommt es schon nach kurzer Zeit immer wieder zu kleinen und großen Krisen, auch zwischen Frau Herbst und den MitarbeiterInnen der Einrichtung. Frau Herbst hat dabei manchmal das Gefühl, nicht genügend respektiert zu werden und entschließt sich dann, nach mehreren missglückten Klärungsversuchen, ihren Sohn ganz nach Hause zu holen. Dies natürlich einvernehmlich mit ihm und der ganzen Familie. Das Jugendamt und die MitarbeiterInnen der Einrichtung sind jedoch sehr skeptisch, ob dies die richtige Entscheidung ist.

Frau Herbst wird von mir ermutigt, selber Entscheidungen zu treffen und sich durchzusetzen. Dabei erscheint es mir wichtig, ihr den nötigen Respekt entgegenzubringen, den sie für sich einfordert. Wir reden über Situationen, in denen sie in letzter Zeit selbstbewusste Entscheidungen getroffen und damit auch den Respekt ihres Mannes erworben hat.

Jetzt entfalten sich die Selbstheilungskräfte der Familie erneut, und es wird deutlich, dass alle viel dazu beitragen können, dass es zu Hause gut läuft. In den Beratungsgesprächen spreche ich mit Frau Herbst oft und ausführlich darüber, was gut läuft. Ich lasse mir die Situationen schildern, in denen sie keine Diskussionen mit ihrem Sohn führt, sondern ihm klar und deutlich sagt, was sie von ihm will.

Doch zwischendurch kommt es auch dort immer wieder zu Machtkämpfen zwischen Frau Herbst und Robin. Zusätzlich zeigt sich, dass der massive Alkoholkonsum ihres Mannes Frau Herbst sehr belastet. Wieder nimmt sie vermehrt alleine Beratung in Anspruch, um sich über ihre

Situation klar zu werden. Sie entschließt sich, ihrem Mann für eine Fortführung der Beziehung Bedingungen zu setzen. Würden diese Bedingungen nicht erfüllt, droht sie mit Trennung.

In der Tat nimmt ihr Mann jetzt Hilfe in Anspruch, trinkt aber weiterhin periodisch sehr massiv. Er wundert sich, dass er nach Zeiten totaler Abstinenz wieder sehr massiv trinkt. Es ändert sich allerdings nicht viel an der Situation. Zwischenzeitlich beginne ich über die Beendigung der Beratung nachzudenken und schlage der Bezirkssozialdienst-Kollegin vor, ein Hilfeplangespräch zu terminieren, um die Hilfe zu beenden. Ich fasse meine Beratungstätigkeit in Form eines Berichtes zusammen und schikke diesen auch der Familie zu. Alles scheint klar, und kurz vor dem Hilfeplangespräch scheint die ganze familiäre Situation zu eskalieren. Robin macht besonders in der Schule Schwierigkeiten, schwänzt hier und da und geht vermehrt in Auseinandersetzungen mit seiner Mutter. Es ist zwar schlimm, trotzdem scheint eine Beendigung der Hilfe angezeigt.

Mitten im Hilfeplangespräch bittet mich Robin darum, mit mir alleine zu reden und er eröffnet mir, dass er gar nicht genau weiß, ob er nicht besser ins Heim gehen solle. Es sei wieder ungeheuer kompliziert zu Hause. Ich verabrede mit Robin, dass dies unbedingt im Hilfeplangespräch besprochen werden müsse. Frau Herbst ist sehr verletzt, als sie scheinbar aus heiterem Himmel von Robin mitgeteilt bekommt, er wolle doch eher ins Heim. Jetzt macht Frau Herbst deutlich, dass sie nichts mehr an der familiären Situation verbessern kann und erklärt den „Rückzug". Dabei macht sie deutlich, dass sie nun nichts mehr für ihre Familie tun kann und will.

Das wiederum veranlasst ihren Mann und Robin dazu, verstärkt darüber nachzudenken, was beide zu einer Verbesserung der familiären Situation beitragen können. Robin betont, dass auch er nicht wolle, dass sein Stiefvater trinkt. Er macht konkrete Vorschläge, wie sich die familiäre Situation verbessern könne und was er dazu tun kann. Denn auch bei ihm hat sich seiner Meinung nach einiges zum Schlechten verändert.

Es bleibt allerdings bei Frau Herbst und bei mir der Eindruck haften, dass irgendetwas geschehen sollte, damit es irgendwie weitergeht. In einem gemeinsamen Gespräch zwischen Frau Herbst, Robin und mir entwickeln wir drei gemeinsam die Idee einer Trennung auf Zeit, die für alle Beteiligten gut sein könnte. In dieser Zeit soll Robin in einer Wohngruppe leben und dort über Veränderungsmöglichkeiten nachdenken und Frau Herbst soll mit mir und einem zusätzlichen nicht so verstrickten Berater oder Beraterin Veränderungen erfinden. Wir sind alle drei von

dieser Idee begeistert, und wir verabreden, dass die Jugendamtsmitar-
beiterin über diese Idee informiert wird und diese befürwortet.

Kurz danach eskaliert es derart mit Robin, dass seine Mutter ihn kurzfristig in die Jugendschutzstelle bringt. Frau Herbst informiert mich,
dass Robin im Streit sämtliche Fische seines Aquariums mit Seifen-
pulver vergiftet hat. Dabei macht sie deutlicht, dass sie jetzt unbedingt
eine Veränderung will. So kann es nicht weitergehen und sie entschließt
sich nun, ihren Sohn in der Jugendschutzstelle der Stadt unterzubringen.

Zwar wird das Jugendamt die Familie nicht in der Art unterstützen, in
der sich Frau Herbst und Robin mit mir geeinigt haben, aber es bleibt
die Möglichkeit, dass ich Frau Herbst und ihren Mann mit einem Kollegen zusammen beraten soll.

Mein Kollege und ich einigen uns darauf, dass wir uns in der Form des
„Reflektierenden Teams" im Beratungsgespräch gegenseitig ermutigen
wollen. Wir weihen Frau Herbst und ihren Mann in diese „Technik" ein
und machen darauf aufmerksam, dass wir uns während der Beratungsgespräche unterhalten werden. Dies solle sie nicht verwundern, aber es
würde uns einfach helfen, schwierige Sachverhalte oder Themen besser behandeln zu können. Vor allen Dingen würden wir uns gegenseitig
im Gespräch unterstützen und es könne sein, dass die Beratung dadurch „runder" laufen könne.

Die Eheleute sind damit einverstanden und lassen sich darauf ein. Mein
Kollege und ich haben diese Art der Gesprächsführung noch nicht oft
ausprobiert, stellen aber fest, dass es in der Familie Herbst besonders
Spaß macht. Schon nach der ersten Sitzung bekommen mein Kollege
und ich eine positive Rückmeldung.

Besonders angesprochen hat Frau Herbst die Bemerkung meines Kollegen, der auf einen imaginären Rucksack der Frau Herbst hinweist. Sie
habe sicherlich noch aus früheren Zeiten eine große Last zu tragen. Ohne
viel darüber zu reden, fühlt sich insbesondere Frau Herbst sehr verstanden.

# Meine Haltung zu Frau Herbst in der Beratung

Frau Herbst signalisiert mir stets, wann sie unzufrieden mit meinen Interventionen als Berater ist. Zum Beispiel, als ich ihrer Meinung nach zu
sehr ihren Sohn in Dingen bestärke, die sie eigentlich nicht als wün-

schenswert erachtet. Im gegenseitigen Respekt kann hierüber jedoch eine Klärung stattfinden.

Sie hat mir oft die Wichtigkeit von Familie verdeutlicht und sich nicht in ihrem Glauben beirren lassen, ihren Traum von Familie verwirklichen zu wollen. Dies vor allen Dingen deshalb, da für sie dieser Glaube auch Hoffnung bedeutet. Trotz ihrer negativen persönlichen Erfahrungen als Kind in ihrer Herkunftsfamilie gibt sie diese Hoffnung nicht auf. Obwohl ich der Meinung bin, dass ein „Bessermachen-Wollen" nicht immer zum Erfolg führt, bleibt sie beharrlich dabei. Ich merke, dass sich meine Sichtweise nicht mit der ihrigen deckt, kann dies aber sehr gut akzeptieren. Schließlich lerne ich als Berater von ihr, die Sichtweisen der Ratsuchenden in den Mittelpunkt zu stellen.

Ich schätze den Durchhaltewillen von Frau Herbst und das unverrückbare Bedürfnis, mit ihrem sehr schwierigen Kind zusammenleben zu wollen, koste es, was es wolle. Sie probiert immer etwas Neues aus und es wird ihr immer wichtiger, dass man ihr innerhalb und außerhalb der Familie mit Respekt begegnet. So oft es geht, bekommt sie diesbezüglich von mir Bestätigung.

Inzwischen schätze ich den gegenseitigen Respekt in der Beratung trotz mancher Stagnation. Letztendlich erfahre ich während der Beratung, auf die Hilfe und Unterstützung anderer angewiesen zu sein und ich merke am eigenen Leib, wie schnell man in solchen Situationen geneigt ist, dies als sein eigenes Scheitern hinzustellen.

# Jahreszeiten kommen und gehen

*Familie Herbst*

Hallo, wir sind die Familie Herbst. Wir, das sind Vater Herbst, Mutter Herbst und die drei Söhne Kevin (15), Robin (14) und Marvin (7).

Weil ich (Mutter Herbst) mit meinen Kindern, insbesondere mit Robin, nicht mehr klar kam, ging ich zum Jugendamt und bat um Hilfe. Nach Überprüfung der häuslichen Situation seitens des Jugendamtes wurde beschlossen, Robin erstmal in einer diakonischen Einrichtung unterzubringen, um die sehr angespannte häusliche Situation erstmal zu entspannen.

Für Kevin und Marvin erhielt ich einen Erziehungsbeistand. Der Erziehungsbeistand, Herr Delorette, stellte sich bei uns vor, und machte erst mal mehrere Termine mit der ganzen Familie, um ein Bild über die Problematik unserer Familie zu bekommen. Die Probleme in unserer Familie waren (sind) totale Respektlosigkeit von Robin gegenüber den Eltern insbesondere der Mutter. Dauerndes Streiten von Robin und Kevin. Schulische Probleme (Hausaufgaben) von Robin und Kevin. Gewaltbereitschaft von Robin. Alkoholproblem von Herrn Herbst.

In einem der ersten Gespräche stellten wir spielerisch die Zusammengehörigkeit der Familie aus Sicht jedes Einzelnen dar. Herr Delorette gab uns für jedes Familienmitglied eine Figur, und jeder von uns sollte sie so aufstellen, wie sie aus der jeweiligen Sicht zusammengehören.

Durch die natürliche Art von Herrn Delorette fiel es uns allen nicht besonders schwer, auch über schwierige Dinge zu reden. Das finde ich gerade bei Kindern sehr wichtig, denn nur wenn sie sich ernst genommen fühlen, kann man auch etwas bewirken.

Da Marvin der „Sonnenschein" der Familie ist, fielen die Einzelgespräche mit ihm weg.

In den Einzelgesprächen mit Kevin versuchte Herr Delorette herauszufinden, welche Probleme Kevin hat und wie man diese lösen könnte. Da Kevin ein sehr ruhiger Typ ist und sich nicht besonders zu den Problemen äußerte, war dies etwas schwierig. Bei dem Problem Hausaufgaben einigten wir uns darauf, Kevin eine Abiturientin als Hausaufgabenbetreuung zur Seite zu stellen. Durch diese Hilfe machte Kevin regelmäßig seine Hausaufgaben und hat seinen Notendurchschnitt seitdem verbessert.

Die Gespräche zwischen Herrn Delorette und Robin basierten meistens auf der Ausführung irgendwelcher Dinge, die Robin gerne macht. So haben die beiden zusammen mit Holz gearbeitet, ein andermal hat Robin einen Kuchen gebacken und sie haben zusammen Kaffee/Kakao getrunken. Besonders gut gefallen hat Robin ein Ausflug, den die zwei zum Aqua-Zoo gemacht haben. Etwas peinlich dagegen fand er ein Gespräch, das die beiden in einem Café führten.

Durch die Auflockerungen der Gesprächsatmosphäre mittels der o.g. Tätigkeiten erzählte Robin dann auch von seinen Problemen und Wünschen. Herr Delorette versuchte, zusammen mit Robin Lösungen zu finden, um mit den Problemen besser umgehen zu können – z.B. bei einem Streit in sein Zimmer oder ganz raus zu gehen oder Freunde zu besuchen. Bei diesen Gesprächen stellte sich dann auch heraus, dass Robin kein Hobby hat und dass er sich über einen längeren Zeitraum hinweg nicht mit einer Sache beschäftigen kann, sondern immer neue Anreize braucht. Das ist bei einer Familie mit drei Kindern aber nicht wirklich ausführbar.

Die Einzelgespräche mit Herrn Herbst drehten sich hauptsächlich um das Thema Alkohol. Herr Delorette brachte dieses Thema aber auch oft in den Familiengesprächen zur Sprache, wobei er mit seiner Direktheit bei Herrn Herbst nicht immer auf Gegenliebe stieß, sondern teilweise eine etwas unangenehme Stimmung aufkam. Herr Herbst war nicht immer bereit, dieses Thema offen zu diskutieren.

In der Regel herrscht bei uns allerdings eine große Offenheit, die von Herrn Delorette auch mit viel Lob anerkannt wird. Durch Herrn Delorette haben wir auch untereinander gelernt, mehr und offener miteinander zu reden.

Die Einzelgespräche mit mir fanden größtenteils bei meiner Schwester statt. Der Vorschlag kam von Herrn Delorette, da er meinte, dass ich dadurch nicht dauernd von den anderen Familienmitgliedern abgelenkt werden könnte. In diesen Gesprächen wurde mir klar, dass ich ein total gluckenhaftes Benehmen gegenüber meiner Familie an den Tag lege. Durch meine fast 100%ige Aufopferung für meine Familie habe ich mich als Einzelperson kaum noch wahrgenommen. Herr Delorette meinte dazu, dass jeder in unserer Familie außer Familienmitglied eben auch noch ein Individuum sei, und ich mir – genauso wie alle anderen auch – mal Zeit nur für mich nehmen sollte. Meine Kinder und mein Mann unternehmen ja auch alleine oder mit Freunden etwas, und ich bin dann nicht dabei. Wir haben darüber diskutiert, was ich mit meiner Freizeit anfangen könnte. Da ich mir bisher aber kaum Freizeit gegönnt habe, war das sehr schwierig. Das Einzige, was ich mir eigentlich gegönnt habe, waren sechs Samstage, an denen ich mit meiner Schwester zum Football gefahren bin. Außerdem habe ich einmal mit meiner Schwester zusammen eine Woche Urlaub gemacht, in der ich dann gesehen habe, dass „Männer" auch ohne mich zurechtkommen. Für mich war das aber eigentlich sehr anstrengend, da ich pausenlos daran denken musste, ob Zuhause alles gut geht. Wir haben dann einfach mal aufgezählt, was ich gerne machen würde, wenn ich die Zeit dafür hätte, z.B. reiten gehen, Freundinnen besuchen, ins Kino gehen usw. Dann haben wir zusammen überlegt, wo ich mir mehr Freiraum schaffen kann und wie ich diesen sinnvoll und ohne meine Familie nutzen kann. Die Umsetzung war bisher zwar noch nicht sehr erfolgreich, aber wir arbeiten weiter daran.

In einem der Gespräche mit Herrn Delorette fragte mich dieser, wie ich es schaffe, trotz der ganzen Schwierigkeiten in meiner Familie ein so relativ ausgeglichener Mensch zu sein. Ich habe ihm dann erzählt, dass ich mich bei Schwierigkeiten in Tagträume flüchte. In meinen Tagträumen ist meine Familie ganz normal, und daraus schöpfe ich die Kraft und die Hoffnung, das auch in die Realität umsetzen zu können. Herr Delorette war sehr erstaunt und sagte dann, dass er „seinen Familien" eigentlich immer davon abraten würde, da er der Meinung sei, dies würde die Probleme im Endeffekt vergrößern bzw. zu noch mehr Unzufriedenheit führen. Ich finde es sehr gut, dass man merkt, dass Herr Delorette auch versucht, durch unsere Gespräche zu lernen, man hat dadurch nicht das Gefühl, dass er nach einem bestimmten vorgegebenen Schema arbeitet.

In Bezug auf meinen Mann und sein Alkoholproblem suchten wir nach einer Möglichkeit, wie ich meinen Mann unterstützen könnte. Herr Delorette kam z.B. auf die Idee, dass ich meinem Mann einfach mal eine Flasche Schnaps auf den Tisch stellen sollte und ihn dazu auffordern, diese zu trinken oder eine bestimmte Menge Alkohol in der Woche zur Verfügung zu stellen. Er hat bei anderen Fällen die Erfahrung gemacht, dass das sehr heilsam sein kann. Leider funktionierte diese Methode bei meinem Mann nicht. Auch der Versuch, meinem Mann die Pistole auf die Brust zu setzen und damit zu drohen, ihn mit den Kindern zu verlassen, brachte nur einen kurzzeitigen Erfolg.

Die Aufgabe von Herrn Delorette ist es, uns beratend zur Seite zu stehen, wobei ich mir manchmal einfach konkretere Lösungsvorschläge wünsche und es nicht so toll finde, dass wir die Lösungen alle selbst erarbeiten sollen. Manchmal hakt es eben einfach, und dann wäre mehr Einsatz von seiner Seite angebracht. Ich denke, durch die Erfahrungen die Herr Delorette in seinem Beruf mit anderen Familien macht, hat er auch einen dementsprechenden „Vorrat" an Möglichkeiten.

Als Herr Delorette merkte, dass er eigentlich schon zu sehr in unsere Familie integriert ist, um noch objektiv zu sein, kam er auf die Idee, noch einen Kollegen mitzubringen, der unsere Familie noch mal als Außenstehender betrachten sollte. Diese Erfahrung war für uns alle sehr interessant, da dieser Kollege uns mit seiner Sichtweise noch mal „aufrüttelte".

Abschließend möchte ich noch sagen, dass ich einen Erziehungsbeistand nur empfehlen kann. Es ist wirklich sehr hilfreich, wenn man jemanden zur Seite stehen hat, der die Probleme von „außen" betrachtet.

Mit Hilfe des Jugendamtes bin ich meinem Traum von einer normalen Familie wieder näher gekommen. Dafür nehmen wir auch gerne die Zeit in Kauf, wieder und wieder Gespräche zu führen und nach Lösungen zu suchen und diese auch zu finden.

# Faszination

*Michael Delorette*

Ich bin fasziniert und gerührt, wie meine Beratung erlebt wurde. Zwar mache ich mir häufig Gedanken über die Wirkung dessen, was ich sage und tue, aber es ist schon etwas anderes, dies einmal schwarz auf weiß zu lesen.

Doch was mache ich jetzt – wie kommentiere ich den Text? Nach verschiedenen Anläufen habe ich mich entschlossen, meine „Lieblingsstellen" im Text nacheinander mit meinen Gedanken zu versehen.

*In einem der ersten Gespräche stellten wir spielerisch die Zusammengehörigkeit der Familie aus Sicht jedes Einzelnen dar. Herr Delorette gab uns für jedes Familienmitglied eine Figur, und jeder von uns sollte sie so aufstellen, wie sie aus der jeweiligen Sicht zusammengehören ...*

Daran habe ich mich doch nun wirklich nicht mehr erinnert. Das gute alte Familienbrett habe ich doch wahrhaftig während der Beratung der Familie Herbst benutzt. Ich erinnere mich daran, dass Marvin als Jüngster der Familie eine ganz besondere Sichtweise zur Familienzusammensetzung hatte. Ich weiß zwar nicht mehr genau, wie diese war, aber wir (Familie Herbst und ich) waren davon sehr beeindruckt.

Mein eigener Lernerfolg dieser Sitzung lag in der Erkenntnis, dass auch (oder gerade) die Jüngsten der Familie Konstellationen untereinander gut anhand der Figuren beschreiben können. Seitdem beginne ich meine einleitenden Worte bei dieser Methode mit folgendem Satz: „Dies ist eine Methode für Menschen von 3 bis 100 Jahren ..."

*In den Einzelgesprächen mit Kevin versuchte Herr Delorette herauszufinden, welche Probleme Kevin hat und wie man diese lösen könnte. Da Kevin ein sehr ruhiger Typ ist und sich nicht besonders zu den Problemen äußerte, war dies etwas schwierig. Bei dem Problem Hausaufgaben einigten wir uns darauf, Kevin eine Abiturientin als Hausaufgaben-*

*betreuung zur Seite zu stellen. Durch diese Hilfe machte Kevin regelmäßig seine Hausaufgaben und hat seinen Notendurchschnitt seitdem verbessert ...*

Dies war wirklich ein kleiner „Erfolg". Ich erinnere mich nur daran, dass Kevin zwar sehr ruhig war, er sich allerdings schon zum Problem äußerte. Vielleicht mehr darüber, wie seine Situation nach der Problemlösung aussehen könnte.

Ich war sehr überrascht über die Umsetzung der Problemlösung. Erstaunlich war allerdings mein Gefühl, überhaupt nicht an der Lösung <u>direkt</u> beteiligt gewesen zu sein. Zumindest glaube ich nicht, diese Idee ausgesprochen zu haben.

*Die Einzelgespräche mit Herrn Herbst drehten sich hauptsächlich um das Thema Alkohol. Herr Delorette brachte dieses Thema aber auch oft in den Familiengesprächen zur Sprache, wobei er mit seiner Direktheit bei Herrn Herbst nicht immer auf Gegenliebe stieß, sondern teilweise eine etwas unangenehme Stimmung aufkam. Herr Herbst war nicht immer bereit, dieses Thema offen zu diskutieren ...*

Hier wäre ich natürlich neugierig, wie Herr Herbst diese Gespräche fand. Sie waren in der Tat von einer Direktheit geprägt, die aber von Herrn Herbst meiner Meinung nach sehr geschätzt wurde.

Irgendwann war alles zu diesem Thema gesagt, und die Konsequenz weiteren exzessiven Trinkens stand im Raum. Obwohl er selber gar kein Anliegen hatte, mit mir Gespräche über dieses Thema zu führen, kam er trotzdem zu den (meisten) vereinbarten Gesprächen zu mir ins Büro. Scheinbar hatte er die Ernsthaftigkeit seiner Frau bemerkt, die diese Gespräche für dringend erforderlich hielt.

Ich muss schon zugeben, dass mir selten Klienten geschickt werden. Allerdings war dies für Herrn Herbst und mich in diesem Falle kein Problem, sodass wir uns danach dem Thema Alkohol und seinen Konsequenzen widmen konnten. Dass Frau Herbst es geschafft hat, ihren Mann gleichsam einer Beratung zuzuführen und sich Herr Herbst einer solchen unterzog, spricht für deren gemeinsames Anliegen, eine Veränderung herbeizuführen.

*Die Einzelgespräche mit mir fanden größtenteils bei meiner Schwester statt. Der Vorschlag kam von Herrn Delorette, da er meinte, dass ich dadurch nicht dauernd von den anderen Familienmitgliedern abgelenkt werden könnte. In diesen Gesprächen wurde mir klar, dass ich ein total gluckenhaftes Benehmen gegenüber meiner Familie an den Tag lege. Durch meine fast 100%ige Aufopferung für meine Familie habe ich mich als Einzelperson kaum noch wahrgenommen. Herr Delorette meinte dazu, dass jeder in unserer Familie außer Familienmitglied eben auch noch ein Individuum sei, und ich mir – genauso wie alle anderen auch – mal Zeit nur für mich nehmen sollte. Meine Kinder und mein Mann unternehmen ja auch alleine oder mit Freunden etwas, und ich bin dann nicht dabei. Wir haben darüber diskutiert, was ich mit meiner Freizeit anfangen könnte. Da ich mir bisher aber kaum Freizeit gegönnt habe, war das sehr schwierig. Das Einzige, was ich mir eigentlich gegönnt habe, waren sechs Samstage, an denen ich mit meiner Schwester zum Football gefahren bin. Außerdem habe ich einmal mit meiner Schwester zusammen eine Woche Urlaub gemacht, in der ich dann gesehen habe, dass „Männer" auch ohne mich zurechtkommen. Für mich war das aber eigentlich sehr anstrengend, da ich pausenlos daran denken musste, ob Zuhause alles gut geht. Wir haben dann einfach mal aufgezählt, was ich gerne machen würde, wenn ich die Zeit dafür hätte, z.B. reiten gehen, Freundinnen besuchen, ins Kino gehen usw. Dann haben wir zusammen überlegt, wo ich mir mehr Freiraum schaffen kann und wie ich diesen sinnvoll und ohne meine Familie nutzen kann. Die Umsetzung war bisher zwar noch nicht sehr erfolgreich, aber wir arbeiten weiter daran ...*

Die Entscheidung, die Gespräche bei der Schwester von Frau Herbst zu führen, war ein gemeinsames Produkt von Frau Herbst und mir. Während es mir wichtig war, mit ihr außerhalb ihres Haushaltes zu reden, so war es ihr wichtig, dies bei ihrer Schwester (und nicht in meinem Büro) zu tun.

Und wieder erinnere ich mich daran, über die Umsetzung der Lösungsideen sehr überrascht gewesen zu sein. Zwar beschreibt Frau Herbst den einwöchigen Urlaub mit ihrer Schwester als sehr anstrengend, da sie ständig mit Sorge an zu Hause denken musste, ich weiß aber noch, dass sie ihren Mann das erste Mal seit langer Zeit sehr verärgert erlebt hatte – klagte sie doch häufig über die scheinbare Teilnahmslosigkeit ihres Mannes.

Ähnlich wie bei ihrem Sohn Kevin haben wir ausführlich über die Situation nach dem Problem gesprochen, wenn sie sich nicht mehr für die Familie aufopfert. Leider löste sich eine Idee (es ging um

Pferdebetreuung) aufgrund widriger Umstände in Luft auf. Auffallend waren jedoch die leuchtenden Augen von Frau Herbst, als wir über Alternativen zum Familienalltag sprachen.

*In einem der Gespräche mit Herrn Delorette fragte mich dieser, wie ich es schaffe, trotz der ganzen Schwierigkeiten in meiner Familie ein so relativ ausgeglichener Mensch zu sein. Ich habe ihm dann erzählt, dass ich mich bei Schwierigkeiten in Tagträume flüchte. In meinen Tagträumen ist meine Familie ganz normal, und daraus schöpfe ich die Kraft und die Hoffnung, das auch in die Realität umsetzen zu können. Herr Delorette war sehr erstaunt und sagte dann, dass er „seinen Familien" eigentlich immer davon abraten würde, da er der Meinung sei, dies würde die Probleme im Endeffekt vergrößern bzw. zu noch mehr Unzufriedenheit führen. Ich finde es sehr gut, dass man merkt, dass Herr Delorette auch versucht, durch unsere Gespräche zu lernen, man hat dadurch nicht das Gefühl, dass er nach einem bestimmten vorgegebenen Schema arbeitet ...*

Dieses Ereignis scheint Frau Herbst fast genauso einzuschätzen wie ich. In der Tat war es trotz meiner „reichen" Erfahrung mit Zweifeln an Tagträumen möglich, der Idee von Frau Herbst zu folgen. Wenn auch nicht sofort, so doch im Nachhinein. In diesem Zusammenhang fällt mir ein Buch ein von Ruth Conen, das sich mit der Hilfe von besonders problembeladenen Familien beschäftigt, mit dem aussagekräftigen Titel: Wo keine Hoffnung ist, muss man sie erfinden. Ich habe dieses Buch mit großer Anteilnahme gelesen.

Erst jetzt fällt mir beim nochmaligen Lesen auf, dass ich mich seitdem wirklich häufiger mit Zukunftsvisionen (Tagträumen) und deren Voraussetzung für Veränderung beschäftige, insbesondere für die eigene.

*In Bezug auf meinen Mann und sein Alkoholproblem suchten wir nach einer Möglichkeit wie ich meinen Mann unterstützen könnte. Herr Delorette kam z.B. auf die Idee, dass ich meinem Mann einfach mal eine Flasche Schnaps auf den Tisch stellen sollte und ihn dazu auffordern, diese zu trinken oder eine bestimmte Menge Alkohol in der Woche zur Verfügung zu stellen. Er hat bei anderen Fällen die Erfahrung gemacht, dass das sehr heilsam sein kann. Leider funktionierte diese Methode bei meinem Mann nicht. Auch der Versuch, meinem Mann die Pistole auf die Brust zu setzen und damit zu drohen, ihn mit den Kindern zu verlassen, brachte nur einen kurzzeitigen Erfolg ...*

Ein schönes Beispiel für meinen reichen Erfahrungsschatz, der manchmal so ärmlich ist. Aber schließlich ist es auch eine bereichernde Erfahrung, dass das, was bei Meiers klappt, bei Müllers nicht zwangsläufig funktionieren muss.

Gefreut hat mich jedoch die Aussage: „Die Pistole auf die Brust setzen ... [hätte] nur einen kurzzeitigen Erfolg gehabt ..." Mir juckt es in den Fingern zu erfragen, was sie denn getan hat, um diesen kurzzeitigen Erfolg zu haben. Vielleicht muss Frau Herbst nur mehr desselben tun?

*Als Herr Delorette merkte, dass er eigentlich schon zu sehr in unsere Familie integriert ist, um noch objektiv zu sein, kam er auf die Idee, noch einen Kollegen mitzubringen, der unsere Familie noch mal als Außenstehender betrachten sollte. Diese Erfahrung war für uns alle sehr interessant, da dieser Kollege uns mit seiner Sichtweise noch mal „aufrüttelte"...*

Eigentlich scheint es gar nicht schlimm zu sein, sich seine beraterischen Grenzen einzugestehen, wenn man so etwas liest. Meinen Vorschlag, einen zusätzlichen Kollegen hinzuzuziehen, hat die Familie Herbst wachgerüttelt. Was mich wirklich daran begeistert, ist die Tatsache, dass es lediglich um eine andere Sichtweise geht, die als hilfreich erlebt wird.

*Abschließend möchte ich noch sagen, dass ich einen Erziehungsbeistand nur empfehlen kann. Es ist wirklich sehr hilfreich, wenn man jemanden zur Seite stehen hat, der die Probleme von „außen" betrachtet. Mit Hilfe des Jugendamtes bin ich meinem Traum von einer normalen Familie wieder näher gekommen. Dafür nehmen wir auch gerne die Zeit in Kauf, wieder und wieder Gespräche zu führen und nach Lösungen zu suchen und diese auch zu finden ...*

„Gespräche führen, Lösungen suchen und diese auch finden wollen ..." ist ein schöne Zusammenfassung des Beratungsprozesses mit Familie Herbst. Vielleicht hat es sich ja auch schon zu einem Lebensmotto für Mutter Herbst, Vater Herbst und die Kinder Kevin, Robin und Marvin entwickelt?!?!

# Training und Ausbildung ... in der Schweiz

*Käthi Vögtli* und *Danielle Jolissaint*

## Nicht-wissen(d) lehren
## Ein Ausbildungsprozess – konstruktivistisch gerahmt

*Käthi Vögtli*

### Teil I – Rahmen

Was hat denn Lust gemacht, auf Jürgen Hargens' Anfrage mit „Ja" zu antworten? Ich glaube, es ist vor allem die immer wieder aufs Neue mich packende Faszination für Lern- und Entwicklungsprozesse, die sich im Rahmen systemisch-konstruktivistischer Ausbildung beobachten, mitkreieren und beschreiben lassen. Der vorliegende Text bezieht sich auf einen solchen Prozess im Rahmen eines Nachdiplomstudiums an der Hochschule für Soziale Arbeit Luzern, die eine der fünf Teilschulen der Fachhochschule Zentralschweiz darstellt. Seit drei Jahren bieten wir[15] „Lösungs- und kompetenzorientierte Soziale Arbeit" als neue Weiterbildungsmöglichkeit an. Als wir vor gut zehn Jahren, damals noch im Kontext der Grundausbildung für Sozialarbeiter/innen, damit begannen, zunehmend eine konstruktivistische Perspektive einzunehmen (worin wir uns weiterhin üben), realisierten wir schnell, dass sich dadurch unsere Rolle und unsere Position als Dozierende verändern. Wenn wir davon ausgehen, dass es uns nicht möglich ist, eine objektive „Wirklichkeit da draußen" direkt und unmittelbar zu erkennen, dann ist es auch nicht mehr möglich, Theorien und Modelle als „Wahrheiten" zu postulieren. Darüber hinaus ist es uns sehr wichtig, immer wieder uns selber und unsere Studierenden daran zu erinnern, dass auch diese Haltung ein Modell ist und keine Wahrheit darstellt (Hargens, 1993).

---

[15]    „Wir" bezieht sich auf die Kursleitung, die ich zusammen mit meinem Kollegen Daniel Pfister-Wiederkehr wahrnehme. Seine reiche Praxiserfahrung, seine unablässige Konkretisierung des Modells und nicht zuletzt die Fähigkeit, in humorvollem Dialog zusammenzuarbeiten und gemeinsam zu unterrichten, sind wesentliche Bausteine unseres Angebotes und dessen ständiger Weiterentwicklung. Dafür möchte ich an dieser Stelle herzlich danken.

191

Ich greife zu Beginn drei Aspekte heraus, die uns besonders wichtig erscheinen in unserem Versuch, konstruktivistische Haltungen im konkreten Unterricht und in der Konzeption eines Nachdiplomstudiums lebendig werden zu lassen:

### Kundigkeit

Wenn wir unsere Studierenden dazu einladen wollen, mit einem Modell zu arbeiten, das ihre Klienten/innen als „kundige Experten/innen" (Hargens, 1993) definiert, dann sollen sie die Wirkung dieser Haltung „am eigenen Leib erfahren" können. Deshalb begegnen wir ihnen auch als „kundige Experten/innen": kundig bezüglich ihrer eigenen Lernziele und Lernstile; ihrer Wege, wie sie in ihrem Leben etwas verändern; kundig in Bezug auf ihr konkretes Praxisfeld und ihre Berufserfahrung.

### Gleichwertigkeit

Wir achten darauf, dass unsere Studierenden, die normalerweise eine langjährige, reiche Berufspraxis und einen vollen Rucksack von Aus- und Weiterbildungen mit sich bringen, ihre vertrauten und bewährten Vorgehensweisen den Konzepten von Lösungs- und Kompetenzorientierung nicht vorschnell „opfern". Vieles lässt sich verbinden, anderes wird im Laufe der Zeit weniger wichtig, weiteres löst sich auf, und es treten wirkungsvollere, „leichtere" Vorgehensweisen an die Stelle der alten. Dass jede Perspektive grundsätzlich gleich-wertig ist, soll erfahrbar sein. Wichtig ist uns, hinzuschauen, woher ein Konzept stammt, welches seine Auswirkungen sind und wie es zu den vermittelten Theorien und Modellen passt oder worin es sich unterscheidet. Natürlich machen wir keinen Hehl daraus, welches unsere „Lieblingstheorien" sind! Aber sie sind deshalb nicht „wahrer"... Dieses respektvolle Festhalten an der Gleichwertigkeit aller Sichtweisen erlaubt es, andere Perspektiven zunehmend als Bereicherung – und immer weniger als Bedrohung – wahrzunehmen. Alle Beiträge sind Bausteine eines lebendigen Lernprozesses. Auch Irritationen, Kritik, unangenehme Empfindungen sind wertvolle Informationen, die uns weiterbringen.

### Nicht-Wissen

Nicht-Wissen praktizieren, zum Nicht-Wissen einladen – im Rahmen eines Fachhochschul-Nachdiplomstudiums hört sich das geradezu paradox an! Etwas verrückt. Und trotzdem: Im Laufe der

Zeit ist uns gerade dieser Aspekt besonders wichtig geworden. Natürlich müssen wir als Fachpersonen in der Ausbildung oder in der praktischen Sozialen Arbeit etwas wissen, z.b. im Sinne von beruflichem Faktenwissen, rechtlichen Rahmenbedingungen, nützlichen Instrumenten der Gesprächsführung, etwa für die Erarbeitung wohlformulierter Ziele. Aber im konkreten Moment, wo wir mit einem Gegenüber eine Lösung konstruieren, wissen wir nicht, wie diese am Ende aussehen soll und aussehen wird. Unser Gegenüber ist grundsätzlich kundig für sein eigenes Leben und die passende Lösung, wir tragen alles bei, was wir können, Perspektiven, Fragen, Hypothesen, aber von der Lösung selber lassen (auch) wir uns überraschen. So konstruieren wir mit den Studierenden zusammen Lösungen in schwierigen Unterrichtssituationen und verlassen uns auf die Kreativität der Gruppe. Aus unserem didaktischen Wissen bringen wir Optionen ein, als Kursleiter/in vertreten wir die Rahmenbedingungen, die Lösung jedoch wird im Moment, vor Ort, generiert. Eine Erfahrung, die alle Beteiligten immer wieder fasziniert und erfahren lässt: es funktioniert!

Solche Haltungen irritieren am Anfang oft. Und dann bahnt sich schnell eine neue Form der Zusammenarbeit an: die sonst nicht selten auftretende Konkurrenz unter Menschen, die man zusammen in ein Klassenzimmer setzt (wer von uns hat diese „Regressionsbereitschaft" nicht selber erfahren!), wandelt sich in Kooperation, in Interesse an den anderen, vielleicht zuerst fremd erscheinenden Perspektiven. Das beharrliche Wertschätzen aller Beiträge, die Komplimente für die vielen Leistungen, die Individuen und Gruppen im Ausbildungskontext erbringen, tragen zu einer Veränderung der Atmosphäre bei: Lust, Freude am Experimentieren und gegenseitige Unterstützung gewinnen immer mehr Raum. Das schlägt sich auch nieder in der Praxis der Studierenden, sie berichten darüber, wie die Zusammenarbeit mit ihren Klienten/innen „leichter", lustvoller, lebendiger wird.

Am Anfang hätte es ja Zufall sein können. Aber die Erfahrung wiederholt sich, nein, sie wird immer wieder aufs Neue konstruiert. Zwar gewinnen wir als Dozierende langsam mehr Sicherheit und Erfahrung in diesem gleichzeitigen Vermitteln und Lebendig-werden-Lassen des Modells lösungs- und kompetenzorientierter Sozialer Arbeit. Was uns aber fasziniert, ist die Tatsache, dass wir nie sicher sein können, ob der angestrebte Wandel eintreten wird. Es kann ja in einem zirkulär angelegten Kurskonzept dafür kein sicheres, einseitig anwendbares Instrument geben. Es ist vielmehr eine Leistung, die immer wieder von allen Beteiligten erbracht wird. Dieser Prozess macht jeden Ausbildungsgang zu einem neuen, kleinen Abenteuer.

Unsere Studierenden werden immer wieder zum Wählen aufgefordert, damit geben wir Raum für Selbststeuerung und Mitsteuerung. Auch Sie, liebe Leserin, lieber Leser, haben nun die Wahl: Teil II gibt Ihnen Einblick, aus meiner Perspektive betrachtet, in den Ausbildungsprozess von Danielle, Absolventin des Nachdiplomstudiums „Lösungs- und kompetenzorientierte Soziale Arbeit". Wenn Sie zuvor mehr erfahren möchten über den theoretischen Hintergrund und ein paar ausgewählte Werkzeuge der Ausbildungsgestaltung näher kennen lernen wollen, dann empfehle ich Ihnen, zunächst Teil III zu lesen.

# Teil II – Ausbildungsprozess

## Auswahl

Die Wahl, für diesen Mehr-Perspektiven-Text mit Danielle zusammenzuarbeiten, fiel schnell und spontan. Wir kennen uns seit mehreren Jahren, sie war Studierende in der Grundausbildung und anschliessend im Nachdiplomstudium. Sie setzte sich mit dem Spannungsfeld „analytisch-problemorientiertes Arbeiten versus systemisch-lösung(en)orientiertes Arbeiten" sehr intensiv auseinander und liess uns – Dozierende und Studierende – auf offene und konstruktive Art an dieser Auseinandersetzung teilhaben. Gerade ihr Lernprozess hat uns zur Vertiefung und zum Festhalten an den Prämissen Kundigkeit – Gleichwertigkeit – Nicht-Wissen ermutigt.

Danielle stand mitten in der Weiterbildungsphase, als sie ihren Lebenspartner verlor, mit dem sie gemeinsam eine Praxis führte. Das eigene Leben neu aufzubauen, wurde Ziel ihres Praxisprojektes, und sie hat diese Aufgabe mit Hilfe einer lösungs- und kompetenzorientierten Perspektive und der dazu passenden Instrumente meisterlich gelöst. Beim Lesen ihres Projektberichtes spürt die Leserin, der Leser die grosse Kompetenz, die sich Danielle in ihrem langen Lernprozess erworben hat, sowohl für sich persönlich als auch für die Zusammenarbeit mit ihren Klienten/innen. Diesen Prozess im Zusammenhang mit dem Ausbildungskonzept und der eigenen Erfahrung in der Ausbildnerinnenrolle zu beschreiben und anschliessend lesen zu können, wie Danielle heute darüber denkt und wie sie ihre Erfahrung beschreibt, darauf hatte ich Lust.

## Erste Schritte in der Grundausbildung ...

Ich lerne Danielle kennen als interessierte und engagierte Studierende in der berufsbegleitenden Ausbildung zur Sozialarbeiterin. Sie besucht ein Jahr lang, parallel zum zweiten Praktikum, das Fach Methodik/Gesprächsführung. Sie ist aufmerksam und kritisch. Mit der Zeit verstehe ich, dass dies etwas zu tun haben könnte mit ihrem besonderen beruflichen und privaten Umfeld: sie arbeitet zusammen mit ihrem Lebenspartner, einem Psychiater, in dessen Privatpraxis. Danielle hat also ein etwas anderes Berufsfeld als ihre Kollegen/innen. Sie muss die Unterrichtsinhalte, die sich auf einen sozialarbeiterischen Kontext beziehen, auf ihre konkreten Beratungsaufgaben ummünzen. Mehr noch, und das scheint mir die grössere Herausforderung: Danielle kommt in Berührung mit konstruktivistischen Perspektiven – und denkt und arbeitet in einem eher analytisch geprägten Feld. Aber die neuen Sichtweisen interessieren sie, sie sucht und findet sorgsam Möglichkeiten der Umsetzung in ihrer Praxis.

## ... und deren Fortsetzung im Nachdiplomstudium

Der „Virus" lässt sie offenbar nicht mehr los. Kaum hat sie die Grundausbildung abgeschlossen, meldet sie sich für das neue Nachdiplomstudium „Lösungs- und kompetenzorientierte Soziale Arbeit" an. Ihr Interesse, ihre Lernfreude sind ungebrochen, auch wenn hin und wieder Zweifel sie einzuholen scheinen, Fragen, vielleicht sogar die „Not", die der Wunsch, zwei so unterschiedliche Kontexte miteinander zu verknüpfen oder gar zu versöhnen, wohl auslösen dürfte. Hier die Ausbildung mit vielen überzeugenden, aber auch irritierenden Erfahrungen, dort das persönlich-berufliche Umfeld, in dem sie sich behauptet und als Fachfrau immer mehr etabliert. Danielle hat nach wie vor die Fähigkeit, gut für sich zu sorgen, sich abzugrenzen, wenn die Spannung zu gross wird. Gleichzeitig hat sie den Mut, eine andere Perspektive, andere Überzeugungen und berufliche Erfahrungen nicht einfach auf die Seite zu schieben, sondern diese in die Ausbildung einzubringen. Sie setzt in ihrer Praxis um, soviel sie nur kann und berichtet auch über neue, lösungsorientierte Wege, die sie zusammen mit ihrem Partner, in Gruppengesprächen zum Beispiel, erprobt. Ihre Ausbildungsziele, die sie am Anfang der Weiterbildung formuliert, zeigen ihre grosse Motivation und ihren Wunsch nach persönlicher und fachlicher Entfaltung auf: Neues lernen, ihr Bewusstsein stärken, Autonomie gewinnen, berufliche Abhängigkeit vermindern.

## Start der Projektarbeit

Wir legen grossen Wert darauf, dass der lösungs- und kompetenzorientierte Ansatz in der eigenen Praxis der Studierenden umgesetzt und weiterentwickelt wird. Da wird es noch konkreter, und es muss sich zeigen, wie der Ansatz den verschiedenen Berufsrealitäten standhält. Danielle hat sich für ihre Projektarbeit zwei Ziele gesetzt:

Erstens:  Erkennen der Möglichkeiten lösungs- und kompetenzorientierter Beratung in einer psychotherapeutischen Praxis mit hierarchischen Strukturen.

Zweitens: Konkret herausfinden, was und wie viel sich von diesem Ansatz in die von ihr geführten Einzelgespräche einbringen lässt.

Hier wird nochmals Danielles sorgfältiger Umgang mit ihrer persönlichen und beruflichen Realität sichtbar. Sie will ausweiten, Erfahrungen sammeln, die Grenzen ausloten – und sie will ihre private Beziehung und ihre Arbeitsstelle behalten und ebenfalls weiterentwickeln.

## Einschnitt

Eines Abends ruft mich Danielle an, vor einem Ausbildungstag: Ihr Lebenspartner und Arbeitgeber ist vor ein paar Tagen gestorben. Danielle steht da mit ihrem Sohn, der Praxis, dem Haus, ihren Klienten/innen, mit denen sie eine intensive Zusammenarbeit verbindet und mit den Patienten/innen ihres Partners, die von einem Tag auf den andern ihren behandelnden Psychiater verloren haben. Aber sie ist am andern Tag anwesend. Das ins Auge gefasste Projekt – die Qualifikationsarbeit in dieser Weiterbildung – muss verändert werden, die Ziele passen nicht mehr. Die Kursleitung kann nicht viel tun, ausser Raum schaffen: Zeit lassen, die Abgabefrist verlängern, als Gesprächspartner/in zur Verfügung stehen für eine Neukonzeption. Ich habe den Eindruck, dass es Danielle sehr schwer fällt, sich diese Zeit zu lassen, zu ertragen, dass sie im Rahmen der Projektwerkstatt am Schluss der Ausbildung noch kein fertiges Produkt wird vorweisen können. Ich glaube, sie nimmt es schlussendlich als Übung im „Loslassen". Mein Kollege und ich sagen zueinander: In dieser grossen Krise, die Danielle zu bewältigen hat, bedeutet es vielleicht so etwas wie „Glück", dass sie gerade jetzt diese Ausbildung absolviert – sie findet darin, so hoffen wir zumindest, vieles, was ihr für die Krisenbewältigung dienen kann: das Denkmodell, Instrumente zur Krisenbewältigung, einen Rahmen, der sich der individuellen Situation anzupassen vermag, und in der aktuellen Ausbildungsphase zählt wohl vor allem das kleine Lernteam, eine Gruppe von 4 bis 5 Studierenden, die die einjährige Phase von Training und Projektarbeit begleiten. Diese Gruppe, das nehmen wir aus dem Hintergrund wahr, ist für Danielle eine grosse Stütze und bleibt gleichzeitig ein Gremium, in dem es primär um Ausbildung, Umsetzung in die Praxis und Lernen geht.

## Aufbruch

Das neue Thema der Projektarbeit kristallisiert sich allmählich heraus: Für die Bewältigung dieser zutiefst einschneidenden Veränderung ihres Lebens nimmt Danielle die Haltungen und Instrumente des lösungs- und kompetenzorientierten Ansatzes als Grundlage und nützt diese sorgsam, mutig und sehr konsequent. Etwa ein halbes Jahr später gelingt es ihr, diesen Prozess auch schriftlich nachzuzeichnen, auf beeindruckende Art und Weise schildert sie in ihrem Projektbericht fachlich ihren persönlichen Entwicklungsprozess.

Am Anfang nimmt Danielle ganz konkrete Instrumente zu Hilfe, z.B. Coping-Fragen wie „Was brauche ich, um den nächsten Schritt tun zu können?" Und sie nimmt die eigenen Antworten ernst, organisiert z.b. am Anfang, dass eine Person, die sie gerne in ihrer Nähe haben möchte, auch tatsächlich da ist. Sie arbeitet ganz praktisch mit den sogenannten „Daumenregeln", Zitat aus Danielles Projektbericht: „Wenn etwas funktionierte, tat ich mehr davon, wenn nicht, machte ich etwas anderes". Oder sie formuliert für sich folgende „Ausnahmefrage": „Gibt es kurze Momente, in denen ich nicht von Verzweiflung gepeinigt werde?" So übt sie sich in lösungsorientierten inneren Dialogen und erfährt unmittelbar deren Wirksamkeit (Fragen und Daumenregeln: De Jong & Berg 1998).

Im Rahmen einer Lernteam-Sitzung, etwa sechs Wochen nach dem Todesfall, konstruiert Danielle mit Hilfe ihrer Kollegen/innen eine Time-Line. Diese NLP-Technik wurde im Rahmen des Unterrichts vermittelt und geübt (James & Woodsmall, 2002). Danielle versetzt sich gedanklich um zwei Jahre in die Zukunft, und sie ist verblüfft, mit welcher Klarheit und Eindeutigkeit sie die wichtigsten Veränderungen vor sich sieht, die zu diesem Zeitpunkt in ihrem Leben eingetreten sein werden. Sie beginnt, an ihre Vision zu glauben und „sich entsprechend dem Leben und den Menschen gegenüber zu verhalten" (Projektbericht Danielle). Anschliessend formuliert Danielle konkrete, überprüfbare Ziele für ihr Projekt, wie z.B. das Beibehalten der Wohnsituation für ihren Sohn, die Auflösung der Praxis ihres Partners und die Fortsetzung ihrer Beratungstätigkeit in freier Praxis – ein kühnes Unterfangen. Schwierige, herausfordernde Situationen nutzt Danielle für originelle Reframings: Die Arbeitslosigkeit ist eine Gelegenheit, alle damit verbundenen Ämter und deren Möglichkeiten und Grenzen kennen zu lernen (was ihr im Rahmen ihres Studiums der Sozialen Arbeit noch nicht recht gelungen war ...). Oder: Sie sieht die Tatsache, dass sie das Haus, in dem sie wohnt und ihre Praxisräume hat, nicht käuflich erwerben kann, als Entlastung, weil dann weniger Umtriebe für das Haus an ihr hängen bleiben ... und so weiter, immer konsequent entlang positiven Rahmungen.

## Es funktioniert! Und viele profitieren ...

Ursprünglich wollte Danielle anhand von Skalierungsfragen und schriftlichen Aufzeichnungen über eine gewisse Zeit hinweg die Wirksamkeit ausgewählter lösungs- und kompetenzorientierter Techniken analysieren. Sie beschreibt dann in ihrem Projektbericht eine sehr interessante Entwicklung: Die persönliche Erfahrung ist so stark, dass sie keinen Zweifel mehr an der Wirksamkeit hat. Und was mir noch bedeutsamer scheint: Danielle stellt fest, dass die neuen Ausrichtungen und Grundhaltungen so „automatisch" und spontan in ihre Kommunikation einfliessen, dass sie nicht mehr darauf verzichten will und kann. Sie bekommt, wie sie im Projektbericht vermerkt, viele unterstützende Rückmeldungen von ihren Klienten/innen. Die positive, auf Lösungen ausgerichtete Atmosphäre in ihrer Praxis wird sehr geschätzt. Ich habe den Eindruck, dass sich jetzt der Zwiespalt zwischen analytischen Denk- und Arbeitsweisen („man muss doch den Dingen auf den Grund gehen"; sie „aufarbeiten") und konstruktivistischen Haltungen löst. Ich könnte mir vorstellen, dass Danielle zusätzlich auch Verbindungen hergestellt hat, analytische und konstruktivistische Elemente miteinander verbindet, z.B. analytische Sichtweisen als Bausteine für nützliche Fragen und Lösungsentwicklungen verwendet. Der persönliche Durchbruch ist auch ein fachlicher Durchbruch. Danielle hat sich befreit. Die Perspektive nach vorne, in die Zukunft, die Orientierung an Grundannahmen wie „Kunden/innen sind Experten/innen" und an einem positiven Fokus bringt eine Veränderung mit sich, die sie nicht mehr missen will. Betrachtet man nochmals Danielles Ausbildungsziele – (Selbst-)Bewusstseinsstärkung; Autonomiegewinn; Unabhängigkeit –, so hat sie diese in einem Ausmass erreicht, wie sich das niemand vorstellen konnte und wie es auch das ausgeklügeltste Ausbildungskonzept nicht ermöglichen könnte. Danielle selber sagt dazu „... absolut nicht einfach, aber hervorragend vom Leben selbst angelegt" (Projektbericht Danielle). In Anlehnung an Hubble u.a. (2001), die von extratherapeutischen Veränderungen sprechen, könnte man hier von „extraausbildnerischen" Veränderungen reden, die wesentlich zum Erfolg einer Ausbildung beitragen können.

## Rückkoppelung – oder was wir von unseren Studierenden lernen

Danielles Arbeit ist eine wunderbare Ermutigung, das eigene Leben immer wieder positiv, als Prozess des Lernens und Wachsens zu definieren, wie schwierig uns gewisse Situationen im ersten Moment auch erscheinen mögen.

# Teil III – „Werkzeuge"

## Zum Einstieg ...

Beim Versuch darzustellen, was wir tun und was uns wichtig ist, wird mir einmal mehr bewusst, wie anspruchsvoll es ist, über rekursive Prozesse zu schreiben, über Prozesse, die man auch ganz bewusst rekursiv gestalten will. Spreche ich z.b. von einem konzeptionellen Rahmen, dann erscheint dieser als hierarchisch den Lernprozessen übergeordnet, was er ein Stück weit auch ist. Aber eben nur ein Stück weit. Es gehört gerade zu diesem Rahmen, dass eine Art von Partnerschaften entstehen zwischen unseren didaktischen Konstruktionen, den individuellen Lernprozessen und Konstruktionen der einzelnen Studierenden und wiederum zwischen den Einzelnen und dem Plenum der Ausbildungsgruppe. Vor diesem Hintergrund ist die Auswahl an Werkzeugen zu sehen, die ich jetzt kurz beschreiben möchte: als Möglichkeiten, wie wir unsere Absichten als Dozierende konkretisieren und die Studierenden dazu einladen, ihre Absichten damit zu verbinden.

## Tun, was man lehrt ...

Das dürfte wohl das Wichtigste sein. Wir üben uns (lustvoll) immer wieder aufs Neue darin, das Konzept, den Unterricht, die Übungen, die Prüfungselemente – vor allem aber unseren eigenen Umgang mit den Studierenden und unser gemeinsames Tun im Team-Teaching – stets mit Blick auf konstruktivistisch-lösungsorientierte Grundannahmen zu gestalten. Ziel ist, das Modell selber immer wieder zu erproben und weiterzuentwickeln und mit den Studierenden zusammen dessen Auswirkungen zu erfahren. Damit, so meinen wir, sollen sie darin unterstützt werden, dasselbe auf ihre Art und Weise, im Kontext ihrer Praxis, mit ihren Klienten/innen zu tun.

## Den Dialog im Dozenten/innen-Team nützen

Da wir das grosse Glück haben, zu zweit arbeiten zu können, bieten sich auch auf der Ebene der Zusammenarbeit viele Gelegenheiten, das Modell für die Studierenden (und für uns) erfahrbar zu machen – und hin und wieder in diesem Bestreben auch zu „versagen": Unterschiedlichkeit ertragen und fruchtbar machen; die Ressourcen des Partners, der Partnerin hervorheben; gemeinsam laut nachdenken über das, was im Moment abläuft, also eine Art „Metadialog" anbieten; sich gegenseitig ergänzen usw.

## Üben, Üben, Üben ...

Viele Ausbildungsstunden dienen dem konkreten Tun. Die Wirkung von Haltungen und Techniken (Walter & Peller, 1994) werden mit Hilfe unterschiedlichster Übungen „am eigenen Leib" erfahren (Eberling u.a., 1996). Im zweiten und dritten Semester haben die Studierenden die Gelegenheit, in kleinen Gruppen zu trainieren und auch eigene Klienten/innen zu Konsultationen einzuladen.

## Mit Zielen arbeiten

Das ist ja so schnell gesagt – wer arbeitet heute nicht zielorientiert! Wir investieren in dieses Thema viel Zeit. Die ersten beiden Seminartage etwa dienen in erster Linie dem Herausarbeiten der individuellen Lernziele. Eine Kursteilnehmer/in sagte einmal am Schluss dieser zwei Tage: Ich verlange von meinen Klienten/innen immer, dass sie Ziele formulieren – und jetzt habe ich erlebt, wie aufwendig und anstrengend das eigentlich ist! Diese Lernziele dienen den Studierenden (und uns) als Leitplanken für die Feinplanung der Ausbildung. Evaluationsphasen am Ende eines Tages oder eines Seminars ermöglichen die Überprüfung des eingeschlagenen Weges.

## Mitsteuerung und Selbststeuerung

Die Studierenden werden immer wieder dazu eingeladen, den Ausbildungsverlauf als Gruppe oder als Individuen mitzusteuern. Die konkrete Ausgestaltung einzelner Unterrichtssequenzen oder der Ablauf von Trainingstagen werden je nach Bedarf gemeinsam definiert. Dabei achten wir darauf, dass der Rahmen so klar wie möglich ist, das heisst, wir überlegen uns, was allenfalls unverhandelbar ist, welche Regeln gegeben sind und wo der Freiraum liegt. Diesen überlassen wir dann auch konsequent den Studierenden. Die Organisation und Durchführung der Lernteamtage ist ganz den Kleingruppen übertragen. Wo nötig und/oder erwünscht, geben wir Unterstützung und Anregung für die Gestaltung der Selbststeuerung. Diese Prozesse sind nicht immer einfach, nicht immer angenehm. Eine Studierende hat uns im Nachhinein verraten, es sei sehr nützlich, aber auch sehr anstrengend gewesen.

## Rahmenbedingungen nützen

Alle Situationen eignen sich, um ziel- und lösungsorientierte Wege zu finden. So haben wir auch die Prüfungen, die selbstverständlich zu einer Weiterbildung an einer Fachhochschule gehören, in eine Form gebracht, die ein Höchstmass an Selbstverantwortung und vor allem eine konkrete Umsetzung des Modells in die verschiedenen Felder Sozialer Arbeit erlaubt und gleichzeitig den Rahmenbedingungen der Schule genügt. Eine gute Übung für Fachleute in der Sozialen Arbeit, wo es ja oft darum geht, im Rahmen von Unverhandelbarem gangbare Wege zu entwickeln und eine nützliche Herausforderung, um auch innerhalb des Prüfungskontextes Lernen und Entwicklung in den Vordergrund zu stellen, und nicht die blosse Reproduktion von „Wissen".

## Ressourcenorientierung

Wirklich darauf zu vertrauen, dass „Menschen alles haben, was sie brauchen, um ihr Problem zu lösen" (Walter & Peller, 1994), lässt sich im Kontext der Ausbildung sehr gut umsetzen – und ist doch immer wieder eine Herausforderung. Die eigene Qualität als Ausbildnerin, als Ausbildner nicht mehr daran zu messen, ob ich schnell eine gute Lösung habe, wenn es schwierig wird, sondern daran, ob ich die Ruhe bewahren kann und die feste Überzeugung, dass mein Gegenüber „alles hat, was es für die Lösung braucht", bedeutet eine grundlegende Veränderung. Zu dieser Veränderung der Haltung gegenüber ihren Klienten/innen wollen wir ja unsere Studierenden auch einladen.

## Leichtigkeit und „Leben als Lernen"

Wenn in einer Ausbildungssituation das Lernen und Experimentieren, die Lust am Erproben wachsen, verlieren die alten Ideale, „das Richtige" zu tun, die „passende" Antwort zu geben, an Einfluss (Exner 1993). Es wird oft gelacht, und es etabliert sich eine Atmosphäre der Leichtigkeit.

# Teil IV – Das Rad dreht sich weiter ...

## Neugier

Nun bin ich sehr neugierig, wie Danielles Perspektive sich liest und was für neue Gedankenräume sich öffnen beim Austauschen der Texte ...

# Anwendung der LKO (Lösungs- und Kompetenzorientierung) als selbständige Therapeutin und als Privatperson

*Danielle Jolissaint*

Warum habe ich auf die Anfrage von Käthi Vögtli betreffend des Buchprojekts mit Jürgen Hargens mit „Ja" geantwortet? Es war vor allem deshalb, weil ich an Entwicklungsprozessen sehr interessiert bin und die systemisch-konstruktivistische Ausbildung ein hervorragendes Beispiel dafür ist und weil ich neugierig war zu erfahren, was sich aus meinem ursprünglichen Prozess der Krisenbewältigung weiterentwickeln würde.

## Einleitung

Nach einer schweren Lebenskrise, welche meine private und berufliche Situation völlig erschüttert hat, lebe und arbeite ich heute als selbständige systemtherapeutische Beraterin, Timetherapeutin und spirituelle Lehrerin in eigener Praxis an einem Ort in der Innerschweiz, wo Gemeinschaft und Freundschaft langsam und zart wie eine Pflanze am wachsen sind.

Meine Lebenskrise entwickelte sich zusehends als einmalige Chance, mich in meiner Bewusstseinsentwicklung um große Schritte weiterzubringen und meinem Leben einen neuen noch tieferen, innigeren Sinn zu geben. Dies hat unter anderem mit meiner „Lebensphilosophie des lösungsorientierten Denkens" statt des problemorientierten Denkens zu tun. Zu meiner lösungsorientierten Denkweise hat wesentlich die Ausbildung in Lösungs- und Kompetenzorientierung geführt. Dieser Ansatz, welcher aus der Systemtherapie stammt, und meine spirituelle Lebensweise haben mein Leben während der Lebenskrise positiv beeinflusst, so dass ich diesen Prozess der materialisierten Bewusstseinsentwicklung, wie ich ihn nenne, veröffentlichen möchte, um anderen Menschen, welche sich in einer Krise befinden, den Mut und die Hoffnung weiterzugeben, sich für Lösungen zu öffnen statt in den Problemen stecken zu bleiben. Um diesen Prozess zu beschreiben, begebe ich mich nochmals in eine frühere Zeit, als ich noch Studierende war.

## Erster Kontakt mit LKO

Während meines Studiums an der Hochschule für Soziale Arbeit, Luzern, wurde ich im Methodikunterricht anhand des Lehrbuches der systemischen Therapie und Beratung (von Schlippe & Schweitzer, 1997) erstmals in die systemische Therapie und Beratung eingeführt. Der Ansatz entsprach meinem Verständnis von wertschätzender Therapie und Beratung in dem Sinne, dass das ganze Umfeld der Klientin miteinbezogen und der Fokus statt auf das Problem auf die Lösung gerichtet wird. Der Ansatz faszinierte mich in dem Masse, dass ich eine Diplomarbeit über den systemorientierten Beratungsprozess einer bulimischen Klientin schreiben wollte. Dieses Projekt wurde von der HFS, Luzern, nicht bewilligt, indem sie die Auffassung vertrat, dass eine solche Abschlussarbeit vom Thema her zu sehr auf Therapie abgestimmt sei, was anlässlich der Abgrenzung von Sozialarbeit und Therapie nicht wünschenswert war.

## Arbeiten mit den Ressourcen

So entschied ich mich für die Erarbeitung der Diplomarbeit an der HSA Luzern „Bulimia nervosa, Beratung im Sozialbereich". Ich wandte die Theorie von Staub-Bernasconi an, indem ich die prozessual-systemische Denkfigur auswählte, um zu den mir erstellten Fragen Antworten zu finden. Staub-Bernasconi arbeitet mit den Ressourcen der Klientinnen und Klienten, wobei ich bei mir feststellte, dass ich mich durch diesen Ansatz immer noch zu intensiv mit den Problemen der Klientschaft beschäftigte, statt mich auf Lösungen und Ziele zu fokussieren. Meine Beratungsgespräche waren damals noch entsprechend problemorientiert geprägt.

## Und wieder LKO

Das Lehr- und Lernbuch „Lösungs-orientierte Kurztherapie" von Walter & Peller (1994) faszinierte mich, weil sich der ganze Beratungsprozess mit der Lösung beschäftigte statt mit dem Problem. In mir entwickelte sich der Wunsch, eine Anschlussausbildung in Systemtherapie zu absolvieren, um von meinem Problemdenken Abstand zu erhalten und in ein lösungsorientiertes Denken überzugehen. Eine Zusatzausbildung in lösungsorientierter Kurztherapie war mir auch ein großes Anliegen, da ich während des Studiums in Sozialarbeit in der psychotherapeutischen

Praxis meines Lebenspartners als Sozialarbeiterin tätig war. Obwohl in der Sozialarbeit streng abgetrennt, erlebte ich, sicher auch beeinflusst durch meine Timetherapieausbildung bei Manuel Schoch, in meinem täglichen Arbeitsalltag einen fließenden Übergang von Beratung und Therapie, so dass es mir ein großes Anliegen war, mich in diesem Bereich weiter auszubilden.

Am 24. August 2000 begann ich das Nachdiplomstudium mit dem Kernmodul „Lösungs- und Kompetenzorientierung in der Sozialen Arbeit" (nachstehend LKO genannt) an der Hochschule für Soziale Arbeit in Luzern. Anlässlich dieses Nachdiplomstudiums wurde mir theoretisch und praktisch der Ansatz in der lösungsorientierten Kurztherapie und -beratung vermittelt.

## Veränderung meiner Person durch LKO?

Meine persönliche und berufliche Situation hatte sich während der Zeit des Nachdiplomstudiums stark verändert. Während der Projektphase zu meiner Abschlussarbeit, das heißt während der ganzen Ausbildung, wandte ich LKO in meinem beruflichen wie privaten Leben an. LKO lenkte mich von einem problemorientierten in ein lösungsorientiertes Denken, was zu derart großen Veränderungen führte, dass ich diese für mich einmalig wichtige Lebensphase in der Abschlussarbeit mit dem Titel „Eine Time-Line, die sich verwirklicht hat" (Jolissaint, 2002) aufgezeichnet habe.

Während der ganzen Ausbildung erlebte ich zwischen uns Studierenden und den Dozenten ein förderliches Klima zum Lernen. Wir arbeiteten in einer Atmosphäre, welche getragen wurde von Wertschätzung und Kundigkeit zwischen den Dozenten und den Studierenden. Es war für mich eine einmalig schöne Erfahrung, in einem Klima der Lösungsorientiertheit statt in einem Klima des üblichen Konkurrenzkampfes an Lehrwerkstätten lernen zu können. Wir Studierenden und die Dozenten erlebten uns als kundige Menschen mit unterschiedlichen, vielen Ressourcen, in denen wir uns gegenseitig ergänzen und im Lernprozess fördern konnten.

Ich bin davon überzeugt, dass die oben beschriebene LKO-Haltung dazu beitrug, dass wir uns während des ganzen Studiums derart aufgehoben fühlten und uns dadurch motivierten, den Ansatz beruflich und privat anzuwenden. Der Ansatz hat dazu beigetragen, dass ich mich als Person in meiner Denkweise positiv gewandelt habe, indem ich im Leben den Fokus auf die Lösungen statt auf die Probleme richte. Entsprechend springt meine Lebenshaltung auch auf meine Klientschaft über, was zu einem lösungsorientierten Beratungsklima in meiner Praxis führt. Heute eröffne ich die Beratungsgespräche eher mit der Frage: „Was hat sich seit unserem letzten Treffen Positives entwickelt?" statt mit der Frage: „Welches Problem führt Sie heute zu mir?".

## LKO in eigener Krise angewandt

Doch zuerst wollte es das Leben so, dass es mich heftig erschütterte und meine Kräfte existentiell auf die Probe stellte. Durch den unerwarteten Tod meines Lebenspartners und Arbeitgebers wurden von einem Moment auf den anderen zentrale Aspekte meines Lebens zerstört. Meine physische und psychische Gesundheit war stark gefährdet. Die Arbeit und meine Hauptbeziehung hatte ich verloren, meine materielle Sicherheit war nicht mehr gewährleistet und meine persönlichen Werte und Normen wurden durch das erlebte Trauma zerstört. In Anbetracht der Bedürfnispyramide nach Maslow waren alle Bedürfnisse außer dem fundamentalen physiologischen Bedürfnis nach Nahrung nicht mehr abgedeckt. Die Bedürfnisse nach Sicherheit, Schutz und Stabilität (Wohnung, Arbeit), die sozialen Bedürfnisse (Zugehörigkeit und Liebe), die Ich-Bedürfnisse nach Wertschätzung und Selbstachtung sowie die Selbstverwirklichung als letztes Bedürfnis wurden nicht mehr erfüllt.

Zu diesem Zeitpunkt wandte ich bereits acht Monate den lösungsorientierten Ansatz in meinem Berufs- wie in meinem Privatleben an. Ich konnte mich beobachten, indem ich unwillkürlich den lösungsorientierten Ansatz an mir selber in einem inneren Dialog anwandte. Im Sinne einer Krisenintervention stellte ich mir zum Beispiel die Coping-Frage: „Was brauche ich, damit ich es schaffe, den nächsten Schritt zu tun?" Sofort kam mir ein Mensch in den Sinn, den ich an meiner Seite wünschte. Von da an ging es Schritt für Schritt so weiter. Wenn etwas funktionierte, tat ich mehr davon, wenn nicht, machte ich etwas anderes. Später kam die Frage, wie habe ich es geschafft, bis jetzt damit zurecht zu kommen. Der lösungsorientierte Ansatz brachte mich immer wieder dazu, mir kurzfristig erreichbare Ziele zu setzen. Einerseits war da diese spürbare Hoffnungslosigkeit und andererseits war da auch immer ein grosses Interesse, wie ich es wohl schaffen würde, den nächsten Schritt zu wagen und was das Schicksal mit mir noch vorhatte. Dann kamen auch Auseinandersetzungen mit der Frage: „Gibt es kurze Momente, in denen ich nicht von Verzweiflung gepeinigt werde?" Und ich setzte alles daran, diese mit den Unterstützungen, die sich mir boten, zu verlängern. Ich erfuhr in dieser Krise wirkliche Wunder. Da tauchten plötzlich Menschen auf, die mich elementar unterstützten und halfen, was ich in einem solchen Umfang nicht für möglich gehalten hätte. Erst durch diese Krise konnte ich erfahren, dass das Leben mich mit Angeboten unterstützte, wenn ich sie wahrnehmen und zulassen konnte. Es lag an mir, die Angebote anzunehmen oder zurückzuweisen. Diese Erfahrungen prägten mich essentiell in meinem spirituellen Wachstum, was wiederum zu einer Bereicherung meiner Arbeit in meiner Praxis führte und entsprechend mehr Leute anzog, die sich spirituell weiter entwickeln wollten. In diesem Zusammenhang verweise ich auf das Buch „Fluid Spirit – In der Wirklichkeit zu Hause", welches im Jahr 2003 erschienen ist (Benz et al.). Mein verstorbener Lebenspartner und ich erarbeiteten einen spirituellen Leitfaden, den man im Alltag anwenden kann. Als erwachsene Person ist es unumgänglich, sich dem Leben in jeder Situation zu stellen und mit Situationen kompetent umgehen zu können. Ansonsten kann sich keine wirkliche Kraft entwickeln und freisetzen, und man bleibt in einer kindlichen Bedürftigkeit stecken (Bly, 1996). Der Dalai Lama schreibt (1999): „Manchmal geschehen schlimme Dinge, schenke ihnen einfach keine Aufmerksamkeit. Wirfst du einen Kieselstein in einen Teich, gibt es eine Zeit lang Wellen, aber schließlich glätten sich diese wieder" (Multi Mind 4/99, I S. 11, zit. n. Pfister, 2000/2002).

Ohne Verdrängung meiner Situation hatte ich dieses Zitat gedanklich immer wieder präsent. Es half mir unter anderem, in meinen Meditationen Momente der Leichtigkeit zu empfinden und darin für den nächsten Schritt Kraft aufzutanken und mein Interesse am Leben neu zu wecken.

Durch meine neue Lebenssituation, verursacht durch eine Krise, erarbeitete ich eine Abschlussarbeit des LKO-Nachdiplomstudiums über mich selber. Ich reflektierte mich rückblickend und beschrieb, wie ich in der Krisensituation mit mir in einem inneren Dialog umgegangen war, um kurzfristige Ziele zu definieren und Lösungen zu finden. Diese Bewältigungsart hat mir gezeigt, dass es in schwierigen Situationen hilfreich ist, sich selbst aus einer gewissen Distanz zu betrachten, um weiterhin handlungsfähig zu bleiben. Ich führte mit mir in diesem Sinne innere Dialoge nach LKO-Ansätzen, welche mich jeweils bei Lösungsfindungen unterstützten.

## Suche nach Lösungen

Nach dem plötzlichen Tod meines Lebenspartners und Arbeitgebers suchte ich nach Lösungen im privaten wie im beruflichen Bereich, um die bewährten Positionen meines Lebens und diejenigen meines Sohnes aufrechterhalten zu können. So stellte ich mir folgende Fragen:

- Kann ich unter den veränderten Umständen (Tod des Arbeitgebers und Lebenspartners) die Praxis selbständig weiterführen?

- Wie weit und in welchem Umfang unterstützt mich die LKO-Denkweise, um dieses Ziel zu erreichen?

Ziel war es, die Hilfsmittel des lösungs- und kompetenzorientierten Ansatzes in mein persönliches Leben und in die tägliche Arbeit einfließen zu lassen und speziell den Fokus auf die Weiterführung der Praxis zu richten.

### Zielsetzungen persönlich

Ich wollte für mich und meinen Sohn unsere Wohnsituation beibehalten.

### Zielsetzungen beruflich

Ich wollte weiterhin im Haus tätig sein und meine Beratungen weiterführen können.

### Überprüfungskriterien

Wenn ich im Haus meine Beratungen weiterführen konnte und die Klienten und Klientinnen meine Arbeit bezahlten, damit ich meine Existenz finanzieren konnte.

## Time-Line

Die Grundstruktur der Time-Line besteht darin, dass ich einerseits Rückblick aus der erfolgreichen Zukunft in die konkrete Vergangenheit nehme. Das heißt, indem ich so tue, als ob das Ziel erreicht ist, positioniere ich einen positiven Fokus. Je stabiler die Zukunftshypnose ist, desto mehr wechselt die Sachebene vom Konjunktiv in den Indikativ bzw. vom Futurum ins Präsens (Pfister, 2000/2002).

Mein Studienkollege, Marcel Ineichen, stellte mir die Time-Line-Frage: „Stell Dir vor, es ist zwei Jahre später und Du hast Dein Leben wieder im Griff, wie sieht es dort aus? Wo wohnst Du? Was und wie arbeitest Du? Wie sieht Dein Umfeld aus?"

Was ich wohl nie vergessen werde, war die Eindeutigkeit und Klarheit meiner Aussage, dass ich in zwei Jahren noch im selben Haus leben würde, mit meinem Sohn zusammen, der dadurch seine Freunde nicht verlieren würde und die Schule nicht wechseln müsste. Das war mein wichtigstes Anliegen und darum herum ergaben sich dann alle anderen

Ziele. Eindeutig war für mich auch, dass ich die psychotherapeutische Praxis meines verstorbenen Lebenspartners umwandeln bzw. auflösen und die Klientinnen nach Bedarf an andere Psychiater weiterverweisen wollte. Diese klare Ausrichtung half mir, mich im Leben wieder neu zu positionieren und einen Weg einzuschlagen, der zu einem Ziel führen sollte. Auf die nächste Frage, was und wie ich in zwei Jahren arbeiten würde, erlaubte ich mir die Vision, selbständig in eigener Praxis arbeiten zu können. Ich übte mich durch diese Time-Line-Technik vorerst darin, meine Vision immer konkreter ins Leben zu bringen, indem ich daran zu glauben begann und mich auch entsprechend dem Leben und den Menschen gegenüber verhielt.

## Was hat sich bei mir und in meiner Arbeit verändert?

Seit der Ausbildung in LKO hat sich meine Sichtweise vom Problemdenken in ein lösungsorientiertes Denken gewandelt. Ich habe existentiell erfahren, in den schwierigsten Situationen ein klares Denken bewahren zu können, was auch auf meine spirituelle Lebensweise zurückzuführen ist. Statt in den Problemen zu versinken, mit den noch vorhandenen Ressourcen zu arbeiten, Ziele zu definieren, und mich dann auf den Weg zu begeben. Diese Haltung übertrug sich auch auf meine Beratungsgespräche, indem ich heute grundsätzlich von der Kundigkeit meines Klientels ausgehe und mich in den Beratungsgesprächen entsprechend verhalte und ausdrücke.

Wie bereits vorgängig erwähnt, war das Ziel, die Werkzeuge des lösungs- und kompetenzorientierten Ansatzes in mein persönliches Leben und in die tägliche Arbeit einfließen zu lassen und speziell den Fokus auf die Weiterführung der Praxis zu richten.

Meine Klienten und Klientinnen kamen trotz der Krise, welche auch sie durch den Tod ihres Psychiaters erfuhren, ebenfalls in den Genuss meiner neuen LKO-Haltung. Obwohl der Tod ihres Psychiaters für die Klienten und Klientinnen ein einschneidendes Erlebnis war, ging ich mit ihnen den Weg nach LKO-Ansätzen weiter. Am ersten Informationsabend, den ich zum Tod ihres Psychiaters veranstaltete, informierte ich sie über das, was weiterhin funktionieren sollte und laufend wurde der Weg in dem Sinne angepasst, dass dasjenige verworfen wurde, was nicht funktionierte, und von dem mehr gemacht wurde, was funktionierte. In diesem Sinne habe ich mit ihnen alle noch von meinem verstorbenen Lebenspartner geplanten Aktivitäten alleine durchgeführt mit dem Thema des Verarbeitungsprozesses der Trauer.

Durch diese neuen Herausforderungen des Lebens war es mir nicht möglich, in eine tiefe Depression zu versinken und ständig wurde meine Neugier und das Interesse geweckt, wie ich wohl mit diesen neuen Anforderungen umgehen würde. Mit den Gruppenworkshops erlebte ich eine gegenseitige Unterstützung des Trauerprozesses. So wie für mich war der Trauerprozess auch für die Klientinnen und Klienten wichtig, und sie lernten mit mir zusammen, jedoch auf einer anderen Ebene, mit der neuen Situation umzugehen. Dies wiederum führte dazu, dass meine eigene Praxis langsam zu wachsen begann. Diese Gegebenheit empfinde ich als ein Geschenk des Lebens, absolut nicht einfach, aber hervorragend vom Leben selbst angelegt. In der ganzen Krise erlebte ich Wunder und erfuhr, wie sich die Wunscherfüllung im Leben manifestiert. Das Leben hat eigene Gesetzmässigkeiten und lässt sich nicht kontrollieren. Es bleibt uns Menschen freigestellt, ob wir uns dem Leben anpassen, welches übrigens immer Recht hat, oder ob wir uns ihm verweigern und dann endlos leiden.

## Überprüfungskriterien

Ich wohne immer noch im gleichen Haus, und mein Sohn konnte dadurch in seinem gewohnten Umfeld verbleiben. Somit entfiel die zusätzliche Traurigkeit meines Sohnes um den Verlust seiner Spielkameraden, was mich wiederum entlastete.

Ich kann meine Beratungstätigkeit im Haus ausüben, meine fakturierten Rechnungen werden außer einer Ausnahme vom Klientel pünktlich bezahlt und das erwirtschaftete Einkommen ist ausreichend.

## Warum half mir LKO?
## Mögliche Antworten

Mich unterstützte der LKO-Ansatz wesentlich, indem ich durch LKO lernte, einen positiven Fokus darauf zu setzen, was funktionierte, und ich alles fallen lassen konnte, was nicht funktionierte.

Durch den positiven Fokus – bei mir angewandt – motivierte ich auch meine Klientinnen und Klienten, den positiven Fokus bei sich auszuprobieren. Ich führte sie durch die Krise, verursacht durch den Tod ihres Psychiaters, hindurch, indem ich sie begleitete und sie bei ihrer Neuorientierung und Zielfindung unterstützen konnte. Gleichzeitig erlebten sie meinen eigenen Umgang mit meiner Krise, was in ihnen einen Prozess des Vertrauens ins Leben auslöste.

Ich hatte die Kundigkeit an mir selber erfahren und entsprechend war es mir ein Leichtes, diese Erfahrung auf mein Klientel zu übertragen. Nach anfänglichem Zögern habe ich erfahren, dass es Wunder gibt und es an einem selbst liegt, ob man diese dann auch erfasst und bei Eintreffen annimmt, oder ob man sie unbeachtet vorbeiziehen lässt. Die Wunderfrage, auf welche ich hier nicht näher eingehen möchte (Pfister, 2000/2002), bewirkt einen positiven Fokus, so dass das ganze Verhalten des Menschen auf eine andere, eben positivere Ebene gebracht wird. Dies alles hat nichts mit dem Modetrend des positiven Denkens oder irgend einer esoterischen abgehobenen Sichtweise zu tun, sondern mit einer sachlichen, aufmerksamen Präsenz im Alltag, indem man bestmöglichst auf eine angebotene Situation reagieren kann, statt in einer depressiven, verschlossenen Haltung zu resignieren. Eine optimale Lebensweise bedingt nach meiner Ansicht der absoluten Präsenz in jedem Augenblick, der Aufmerksamkeit und der Disziplin, um auf dem Weg der Zielrichtung zu bleiben. Dies wiederum entspricht meinem langjährigen spirituellen Weg der Meditation und einer ganzheitlichen Lebensanschauung und -orientierung (Benz & Jolissaint, 2003). In diesem Sinne ist LKO ein weiteres Werkzeug in meiner Werkzeugkiste, um als fachkundige Beraterin und Therapeutin arbeiten zu können.

Zu Beginn meiner Projektdisposition hatte ich mir vorgestellt, anhand von Skalierungsfragen und schriftlichen Aufzeichnungen während einer gewissen Dauer eine Analyse über die Wirksamkeit meiner neuen LKO-Technik zu erstellen. In Anbetracht meiner positiven Erfahrungen während des Projekts konnte ich diese Vorgehensweise fallen lassen. Einerseits deshalb, weil ich die Wirksamkeit des LKO-Ansatzes an mir und meiner Umgebung, wie vorgängig beschrieben, persönlich erfahren habe und andererseits, weil ich zusehends feststellte, dass LKO in meine ganze Lebenshaltung und meine Kommunikation automatisch einfloss. Durch meine Vorannahme der Kundigkeit meiner Klientinnen, der dauernd einfließenden positiven Wertschätzung und den einfließenden lösungsorientierten Fragen wurde in der Praxis zusehends ein neues lösungsorientiertes statt problemorientiertes Klima geschaffen. Anhand der vielen positiven Rückmeldungen meines Klientels sehe ich den positiven Fokus als Antwort auf die Frage, warum mir LKO geholfen hat. Die Klientinnen berichten mir von einer empathischen und wertschätzenden Atmosphäre, welche nicht mehr auf Konfrontation und Problemorientierung, sondern vor allem auf den Lösungsfindungen und der Zieldefinierung aufgebaut ist. In meiner Praxis wird heute auch gelacht, und es werden mir positive Aspekte des Lebens unterbreitet. Anfangs der Stunde wird vor allem über das berichtet, was gut gelaufen ist. Wie vorgängig bereits erwähnt, lautet heute die Einstiegsfrage in eine Stunde meistens: „Was hat sich seit unserem letzten Treffen Positives ereignet?" statt „Wo liegt das Problem?" Die Klientinnen und Klienten nehmen sich selbstbewusster wahr, indem sie über ihre positiven Lebensbewältigungsstrategien erzählen können, sich darin entsprechend ihr Selbstbewusstsein stärkt und dies wiederum ihre Kraft mobilisiert, sich noch spannenderen Herausforderungen zu stellen, die sie im Leben vorwärts in Richtung ihrer Ziele (meistens bis anhin ihrer verdeckten Träume) bringt.

LKO kann meiner Meinung nach unabhängig von irgendeiner Fachrichtung überall angewandt werden, weil sich die Theorie für mich in der Anwendung als absolut lebenstauglich und lebensunterstützend erwiesen hat. Obwohl ich mehrere andere Therapieausbildungen absolviert habe, hat sich LKO gut in meine Arbeitsweise, welche ich aus früheren Ausbildungen erfahren und erlernt habe, eingefügt.

## Zusammenfassung

Treffend schreiben de Shazer & Berg: „Change is a constant process, stability is an illusion" (Änderung ist ein ständiger Prozess, Stabilität ist eine Illusion, zit. n. Pfister, 2000/2002).

Wenn ich von diesem Axiom ausgehe, lehrt uns das Leben, mit Situationen stets kompetenter umzugehen. Wir lernen, uns dem Leben anzupassen, statt mit dem Leben in einen ständigen, hoffnungslosen Autoritätskonflikt verwickelt zu sein, darin Energie zu verlieren und krank zu werden. Ich habe die Erfahrung gemacht, dass das Leben immer Recht hat, egal ob uns das angenehm ist oder nicht. Wenn man lernt, sich darin kompetent zu verhalten, wird es spannend, interessant, schmerzlich, aber auch lustvoll. Andererseits beobachte ich, dass sich viele Menschen dem Leben zu widersetzen versuchen, dadurch endlos leiden und zunehmend frustrierter und entsprechend krank werden.

Wenn man alles wie in langjähriger Konditionierung eingeprägt problemorientiert leben kann, wieso dann nicht auch lösungsorientiert? Ich habe für mich eindeutig erlebt, dass mich das lösungsorientierte Denken und Leben weiter gebracht hat, und ich werde in meiner Umgebung, das heißt, da wo ich eben gerade bin, und das heißt überall, wo ich bin, also nicht nur im Beruf, sondern auch privat, meine lösungsorientierte Haltung einfließen lassen. Dies wird sich unweigerlich auf Menschen übertragen, weil, wie es wissenschaftlich erwiesen ist, wir Menschen, ob gewollt oder ungewollt, uns in Beziehungen beeinflussen und voneinander lernen und uns weiterentwickeln (Golemann, 1997; Zohar & Marshall, 1999).

Der LKO-Ansatz kommt leicht daher und hat so überraschend große Auswirkungen, die sich denjenigen Menschen zeigen, welche diese Haltung in ihrem Leben wirklich umsetzen und einfließen lassen. Meiner Meinung nach ist es gefährlich, diesen Ansatz in kurzen Workshops statt in einer längeren Ausbildung anzubieten. Dort besteht die Gefahr, dass die Theorievermittlung auf der intellektuellen Ebene stecken bleibt, was zu theoretisch nicht fundierten LKO-Fragen führen kann, die dann emotional vom Gegenüber nicht erfasst werden können, weil sie vom Fragesteller oder der Fragestellerin nicht in ihre Lebenshaltung übergegangen sind und entsprechend nicht auf Authentizität beruhen. Jeder Klient und jede Klientin wird dies emotional bewusst oder unbewusst wahrnehmen und die Fragen werden entsprechend auch nicht wirken.

# Nicht-wissen(d) lehren
# Ein Ausbildungsprozess – konstruktivistisch gerahmt

(Nach der Lektüre von Danielles Text)

*Käthi Vögtli*


# Teil IV – Das Rad dreht sich weiter...

## Dank

Ich bin Danielle sehr dankbar für die klare und differenzierte Beschreibung ihres Lernprozesses und ihrer Erfahrungen bei der Umsetzung des lösungs- und kompetenzorientierten Ansatzes. Dass dieser für sie hilfreich war bei der Bewältigung eines sehr schwierigen, anspruchsvollen Lebensabschnittes, hatte ich aus ihrer Projektarbeit bereits ein Stück weit erfahren. Im vorliegenden Text wird nochmals eindrücklich nachvollziehbar, wie Danielle an sich und mit sich gearbeitet hat. Darüber hinaus bin ich aber sehr beeindruckt von den Veränderungen, die sie beschreibt – Veränderungen in ihrer Beratungspraxis und in der Zusammenarbeit mit ihren Klienten/innen.

Drei Aspekte möchte ich aus Danielles Text herausgreifen, um diese Fäden noch etwas weiter zu spinnen ...

## Haltungen

In Danielles Text kommt eindrücklich die Bedeutung von Haltungen zum Ausdruck. Sehr schön wird sichtbar, wie sie z.b. die Perspektive „Mein Gegenüber ist kundig" oder jene der „Gleich-Wertigkeit" im Rahmen der Ausbildungsarbeit geschätzt hat und diese dann in ihrer eigenen Arbeit als Beraterin wiederum bewusst lebt und dabei mit ihren Klienten/innen zusammen erfährt, wie diese Haltungen ein Klima prägen.

Mich selber fasziniert der Aspekt der Haltung immer wieder aufs Neue. Wie definieren wir Haltungen genau? Wie lassen sie sich lehren, wie werden sie erlernt? Und wie hält man die delikate Balance zwischen dem Einnehmen von Haltungen, dem Sich-Positionieren in einer bestimmten Perspektive, und dem Wunsch, der Notwendigkeit, diese Haltungen in der Selbstreflexion auch wieder zu hinterfragen und der Weiterentwicklung offen zu halten, beziehungsweise nicht zu „vergessen", dass auch Grundhaltungen Konstruktionen sind? Sonst beginnen wir plötzlich, wieder „Wahrheiten" zu verkünden ...

## Präsenz

In ihrem Kapitel „Warum half mir LKO? Mögliche Antworten" stellt Danielle eine Verbindung her zwischen diesem Ansatz und ihrer spirituellen Arbeit. Ich wusste gar nicht, dass sie auch eine Ausbildung absolviert hat als spirituelle Lehrerin. Hier wird eine interessante Verbindung sichtbar. Ihre Beschreibung einer „sachlichen, aufmerksamen Präsenz im Alltag" als Quintessenz sowohl lösungs- und kompetenzorientierter Arbeit als auch einer spirituellen Grundausrichtung berührt mich. Ich selber beschäftige mich seit mehreren Jahren mit Zen, und ich nehme viele Querverbindungen wahr. Manchmal erscheint mir Zen als eine Art „bewusst gelebter Konstruktivismus". Interessant finde ich, dass Studierende hin und wieder den Aspekt der Spiritualität ansprechen, ohne dass wir etwas darüber schreiben und bevor wir – wenn überhaupt, und dann nur ganz am Rande – etwas dazu sagen.

## Ein besonderes Klima der Begegnung

Der Aspekt der „Klimaveränderung", den Danielle in ihrer Praxis beschreibt, beeindruckt mich besonders. Er erinnert mich an die Erfahrungen, die wir auch mit Ausbildungsgruppen oft machen. Es ist die Erfahrung von Lust und Freude und Leichtigkeit. Manchmal kommt mir dazu

Humberto Maturanas Begriff der „Biologie der Liebe" in den Sinn, und vor allem seine Definition: „Liebe ist der Bereich jener Verhaltensweisen, durch die ein Anderer in allen Umständen als legitimer Anderer in Koexistenz mit einem Selbst erscheint". Könnte es sein, dass wir mit der Vorstellung der „Kundigkeit" des Gegenübers und seiner Gleich-Wertigkeit etwas „herstellen" von diesem „Leben in der Biologie der Liebe", das sich, so Maturana, „ereignet, gelebt wird und nicht aus einer Diskussion darüber besteht" (1997)?

# Gedanken zum Text von Käthi Vögtli

*Danielle Jollisaint*

## 1. Abschnitt

Mir gefällt, dass Käthi die theoretische Seite der Weiterbildung (konstruktivistische Perspektive) so gut und präzise herausgeschält hat.

## Gleichwertigkeit

Toll, daraus ergeben sich weitere Perspektiven und nicht Bedrohungen.

## Nichtwissen

Nicht-Wissen – etwas verrückt (ver-rückt) tolle Formulierung. Es freut mich, dass sich auch Käthi der üblichen Konkurrenz unter Menschen bewusst ist und dass sie an einer neuen Form, Kooperation statt Konkurrenz, arbeitet. Indem sie es beschreibt, macht sie es auch anderen Menschen bewusst. Toll!

Ich erkenne mich teilweise präzise in ihren Beschreibungen, z.B. auch, dass es ihr um lustvolle Zusammenarbeit geht, das war einer der Schwerpunkte von uns Studierenden am Anfang der Ausbildung. Die Ausbildung sollte nach unserer Meinung interessant, spannend und lustvoll sein – toll!

Lust, Freude am Experimentieren. Toll, Käthi geht auch mit der Leserschaft LKO-mässig um, sie weist darauf hin, dass die Leser die Wahl haben, welchen Teil sie lesen.

## Auswahl

Mir gefällt, dass Käthi mein Ringen im Spannungsfeld analytisch-problemorientiertes Arbeiten versus systemisch-LKO-orientiertes Arbeiten so präzise beschreibt. Sie schreibt von Versöhnung, genau so empfand ich die Arbeit der Verknüpfung.

## Einschnitt

Ich kann die Annahme von Käthi bestätigen: „Glück, dass ich während der Krise diese Ausbildung machte".

## Aufbruch

Ich war bisher immer der Meinung, die Time-Line sei eine Technik aus der Systemtherapie. Jetzt lese ich bei Käthi, dass es sich dabei um eine NLP-Technik handelt. Habe ich mich getäuscht?

## Es funktioniert!

Persönlicher und fachlicher Durchbruch finde ich eine gute Formulierung, welche mich jetzt noch bewusster auf diesen Prozess zurückblicken lässt.

## Schluss

Aus der Ausdrucksform der beiden Schriftstücke geht eindeutig hervor, wer die Dozierende und wer die Studierende war.

Mir gefällt, dass Käthi Teile der Ausbildung ganz praktisch in den Text einfließen lässt, gegenüber meinem Text, welcher auf mich persönlich prozessbezogen verfasst ist.

# Literatur

Benz, Ernst & Jolissaint, Danielle (2003). Fluid-Spirit – In der Wirklichkeit zu Hause. Genf: Heuwinkel

Bly, Robert (1996). Die kindliche Gesellschaft – Über die Weigerung, erwachsen zu werden. München: Kindler

de Jong, Peter & Berg, Insoo Kim (1998). Lösungen (er-)finden. Dortmund: modernes lernen

Eberling, Wolfgang; Vogt-Hillmann, Manfred; Burr, Wolfgang; Dahm, Michael; Dreesen, Heinrich; Kruse, Peter; Gallenberger, Birgit & Sickinger, Gudrun (1996). Tue, was du lehrst, wenn du lehrst, was du tust, in: Eberling, Wolfgang & Hargens, Jürgen (Hrsg.). Einfach kurz und gut. Zur Praxis der lösungsorientierten Kurztherapie. Dortmund: borgmann

Exner, Hella (1993). Ein Leben als Schuld oder ein Leben als Lernen. Zeitschrift für systemische Therapie 11(1): 39-44

Golemann, Daniel (1997). Emotionale Intelligenz. München: dtv

Hargens, Jürgen (1993). KundIn, KundigE, KundschafterIn, Gedanken zur Grundlegung eines „helfenden" Zugangs. Zeitschrift für systemische Therapie 11(1): 14- 20

Hubble, Mark A., Duncan, Barry L. & Miller Scott D. (Hrsg.) (2001). So wirkt Psychotherapie. Empirische Ergebnisse und praktische Folgerungen. Dortmund: modernes lernen

Ineichen-Escher, Marcel (2002). Lösungs- und Kompetenzorientierung bei der interdisziplinären Zusammenarbeit in der Psychiatrischen Klinik, Liestal

Jolissaint, Danielle (1999). Bulimia nervosa – Beratung im Sozialbereich. HFS Luzern

Jolissaint, Danielle (2002). Eine Time-Line, die sich verwirklicht hat. Projektbericht, Hochschule für Soziale Arbeit Luzern

James, Tad & Woodsmall, Wyatt (2002[5]). Time Line. NLP-Konzepte zur Grundstruktur der Persönlichkeit. Paderborn: Junfermann

Maturana, Humberto R. (1997). Biologische Grundlagen von Moral und Ethik in der Erziehung. Vierteljahresschrift für Heilpädagogik und ihre Nachbargebiete (VHN), Jg.. 66, Juni 1997, Heft 2, S. 206-224

Pfister, Daniel (2000/2002). Kursunterlagen Lösungs- und Kompetenzorientierung. Ramlinsburg

von Schlippe, Arist & Schweitzer, Jochen (1997). Lehrbuch der systemischen Therapie und Beratung. Göttingen: Vandenhoeck und Ruprecht

Walter John L. & Peller Jane E. (1994). Lösungs-orientierte Kurztherapie. Ein Lehr- und Lernbuch. Dortmund: modernes lernen

Zohar, Danah & Marshall, Ian (1999). Spirituelle Intelligenz. Bern: Scherz

# Teil III

# Fragebögen – Die Perspektiven der KundInnen nutzen

*Jürgen Hargens*

Ich muss bekennen, dass ich selber sehr wenig mit Messinstrumenten in meiner therapeutischen Praxis arbeite. Zum ersten Mal wurde ich mir der „Mächtigkeit" solcher Instrumente bewusst, als ich Anfang der 70er Jahre – ich war gerade in meiner ersten Stelle tätig und hatte das Gefühl, in meinem Studium wenig „Handwerkszeug" für meine Alltagsarbeit kennen gelernt zu haben – eine Weiterbildung in „klientenzentrierter Gesprächspsychotherapie" in Kiel absolvierte. Da gehörte es zum für mich ungewohnten Arbeitsverständnis, den Alltag der psychotherapeutischen Tätigkeit mit solchen Mitteln zu erhellen.

Leider hielt dies nicht lange vor – die Praxis machte viele der guten Vorsätze wieder zunichte. Heute weiß ich, dass das oft (jedenfalls für mich) eher eine Entschuldigung und Ausrede darstellt. In meiner eigenen therapeutischen Praxis habe ich mich in den 80er Jahren bemüht, mit „Bordmitteln" Nachbefragungen durchzuführen – ein ziemlich hoher Zeitaufwand, den ich dann auch aus eben diesem Grund einstellte.

Ein zweiter Grund spielte sicher auch eine Rolle, auch wenn ich den nicht unbedingt so sehr in den Vordergrund stellen möchte, doch hat er ohne Zweifel seine Wirksamkeit entfaltet: Nachuntersuchungen belegen meist die Wirksamkeit des Vorgehens – zumindest wenn es sich bei AutorIn/NachforscherIn und TherapeutIn um dieselbe Person handelt. Das habe ich damals etwas geschönt so formuliert: „Die Geschichte, die wir an dieser Stelle aus den Zahlen rekonstruieren, beinhaltet eine Bestätigung unseres Vorgehens" (Hargens 1994, S. 45f) oder „Insgesamt scheint die Art unseres Vorgehens bei KundInnen Ideen, Sichtweisen, Anregungen auszulösen, die ihnen wichtig sind" (a.a.O., S. 46).

Anders gesagt – ich konnte mich in meinem Vorgehen bestätigen, dies mit Zahlen unterlegen und das enthob mich dann auch der Notwendigkeit, solche Belege immer wieder neu zu produzieren, schließlich hatte ich ja diese Zahlen vorgelegt.

Die seit einigen Jahren verstärkt aufkommende Diskussion darüber, welche Therapieform denn nun „wirklich" wirksam sei, hat solche Ideen wieder stärker in den Vordergrund gerückt. Das finde ich sehr positiv.

Und da es in diesem Buch um diese Perspektiven geht, habe ich mich entschlossen, Ihnen, den LeserInnen, ein solches Instrumentarium anzubieten.

Ich freue mich, dass Lynn D. Johnson, Wolfgang Loth und Arndt Linsenhoff sich bereit erklärt haben, „ihre" Fragebögen nachdrucken zu lassen und Ihnen die Option anzubieten, diese Bögen – unter Beachtung der Copyright-Bestimmungen, die ich mit übernommen habe – zu kopieren und in ihrer Praxis einzusetzen, um Erfahrungen zu sammeln, andere Perspektiven zu erfahren und diese Informationen in den Therapie- und Beratungsprozess einzubinden. Ganz besonders erfreut bin ich darüber, dass jeder der drei auch seine kurzen Perspektiven zu den Bögen darstellt, die nun folgen.

\* \* \* \* \*

# Messinstrumente des Prozesses entwickeln: Auf der Suche nach dem therapeutischen Gral

*Lynn D. Johnson*

Um das Jahr 1990 herum las ich über *Continuous Quality Improvement* (CQI) und *Total Quality Management* (TQM). Ich hatte viele psychosoziale Einrichtungen in den USA beraten, meistens indem ich Training in Kurztherapie anbot. Ich war mit meiner Arbeit unzufrieden, weil mein Training oft wenig oder gar nichts Gutes für die Einrichtung brachte. KlinikerInnen praktizierten weiter so, wie sie es immer schon getan hatten. Ich erkannte, dass organisatorische Faktoren eine größere Rolle spielten, unser Verhalten zu formen, als das Training.

Ich nahm Kontakt zu einigen CQI/TQM-Beratern auf und fragte sie danach, wie sich Qualitäts-Verbesserungen auf den psychosozialen Bereich anwenden ließen. Sie erwiderten, das wäre gar nicht möglich. Sie erklärten, dass Qualität sich nur verbessern ließe, wenn wir Ergebnis und Prozess messen. Sie konnten nicht sehen, wie Psychotherapie gemessen werden könnte. Es schien ihnen hoffnungslos.

Ich sah das anders. Mir schien, dass wir imstande seien, Ergebnisse zu messen, aber das dauerte bisher zu lange. Ich erinnerte mich daran, dass ich während meines Grundstudiums gelernt hatte, dass zwei Aspekte bei psychometrischen Instrumenten zu beachten sind: Reliabilität und Validität. Ich erkannte, dass es noch einen dritten Aspekt gab: Praktikabilität (bzw. Durchführbarkeit). Die meisten Instrumente zum Messen des Ergebnisses brauchten einfach zu lange, um praktikabel zu sein. Wir hatten Praktikabilität auf dem Altar der Reliabilität geopfert, die Tests ausgeweitet und dabei nicht an die Zeit gedacht, die es dauern würde, sie auszuführen. Was an der Universität funktioniert – Forschung zu betreiben –, funktioniert nicht in der wirklichen Welt.

Ich nahm den CES-D, ein Instrument zum Screening von Depression, der für jeden ohne Kosten erhältlich ist. Er ähnelt dem Beck-Test, mit 20 Items, und ist in drei Minuten durchgeführt. Aber er war zu speziell. Er ging nicht auf Probleme, Angst, Zwang usf. ein. Ich experimentierte dann mit Goal Attainment Scaling (GAS), was mir nützlicher schien. PatientInnen konnten mit mir zusammen daran arbeiten, den Fortschritt, den sie gemacht hatten, zu skalieren. Dann nahm ich den OQ-45, einen Ergebnisfragebogen mit 45 Items, den Michael Lambert mit seinen KollegInnen entwickelt hatte. Derzeit verwende ich entweder den OQ-45 oder GAS.

Jetzt hatte ich Maße für das Ergebnis, aber ich hatte keine guten Maße für den Prozess. Auch wenn ich annahm, dass ich gut darin war, eine positive Allianz aufzubauen und Therapie gekonnt durchzuführen, überzeugte mich die Lektüre von CQI/TQM, dass ich dies auch zu messen hatte. Die meisten Messverfahren zur Allianz waren zu lang. Einige erforderten ExpertInnen zur Bewertung. Ich fand nichts, was ich „nehmen und machen" konnte.

Die Literatur verwies auf einige nützliche Faktoren. Die gemeinsamen Faktoren in der Psychotherapie von Vertrauen, Offenheit, Sorge konnten mit einer einfachen Likert-Skala gemessen werden, dachte ich. Übereinstimmung über die Ziele der Therapie schien bedeutsam, ebenso Übereinstimmung über Aufgaben. Angemessenheit und Tiefe schienen des Messens wert. Ich erfand acht Items auf einer Skala von 0 bis 4. Da ich in einem kollaborativen Rahmen arbeitete, beschloss ich, diese Items transparent zu machen und in keinem Fall „Werte umzudrehen".

Einer meiner Partner, Richard Ebling, meinte, ich sollte zehn und nicht acht Items nehmen. Er dachte, dass globale Maße, wie hoffnungsvoll sich die PatientIn am Ende der Sitzung fühlt und für wie hilfreich die PatientIn die Sitzung sah, nützlich wären. Ich fügte dies hinzu, und sie stellten sich mit als die nützlichsten heraus.

Ein Beispiel:

Als Veranschaulichung, SRS (*Session Rating Scale: Einschätzung des Gesprächs heute*, S. 229f) für die Praxis zu nutzen, betrachten wir den Fall von Linda, einer leitenden Angestellten in den 20ern, die aufgrund von Klagen über Depression zur Behandlung kam (Miller, Duncan, Johnson & Hubble, 2002). Im Erstinterview erklärte sie, wie ihre aktuellen Symptome sich aus ernsten Problemen, die sie auf der Arbeit hat, ergeben. Sie erzählte, wie einst freundliche MitarbeiterInnen sie kürzlich angegriffen und beschuldigt hätten, mit einem Senior-Chef Sex gehabt zu haben, um gefördert zu werden.

Am Ende des Erstgesprächs füllte Linda den SRS aus, ließ den ausgefüllten Bogen am Empfang liegen und ging. Der Therapeut, der mit Linda gearbeitet hatte, wie auch der Kollege, der hinter der Scheibe beobachtet hatte, waren beide der Ansicht, die Sitzung wäre gut verlaufen. Als der SRS dann später ausgewertet wurde, erfuhren die Therapeuten, dass Linda entgegen diesem Eindruck mit der Sitzung ziemlich unzufrieden gewesen war. Sie schätzte Item 9 („hilfreich") und 10 („Hoffnung") mit null ein! Sie schrieb: „Ich hatte das Gefühl, eine Dose mit Würmern wurde geöffnet, und ich musste dann ganz allein damit fertig werden." Ihre Antwort verwies darauf, dass sie erwartet hatte, dass der Therapeut ihr Ratschläge geben und Angebote machen würde, mit der Situation am Arbeitsplatz umzugehen – etwas, das während der Sitzung nicht passiert war.

Der Therapeut rief Linda sofort an und bot ihr an, sich am nächsten Tag um die Mittagszeit zu treffen. Sie stimmte zu und kam pünktlich zur verabredeten Zeit. Gemeinsam arbeiteten sie an spezifischen Strategien, um die Probleme am Arbeitsplatz anzugehen. Lindas Werte auf der Ergebnisskala begannen zu steigen. Zur gleichen Zeit zeigten die Angaben der SRS eine signifikante Veränderung in der Allianz – sie blieb während der ganzen Behandlung hoch. Als über ihren Fortschritt am Ende der Therapie gesprochen wurde, bestätigte Linda die Bedeutung des Anrufs, der dem Erstgespräch folgte. Sie sagte, sie wäre unsicher, ob sie sonst wiedergekommen wäre.

Dieser Fall ist mir irgendwie peinlich. Ich erhalte selten geringe Werte, aber ich habe gelernt, dass ich es nicht immer weiß, wenn ich dabei bin, einen geringen Wert zu bekommen. Ich bin davon überzeugt, dass Linda zu keiner zweiten Sitzung gekommen wäre, wäre ich nicht durch die SRS alarmiert worden. TherapeutInnen fühlen sich meist etwas defensiv und ängstlich, solche Fragen zu stellen, wie wir sie in der SRS stellen. Als ich damit anfing, fühlte ich mich auch so. Aber ich merkte schnell, dass die SRS nicht mich betraf, sondern nur diese besondere Sitzung. Als ich lernte, die Ergebnisse nicht persönlich zu nehmen, merkte ich, dass ich von der Information profitieren konnte.

Meine KollegInnen und ich haben gelernt, dass es nicht reicht, einfach TherapeutInnen auszubilden. Tatsächlich hat es den Anschein, dass TherapeutInnen demgegenüber bemerkenswert blind bleiben, wie einige ihrer PatientInnen vorankommen. Michael Lambert (Lambert & Ogles, 2004) fand heraus, dass es TherapeutInnen half, Therapieergebnisse zu verbessern, wenn man ihnen Ergebnisdaten rückmeldete. Er führte eine Reihe von Untersuchungen mit PatientInnen durch, die sich im OQ-45 verschlechterten. Bei einer Hälfte der PatientInnen erhielten die TherapeutInnen Rückmeldung oder einen Hinweis, dass die PatientIn nicht vorankam. Bei der anderen Hälfte erhielten die TherapeutInnen keine Rückmeldung. Da TherapeutInnen bei einigen PatientInnen Rückmeldung bekamen und bei anderen nicht, fungierten sie als ihre eigenen Kontrolleure. Lambert fand, dass die PatientInnen, wo TherapeutInnen Rückmeldung erhielten, Fortschritte machten, während die, wo TherapeutInnen keine Rückmeldung erhielten, Rückschritte machten. Wenn TherapeutInnen wissen, dass die PatientIn nicht gut vorankommt, sind sie in der Lage zu helfen.

Aber Lambert findet auch (pers. Mitt.), dass TherapeutInnen nicht zu verallgemeinern scheinen. Anders gesagt, sie lernen nicht, nach Hinweisen und Anzeichen zu suchen, dass es PatientInnen mit hohem Risiko immer schlechter geht. Wir würden meinen, dass es der TherapeutIn, die Rückmeldung bekommt, hilft, bei allen PatientInnen eine Verschlechterung zu bemerken. Das stimmt nicht! Die Vorstellung, TherapeutInnen zu trainieren, Gefahr und Verschlechterung zu erkennen, scheint eine Chimäre zu sein. Anstatt uns darauf zu verlassen, die Wahrnehmung der TherapeutIn zu schärfen, sollten wir uns auf systematisches Messen und Einschätzen verlassen. Nur wenn wir das Ergebnis und den Therapie-Prozess mit richtigen Messungen und nicht mit therapeutischen Eindrücken bewerten, sehen wir tatsächliche Besserung.

Ich überschrieb diesen Beitrag *„Auf der Suche nach dem therapeutischen Gral.“* Warum ist die SRS ein Gral? Von dem mythologische Kelch, aus dem Jesus während seines letzten Abendmahls auf Erden trank, glaubte man, dass er heilende Kräfte enthielt. Wenn ein ehrenwerter König den Gral finden sollte, würde er große Macht haben. Ich bin zu der Überzeugung gelangt, dass wir den Gral in Händen halten. Therapie wirkt. Sie ist überaus hilfreich. Aber sie ist zu sehr Kunst und Glück und nicht genügend systematische Qualität. Wir können die Qualität der Therapie verbessern. Wir sollten sie verbessern. Aber wir können es nicht und wir werden es nicht, solange wir nicht die Arbeit so organisieren, dass wir Prozess- und Ergebniseinschätzungen einbeziehen.

\* \* \* \* \*

# Einige Anmerkungen zu den Fragebögen „Einschätzung des Gesprächs heute" und „Wie geht's weiter?"

*Wolfgang Loth*

Zwei Zwecke sind es aus meiner Sicht, denen die Fragebögen dienen. Zum einen ermöglichen sie ein zeitnahes Feedback zur vorangegangenen Einheit. Zum anderen verstehe ich sie auch als eine Orientierung, um was es bei dem Angebot zur Hilfe geht.

## Zunächst zum Gesichtspunkt der allgemeinen Orientierung:

Die Fragebögen regen dazu an, für Möglichkeiten der Selbstsorge aufmerksam zu werden, bzw. zu sein: Was tut mir gut und was unterstützt mich in meinem Wunsch, dass es anders/besser werde? (hierzu insbesondere der Fragebogen *„Einschätzung des Gesprächs heute"*). Des Weiteren vermitteln sie Hilfesuchenden einen Eindruck davon, welche Grundidee dieses spezielle Anbot zur Hilfe trägt: Es geht darum, das Selbstwirksamkeitserleben zu stärken, hinsichtlich eigener Ziele und hinsichtlich eigener Möglichkeiten, eigene Zielvorstellungen mit bedeutsamen Anderen zu verhandeln (hierzu insbesondere der Fragebogen *„Wie geht's weiter?"*).

Beide Fragebögen zusammen können m.E. gut die beiden Säulen ressourcenorientierter (systemischer) Hilfeangebote illustrieren: eine unterstützende, wohlwollende affektive Rahmung einerseits und eine auf das Ermöglichen konkreter zieldienlicher Schritte ausgerichtete „kontraktorientierte" Haltung (vgl. dazu Loth 1998, 2003).

## Zum Gesichtspunkt des zeitnahen Feedbacks:

Die Angaben zum Ausfüllen erweisen sich in nahezu allen Fällen als ausreichend, nur selten gibt es Nachfragen dazu. Durchschnittliche Dauer des Ausfüllens etwa 5 Minuten.

Insgesamt sind 4er- und 3er-Skalierungen die Regel. Daher sind Abweichungen (in der Regel: 2er-Skalierungen) besonders interessant und können als Hinweis auf eine größere Trennschärfe oder Aussagekraft des Items genommen werden. Dazu sind mir bisher besonders beim Fragebogen „*Wie geht's weiter?*" einige Items aufgefallen. Es handelt sich dabei um die Items 2, 7, 13 und insbesondere 11.

2 und 7 deuten auf die praktische Umsetzbarkeit der in der betreffenden Einheit besprochenen Ideen hin. Eine 2er-Skalierung (und weniger) halte ich für einen sinnvollen Hinweis, sich genauer damit zu beschäftigen, wie die Hilfesuchenden diese Ideen für sich im Alltag nutzen könnten. Item 13 fasst die „gefühlte" Brauchbarkeit des Vorgehens zusammen und korreliert in der Regel mit wenigstens einem der drei anderen hier hervorgehobenen Items.

Item 11 verweist auf einen der häufigsten Stolpersteine: Die Kompatibilität der besprochenen Ideen mit Vorstellungen darüber, wie sie zu den Erwartungen und/oder dem Verhalten wichtiger anderer Personen passen. Einer 2er- oder kleinerer Skalierung dieses Items sollte m.E. auch dann nachgegangen werden, wenn alle anderen Items „im grünen Bereich" (4er, 3er) liegen.

Bei Lynn Johnsons Fragebogen „*Einschätzung des Gespräch heute*" (ebenfalls in der hier vorliegenden Überarbeitung durch Johnson & Miller) erschlossen sich mir bislang keine Hinweise auf einzelne Items, die eher in der Lage gewesen wären, auf ein Holpern in der Beziehung hinzuweisen. Hier ergaben sich in der Regel kohärente Bilder.

* * * * *

# Rückmeldebogen

*Arndt Linsenhoff*

Im Jahr 1997 hat die *ProFamilia Heidelberg* damit begonnen, sukzessive für alle ihre Arbeitsbereiche Stundenbögen zu entwickeln, mit denen die jeweiligen KlientInnen Rückmeldung darüber geben können, wie sie die Sitzung bzw. die sexualpädagogische Gruppe erlebt haben und bewerten. Der hier abgedruckte Bogen zeigt den aktuell verwendeten Stundenbogen für die Schwangerschaftskonflikt-Beratung. Nach der Reform der §§ 218ff StGB im Jahr 1975 hat es zunächst eine intensive Diskussion darüber gegeben, wie eine angemessene fachliche Gestaltung dieser (damals wie heute) obligatorischen Beratung aussehen müsse. Schon nach wenigen Jahren ist diese fachliche Auseinandersetzung aber erloschen – stattdessen wurde der Diskurs in diesem Gebiet dominiert von politischen, ethischen und rechtlichen Fragen. Aber auch für eine unter sehr anspruchsvollen Kontext-Bedingungen stattfindende Beratung müssen sich Qualitäts-Kriterien definieren lassen.

Dieser Bogen ist das Ergebnis der Auseinandersetzung der drei Mitarbeiterinnen im Bereich Schwangerschaftskonflikt-Beratung mit dieser Qualitätsfrage. Frühere Versionen wurden entsprechend modifiziert und ergänzt, wenn Klientinnen wichtige Fragen nicht angesprochen fanden oder Fragen als unklar ansahen (Näheres zur Entwicklung des Bogens s. Linsenhoff, 2000).

Dieser Bogen wird entweder für eine begrenzte Zeit ausgegeben oder bis eine definierte Zahl von Bögen pro Beraterin erreicht ist. Falls die Partner ebenfalls zur Beratung erscheinen, wird diesen eine Version ausgehändigt, die sie als Mann und Partner anspricht. Die Bögen werden gleich im Anschluss an die Beratung ausgefüllt und im Zimmer liegen gelassen; daher beträgt die Rückmelde-Quote 100%.

Die Werte jeder Kollegin werden summiert und dienen dann als Grundlage für das gemeinsame Gespräch über Stärken und Schwächen jeder Kollegin bei diesen Beratungen. Aus dem Gespräch können dann – wenn gewünscht – Veränderungsziele abgeleitet werden und deren Erreichen wiederum bei einem erneuten Durchlauf überprüft werden. Steuerung und Kontrolle dieses Prozesses liegt ausschließlich in den Händen der Kolleginnen selbst. (Näheres zu den Erfahrungen mit den Bögen und deren Einbettung in die Organisations-Entwicklung s. Linsenhoff, 2003).

# Literatur

Hargens, Jürgen (1994). AutorInnen erfinden multiple Geschichten und nicht nur eine! Anmerkungen und Reflexionen zu einer Nachuntersuchung. Systhema 8(3): 41-48

Lambert, Michael J. & B. Ogles (2004). The efficacy and effectiveness of psychotherapy. In: Michael J. Lambert (ed). Bergin and Garfield's Handbook of Psychotherapy and Behaviour Change (5th edition). New York: Wiley, S. 139-193

Linsenhoff, Arndt (2000). Mit Stundenbögen über Qualität nachdenken. System Familie, 13, 132-139.

Linsenhoff, Arndt (2003). Wozu KlientInnen-Rückmeldungen? Wir wissen doch, dass wir gut sind! Beraterische Gewissheiten, Psychotherapieforschung und Erfahrungen mit Rückmeldesystemen. Verhaltenstherapie und psychosoziale Praxis, 35, 803-812

Loth, Wolfgang (1998). Auf den Spuren hilfreicher Veränderungen Das Entwikkeln Klinischer Kontrakte. Dortmund: modernes lernen

Loth, Wolfgang (2003). Ressourcen bewegen. In: Heike Schemmel & Johannes Schaller (Hg). Ressourcen. Ein Hand- und Lesebuch zur therapeutischen Arbeit. Tübingen: dgvt, S. 29-49

Miller, Scott D., Barry L. Duncan, Lynn D. Johnson & Mark A. Hubble (2002). Why the field is on the verge of extinction and what we can do to save it. In: Jeffrey Zeig (ed). Brief Therapy: Lasting Impressions. Phoenix, AZ: Erickson Foundation Press, S. 208-230

# Einschätzung des Gesprächs heute

© Lynn Johnson/Wolfgang Loth • aus: Hargens ..., und mir hat geholfen ... "; Dortmund: borgmann publishing, 2005, Bestell-Nr. 8338

Name:_____ Datum:_____

Beratung und Therapie leben vom vertrauensvollen Zusammenwirken. Bitte schätzen Sie das heutige Gespräch danach ein. Seien Sie ehrlich und frei in Ihrer Einschätzung. Das hilft Ihrer/Ihrem BeraterIn oder TherapeutIn am meisten weiter. Lesen Sie bitte jede der Beschreibungen und machen Sie dann bitte einen Kreis um die Zahl, die Ihre Einschätzung am besten wiedergibt.

Die Skala funktioniert so:

| Zustimmung in diese Richtung | | Neutral | Zustimmung in diese Richtung | |
|---|---|---|---|---|
| 4 | 3 | 2 | 1 | 0 |

(Bitte machen Sie nach jeder Beschreibung einen Kreis um die Zahl, die am besten Ihre Empfindungen zu dem heutigen Gespräch wiedergibt)

## 1. AKZEPTANZ

| Ich fühlte mich akzeptiert | | | Ich fühlte mich kritisiert oder bewertet | |
|---|---|---|---|---|
| 4 | 3 | 2 | 1 | 0 |

## 2. ZUWENDUNG, MÖGEN

| Meine TherapeutIn/BeraterIn mochte mich | | | Die TherapeutIn/BeraterIn gab vor, mich zu mögen oder schien mich nicht zu mögen | |
|---|---|---|---|---|
| 4 | 3 | 2 | 1 | 0 |

## 3. VERSTEHEN

| Meine TherapeutIn/BeraterIn hat mich und meine Gefühle verstanden | | | Meine TherapeutIn/BeraterIn hat mich oder meine Gefühle nicht verstanden | |
|---|---|---|---|---|
| 4 | 3 | 2 | 1 | 0 |

## 4. EHRLICHKEIT UND AUFRICHTIGKEIT

| Meine TherapeutIn/BeraterIn war ehrlich und aufrichtig | | | Meine TherapeutIn/BeraterIn war nicht aufrichtig, gab vor, aufrichtig zu sein | |
|---|---|---|---|---|
| 4 | 3 | 2 | 1 | 0 |

## 5. VERSTÄNDIGUNG ÜBER ZIELE

| Wir arbeiteten an meinen Zielen; meine Ziele waren wichtig | | | Wir arbeiteten an den Zielen meiner/s TherapeutIn/ BeraterIn; meine Ziele schienen nicht so wichtig zu sein | |
|---|---|---|---|---|
| 4 | 3 | 2 | 1 | 0 |

## 6. VERSTÄNDIGUNG ÜBER AUFGABEN

| Ich war mit dem, was wir in der Sitzung taten oder mit der vorgeschlagenen Hausaufgabe einverstanden | | | Ich mochte das nicht, was wir heute in der Stunde taten oder was ich als Hausaufgabe tun sollte | |
|---|---|---|---|---|
| 4 | 3 | 2 | 1 | 0 |

## 7. VERSTÄNDIGUNG ÜBER DAS VORGEHEN

| Das heutige Vorgehen war genau richtig für mich. | | | Das Vorgehen heute stimmte für mich nicht so richtig | |
|---|---|---|---|---|
| 4 | 3 | 2 | 1 | 0 |

## 8. GESPRÄCHSTEMPO

| Das Gespräch hatte für mich das richtige Tempo. | | | Das Gespräch war für mich zu schnell oder zu langsam. | |
|---|---|---|---|---|
| 4 | 3 | 2 | 1 | 0 |

## 9. NÜTZLICHKEIT, HILFE

| Ich fand das Gespräch hilfreich. | | | Das Gespräch war nicht hilfreich. | |
|---|---|---|---|---|
| 4 | 3 | 2 | 1 | 0 |

## 10. HOFFNUNG

| Ich empfand Hoffnung nach dem Gespräch. | | | Ich fühlte keine Hoffnung nach dem Gespräch. | |
|---|---|---|---|---|
| 4 | 3 | 2 | 1 | 0 |

Noch eine Frage: Was könnte dazu beitragen, dass es im nächsten Gespräch besser läuft:

_____

_____

_____

_____

_____

© Lynn Johnson/Wolfgang Loth • aus: Hargens „…. und mir hat geholfen …", Dortmund: borgmann publishing, 2005, Bestell-Nr. 8338

# Wie geht's weiter?[1]

Name:_____ Datum:_____

Die Ziele im Auge zu behalten, um die es Ihnen geht, ist uns wichtig. Wir bitten Sie daher um Ihre Antwort auf einige Fragen. Mit Ihren Antworten helfen Sie uns, Kurs zu halten und an dem dran zu bleiben, was Sie für wichtig halten. Lesen Sie bitte jede Beschreibung und machen Sie dann bitte einen Kreis um die Zahl, die Ihre Einschätzung am besten ausdrückt.

Die Skala funktioniert so:

| Zustimmung in diese Richtung | | Neutral | Zustimmung in diese Richtung | |
|---|---|---|---|---|
| 4 | 3 | 2 | 1 | 0 |

(Bitte machen Sie nach jeder Beschreibung einen Kreis um die Zahl, die am besten Ihre Empfindungen zu dem heutigen Gespräch wiedergibt)

**1.**

| Wir haben heute konzentriert auf meine Ziele hingearbeitet | | | Die Stunde hatte keine klare Richtung | |
|---|---|---|---|---|
| 4 | 3 | 2 | 1 | 0 |

**2.**

| Mir ist deutlicher geworden, wie ich meine Ziele erreichen kann | | | Wie ich meine Ziele erreichen soll, ist mir nach wie vor schleierhaft | |
|---|---|---|---|---|
| 4 | 3 | 2 | 1 | 0 |

**3.**

| Ich fühle mich dabei unterstützt, meine Ziele zu erreichen | | | Ich erfahre keine Unterstützung dabei, meine Ziele zu erreichen | |
|---|---|---|---|---|
| 4 | 3 | 2 | 1 | 0 |

**4.**

| Diese Stunde hat mir richtig Mut gemacht, mich auf den Weg zu machen | | | Die Stunde hat mich eher entmutigt | |
|---|---|---|---|---|
| 4 | 3 | 2 | 1 | 0 |

**5.**

| Ich fühle mich nach dieser Stunde erleichtert | | | Ich fühle mich nach dieser Stunde belastet | |
|---|---|---|---|---|
| 4 | 3 | 2 | 1 | 0 |

---

[1] Original: http://www.kopiloth.de/nutzsess.htm. Der Abdruck erfolgt mit freundlicher Genehmigung von Wolfgang Loth.

**6.**

| Wir sind auf einem guten Weg | | Wir drehen uns im Kreis | |
|---|---|---|---|
| 4 | 3 | 2 | 1 | 0 |

**7.**

| Ich habe Mut geschöpft, etwas aktiv für das Erreichen meiner Ziele zu tun | | Die Stunde hat mir gezeigt, dass ich nichts machen kann | |
|---|---|---|---|
| 4 | 3 | 2 | 1 | 0 |

**8.**

| Ich bin zuversichtlich, die heutigen Anregungen in meinem Alltag auszuprobieren | | Die heutigen Anregungen eignen sich nicht für meinen Alltag | |
|---|---|---|---|
| 4 | 3 | 2 | 1 | 0 |

**9.**

| Ich bin gespannt darauf, wie sich die heutigen Anregungen auswirken werden | | Ich bin nicht so neugierig darauf, wie sich die heutigen Anregungen auswirken werden | |
|---|---|---|---|
| 4 | 3 | 2 | 1 | 0 |

**10.**

| Das heutige Gespräch hat mir weitergeholfen | | Das heutige Gespräch war fruchtlos | |
|---|---|---|---|
| 4 | 3 | 2 | 1 | 0 |

**11.**

| Das Gespräch hat mir Möglichkeiten eröffnet, wie ich meine Ziele mit den Zielen meiner näheren Umwelt unter einen Hut bekommen kann | | Meine Ziele wurden zwar im Auge behalten, aber ich bekomme sie noch nicht unter einen Hut mit den Zielen meiner näheren Umwelt | |
|---|---|---|---|
| 4 | 3 | 2 | 1 | 0 |

**12.**

| Das heutige Gespräch war mir ein hilfreicher Wegweiser | | Das heutige Gespräch hat mich eher unsicher gemacht | |
|---|---|---|---|
| 4 | 3 | 2 | 1 | 0 |

**13.**

| Ich glaube, dass die Therapie/Beratung zu einem guten Ende kommen wird | | Das wird wohl nichts! | |
|---|---|---|---|
| 4 | 3 | 2 | 1 | 0 |

Was schlagen Sie vor: Wie könnten wir noch praktischer und einfacher darauf hinarbeiten, Ihre Ziele zu erreichen? Was hätten Sie gerne anders?

_____

_____

_____

_____

_____

# Rückmeldebogen Schwangerschaftskonfliktberatung

Für unsere Beratungsarbeit ist es wichtig zu erfahren, wie Sie das Beratungsgespräch erlebt haben. Wir bitten Sie deshalb, uns auf diesem Bogen Rückmeldung zu geben.

Wer hat Ihnen unsere Beratungsstelle vermittelt?...............................................................
Wie lange wissen Sie, daß Sie schwanger sind?　　　seit............Tagen.
In der wievielten Schwangerschaftswoche sind Sie?.......................Woche.
Sie sind...........Jahre alt.

Welche Erwartungen hatten Sie hinsichtlich der Beratung ? Sie wünschten:

> Ein Gespräch über Ihre persönliche Situation
> Informationen zu sozialen/finanziellen Hilfen
> medizinische Informationen
> Entscheidungshilfen
> andere Hilfen: (welche?)...........................
> Beratungsnachweis
> keine Erwartungen

Bitte geben Sie jetzt an, inwieweit Sie den nachfolgenden Aussagen zustimmen können oder inwieweit Sie diese verneinen:

1. Das heutige Gespräch war für mich hilfreich.

| - 3 | - 2 | - 1 | 0 | + 1 | + 2 | + 3 |
|---|---|---|---|---|---|---|
| überhaupt nicht | nein | eher nicht | weder noch | eher ja | ja | ja, ganz genau |

2. Ich fühlte mich in meiner Situation verstanden.

| - 3 | - 2 | - 1 | 0 | + 1 | + 2 | + 3 |
|---|---|---|---|---|---|---|
| überhaupt nicht | nein | eher nicht | weder noch | eher ja | ja | ja, ganz genau |

3. Ich habe die Beratung wahrgenommen, weil sie rechtlich vorgeschrieben ist.

| - 3 | - 2 | - 1 | 0 | + 1 | + 2 | + 3 |
|---|---|---|---|---|---|---|
| überhaupt nicht | nein | eher nicht | weder noch | eher ja | ja | ja, ganz genau |

4. Ich habe in der Beratung die von mir erwarteten (oben genannten) Hilfen bekommen.

| - 3 | - 2 | - 1 | 0 | + 1 | + 2 | + 3 |
|---|---|---|---|---|---|---|
| überhaupt nicht | nein | eher nicht | weder noch | eher ja | ja | ja, ganz genau |

5. In der Beratung wurden für mich neue Aspekte besprochen.

| - 3 | - 2 | - 1 | 0 | + 1 | + 2 | + 3 |
|---|---|---|---|---|---|---|
| überhaupt nicht | nein | eher nicht | weder noch | eher ja | ja | ja, ganz genau |

6. Die Beraterin hätte mehr auf meine ganz persönliche Situation eingehen sollen.

| - 3 | - 2 | - 1 | 0 | + 1 | + 2 | + 3 |
|---|---|---|---|---|---|---|
| überhaupt nicht | nein | eher nicht | weder noch | eher ja | ja | ja, ganz genau |

7. Nach dem heutigen Gespräch bin ich zuversichtlich, meine Situation bewältigen zu können.

| - 3 | - 2 | - 1 | 0 | + 1 | + 2 | + 3 |
|---|---|---|---|---|---|---|
| überhaupt nicht | nein | eher nicht | weder noch | eher ja | ja | ja, ganz genau |

8. Ich möchte noch hinzufügen.........................................................................................
.........................................................................................

© Arndt Linsenhoff • aus: Hargens „... und mir hat geholfen ...", Dortmund: borgmann publishing, 2005, Bestell-Nr. 8338

# Blick zurück nach vorn –
# Ein Nachwort

Dieses Buch enthält nicht nur viele Geschichten – das sollte nicht verwundern, wenn es um Therapie geht, also um die „Sprech-Kur" und sich die hier vertretene therapeutische Richtung verstärkt dem Narrativen zuwendet, die Bedeutung von Geschichten für die Konstruktion und Gestaltung des sozialen Lebens betont –, mich hat die Vielfalt der Betrachtungsweisen, die unterschiedlichen Perspektiven, die Buntheit der Linsen beeindruckt. Für mich ein Hinweis auf die Besonderheit jedes Lebensentwurfs, die immer auch die Einzigartigkeit der jeweiligen KundIn betont. Und doch – Psychotherapie ist eben nicht einfach „nur" Kunst, sie ist auch Handwerk. Und jeder gute Handwerker weiß, dass die Qualität der Arbeit ohne gutes Handwerkszeug zu leiden hat. Nur das Handwerkszeug allein reicht nicht, weder beim Handwerk noch bei der Kunst. Das weiß der Volksmund und sagt: Kunst kommt von Können. Und, wie ich diesen Satz gerne weiterführe, Können kommt von üben ... Während meiner Schulzeit habe ich den Satz gehört, der Goethe zugeschrieben wird: Genie sei zu 90% Fleiß. Also: üben, üben, üben ...

Mich fasziniert an dieser Vielfalt noch ein weiterer Aspekt – die Frage, wie es mir in der therapeutischen Situation gelingen kann, dieser Vielfalt überhaupt (annähernd) gerecht zu werden, geschweige denn, sie zu nutzen – immer bezogen auf das, was Kundinnen wollen, wünschen, hoffen.

Ich fand es faszinierend, auf wie viel unterschiedliche Weise Fachleute ihre Arbeit reflektieren und beschreiben. Und ich war sehr beeindruckt von der Art, in der sich die KundInnen an diesem Projekt beteiligt haben. Nicht selbstverständlich – und sehr großzügig von ihnen. Danke!

All dies hat mir noch einmal sehr nachdrücklich und nachhaltig die Bedeutsamkeit der unterschiedlichen Betrachtungsweisen und Blickwinkel nahe gebracht. Ich denke, es kann für meine professionelle Arbeit nur hilfreich sein, die Perspektiven und Linsen, die „da" sind, zu nutzen. Die Perspektive der KundIn klarer und deutlicher einzubeziehen. Dazu bestehen Hilfsmittel, Annäherungen, die den Prozess des Voranschreitens – um Stillstand aufzulösen – begünstigen. Es sind oft kleine, praktikable Möglichkeiten. Das könnte den Einsatz der Fragebögen lohnen, denn sie verweisen auf eine wichtige systemische Erkenntnis – die Bedeutung von Rückmeldungen zur Steuerung von Systemen. Wobei ich mittlerweile den Begriff des *beisteuerns,* den Wolfgang Loth (1988, S. 41f) geprägt hat, bevorzuge.

Abschließend bleibt mir nur sagen, dass ich neugierig auf **Ihre** Rückmeldungen bin – darauf, welche Erfahrungen Sie mit KundInnen-Perspektiven wie diesen (und anderen?) Rückmeldeformen machen oder gemacht haben.

## Literatur

Loth, Wolfgang (1988). Auf den Spuren hilfreicher Veränderungen. Das Entwikkeln Klinischer Kontrakte. Dortmund: modernes lernen

*Jürgen Hargens*

# AutorInnen

(Um die Anonymität der KundInnen zu wahren, sind hier lediglich die Fachleute aufgelistet)

**Ewald Bopp**

seit Jahren Oberarzt an der Abt. für Pädiatrie des Diakonissenkranken-hauses in Flensburg, einem Krankenhaus der Schwerpunktversorgung. Zusatzbezeichnung Psychotherapie seit 1992. Systemischer Therapeut und Supervisor (SG). Psychosomatische Arbeit seit 1983.

Klinikadresse:
Kinderabteilung des Diakonissenkrankenhauses
Marienhölzungsweg 4
24939 Flensburg
Tel.: 0461/812-4455
E-Mail: boppew@diakofl.de; ewald.bopp@web.de

**Michael Delorette**

Jahrgang 1959, verheiratet, seit fast 20 Jahren als Erziehungsbeistand in Wuppertal tätig. Sieht sich als Geburtshelfer guter Ideen und Lösun-gen in der Beratungstätigkeit. Er bewundert die Stärke seiner „Kunden", Krisen auszuhalten und durchzustehen und begegnet ihnen aus diesem Grund mit viel Respekt und Anerkennung.

**Ursula Fuchs**

dipl. Sozialarbeiterin FH, systemisch-lösungsorientierte Therapeutin SGS, Supervisorin und Organisationsberaterin BSO, Mediatorin SVM. Eigene Praxis. Leiterin Ausbildungszentrum wilob.

**Jürgen Hargens**

Jg. 47, Vater dreier erwachsener Kinder, bekennendes Nordlicht, Psy-chol. Psychotherapeut, in eigener Praxis seit 1979. Therapie, Beratung, Supervision und Fortbildung. Autor zahlreicher Veröffentlichungen.

Norderweg 14
D-24980 Meyn
Tel.: (0 46 39) 75 06

**Lynn D. Johnson**

Ph.D. der Universität von Utah (Counseling Psychology). Direktor des Brief Therapy Center in Salt Lake City, Utah. Konsultant von Organisationen und Individuen, um individuelle Änderungen und effektive Organisationen zu schaffen und aufzuspüren. Mit seiner Frau ist er Elternteil von vier sehr erfolgreichen Kindern.

**Danielle Jolissaint**

Praxis für ganzheitliche Entwicklung
Flachsacker 24
CH-6330 Cham
Tel.: + 41 (0)41 781 03 15
Fax: + 41 (0)41 783 00 98
E-Mail: d.jolissaint@bluewin.ch
www.jolissaint.ch

**Arndt Linsenhoff**

Dipl.-Psych., Psychologischer Psychotherapeut, Mediator (BAFM); Leiter der ProFamilia Heidelberg; Tätigkeitsbereiche: Psychotherapie, psychologische Beratung, Mediation, Qualitäts-Entwickung; Publikationen in den Bereichen Psychotherapie, Mediation, Qualitäts- und Organisations-Entwicklung;
E-Mail: arndt.linsenhoff@profamilia.de

**Wolfgang Loth**

Wolfgang Loth, Diplompsychologe, Psychologischer Psychotherapeut; Seit 1978 berufstätig, angestellt: Erziehungs- und Familienberatung, freiberuflich: Fortbildung, Konsultation und Supervision. Ausbildung in Familientherapie (IF Weinheim), Einzelmitgliedschaft Systemische Gesellschaft; Redakteur der Zeitschriften „Systhema" (Weinheim) und „systeme" (Wien); Veröffentlichungen (seit 1987) zu Theorie und Praxis Systemischer Therapie, Entwickeln Klinischer Kontrakte und Ressourcenorientierung. Web: www.kopiloth.de

Adresse:
Steinbrecher Weg 52
51427 Bergisch Gladbach
E-Mail: kopiloth@t-online.de

**Andrea Lück**

Diplom-Sozialpädagogin, tätig in der kath. Beratungsstelle für Eltern, Kinder und Jugendliche (Erziehungsberatungsstelle) in Leverkusen und in der Familienberatung in Köln.

E-Mail: lueck@gmx.de

**Cornelia Tsirigotis**

Cornelia Tsirigotis, Hörgeschädigtenpädagogin, systemische Familientherapeutin und Supervisorin (IFW, SG), arbeitet als pädagogisch-therapeutische Leiterin der Frühförderung für hörgeschädigte Kinder und des Cochlear-Implant-Rehabilitationszentrums Rheinland in Aachen. Weitere Arbeitsschwerpunkte: Redakteurin der familientherapeutischen Zeitschrift Systhema; Supervision in unterschiedlichen Kontexten, Vorträge, Seminare und Veröffentlichungen (nicht nur) über systemische Elternberatung, sondern vor allem auch mit Eltern, sowie Arbeit mit Familien aus unterschiedlichen kulturellen und nationalen Kontexten.

Anschrift:
Cornelia Tsirigotis
Scherbstr. 49
52072 Aachen
E-Mail: tsirigotis@t-online.de
http://home.t-online.de/home/tsirigotis/index.htm

**Käthi Vögtli**

Professorin an der HSA Hochschule für Soziale Arbeit Luzern
Institut WDF Weiterbildung Dienstleistungen Forschung

Werftstrasse 1
Postfach 3252
CH-6002 Luzern
Tel.: 041 367 48 43
Fax: 041 367 48 49
E-Mail: kvoegtli@hsa.fhz.ch
www.hsa.fhz.ch

**Hinweise:**

Informationen zum Nachdiplomstudium „Lösungs- und kompetenzorientierte Soziale Arbeit“ unter: www.hsa.fhz.ch

CD-Rom: Daniel Pfister-Wiederkehr/Käthi Vögtli: Werkzeugkiste des lösungs- und kompetenzorientierten Handelns (für PC und Mac); 2003; interact Verlag, HSA Hochschule für Soziale Arbeit Luzern, Fachhochschule Zentralschweiz. ISBN 3-906413-25-X

Software: ecaseISA, ein Programm für die methodische Fallführung in der Sozialen Arbeit mit integrierter Unterstützung für Lösungs- und kompetenzorientierte Arbeit.
Informationen unter www.e-case.ch / www.e-case.de

**Bettina Wittmund**

Dr. med., Fachärztin für Psychiatrie und Psychotherapie. Ausbildung in systemischer Familientherapie und Verhaltenstherapie sowie systemischer Supervision und Institutionsberatung. Ambulanzleitung der Klinik und Poliklinik für Psychiatrie am Universitätsklinikum Leipzig bis 2004, seitdem Chefärztin der Klinik für Erwachsenenpsychiatrie und -psychotherapie am Südharz-Krankenhaus Nordhausen.

E-mail: bettina.wittmund@shk-ndh.de

**Axel Wrede**

Psychologischer Psychotherapeut; arbeitet in einer Erziehungs- und Familienberatungsstelle. Meine therapeutische Haltung ist geprägt durch systemische und existential-philosophische Konzepte, in denen der „Wert" so genannter „Pathologie" gesehen wird.